礼县方言调查研究

王建弢 ◎ 著

西南交通大学出版社
·成都·

图书在版编目（CIP）数据

礼县方言调查研究 / 王建弢著. —成都：西南交通大学出版社，2015.12
ISBN 978-7-5643-4458-0

Ⅰ. ①礼… Ⅱ. ①王… Ⅲ. ①西北方言—调查研究—礼县 Ⅳ. ①H172.2

中国版本图书馆 CIP 数据核字（2015）第 314145 号

礼县方言调查研究
王建弢　著

责 任 编 辑	吴　迪
封 面 设 计	严春艳
出 版 发 行	西南交通大学出版社 （四川省成都市二环路北一段 111 号 西南交通大学创新大厦 21 楼）
发行部电话	028-87600564　028-87600533
邮 政 编 码	610031
网　　　址	http://www.xnjdcbs.com
印　　　刷	成都蓉军广告印务有限责任公司
成 品 尺 寸	170 mm × 230 mm
印　　　张	12.75
字　　　数	227 千
版　　　次	2015 年 12 月第 1 版
印　　　次	2015 年 12 月第 1 次
书　　　号	ISBN 978-7-5643-4458-0
定　　　价	45.00 元

图书如有印装质量问题　本社负责退换
版权所有　盗版必究　举报电话：028-87600562

序

现在隶属于甘肃省陇南市的礼县，历史上是秦早期文化的核心区域。境内的秦早期历史文化遗存，特别是以大堡子山为标志的秦早期文物出土地，早已是举世瞩目的历史与文化象征。生活在这片土地上的人们，自然要对自身与本地的关系自豪不已。

几年前我第一次到大堡子山参观的时候，正是农历四月的天气，融融的阳光扑在蓬勃的麦田里，鸟的婉转叫声勾着群山的沉默，我一时竟有些茫然——我在哪里？……然后我见到了挖出了文物的地坑——说实话，那一刻我真的有一种时空混乱的感觉，那山的那片温暖的弯里，弯出了令世人震惊的古人生活，可是还有什么仍然弯在这里没被发现呢？

再后来，去参观了礼县秦文化展览，杵在实物与照片之前，我真的不太相信那是几千年前的事物，那种精美与精美透示出的品位，如果不是我们今人的附会，一定就是先人们的灵性与神性的暴发——凡人岂能有这样的创造与发明？！我们注意到了那器物的高度艺术水准，注意到了它们通人通天通地的神力，同时也注意到了古人与我们之间的对话与沟通——那种文字，那种美丽，让我们体会到了先人对我们的期望、失望与血脉纹络的贯通。

我们还要特别关注那些文字——刻在器物上的文字。比如秦公簋上那105个文字，自1916年被发现，1948年到达北京，再经王国维、郭沫若等学者认定为秦初始文明的最重要的实证之一以来，形成多大的影响力！但是，对这些文字本身，后人似乎缺乏足够的能力去鉴别、去欣赏，甚至是才尽辞穷，不能穷尽其中的所有，自然就不能尽享其中的奥秘，便只好胡乱用些诸如艺术呀、文化呀之类的今人的可怜相去描述。可是我总觉得，我们缺乏对这些字里还活着的古人的灵魂的关照，这是我们民族代际的真正血脉所在。只是，我自己更加的无才辞穷，只会站在边上说这些疯话。

现在，我又见到了王建弢同志的《礼县方言调查研究》的稿本。礼县，这可是秦人早期生活的核心地带，与秦公簋上的文字一样，这里的语言中，也许同样保藏有无数的标本和秦先人遗存供我们去挖掘。

说来奇怪，我眼里看着书稿，心里却不断地闪过礼县的山、礼县的人，还有粼波游动的西汉水……我还想起了离礼县县城不远的祁山堡，从秦早期到三国时期，这片土地上演绎了多少或惊心动魄、或哀婉凄切、或豪气干云的动人故事！可是，如果没有这些生动的语言，没有了这些抑扬顿挫的声音的支撑与铺垫，那种无声的状态恐怕不是用恐惧二字可以尽述的。

所有这些，成就了王建弢同志这些工作的落脚点和意义所在。我自己不是个懂方言研究的读书人，王建弢同志请我为这本书说几句话，我本是极力推辞的，因为自己实在是外行。但因为上述这些理由，最终也还是答应下来写几句外行的话。

《礼县方言调查研究》，首先要强调说明的是，它来源于广泛且坚实的田野调查。作者自己提到，"礼县地处山区，县域内山大沟深，交通不便，影响了人们对礼县方言的田野调查"，所以此前对礼县方言的田野调查比较稀少，因此"目前关于礼县方言的学术成果很少"。当然也可以由此推想到作者开展这一研究的艰辛。可是从成果看，这些艰辛是值得付出的。当然从一个人的力量宽厚上去想，全方位对一个县域内全部语言情况做一个详尽的田野调查，确实是存在极大困难的，所以作者理性地选择了其中的一个部分去调查、去观察，这个部分最合理的当然是"仅以礼县城关话为研究对象"。于是她舍弃了田野调查中的一些任务，选择了其中最能说明县域语言状况的县城这个核心区，并进行了耐心的调查与深入的观察。

这种选择本身，极大地提高了本研究的可靠性——如果选择太过宽泛，力量所限，自然就不能保证材料的精准性。

另一个需要强调的是本研究对礼县方言的特点——其个性特征的把握。从细微处着手，一个方言系统必然有很多的个性特征。这一点在本研究里得到很好的展示。这里要强调的是本研究对礼县方言一些突出特点的挖掘——这些特点使礼县方言迥然有别于其他临近方言。例如"tʃʽ、tʃhv、ʃv、ʒv"一组舌叶音（主要以如"猪""错""酸""如"一类，在甘谷话中，依据来源的不同，可分为两组，一组为"猪""出""书""如"，另一组为"租""粗""苏""如"），在礼县方言中的存在。这是礼县方言中极具特色的一种语音现象。当然，关于这一组声母是否是这样的拟音，还有一些争议。王建弢同志拟音的主要依据，是这些音节发音时，都是一种平舌状态，而其他人的拟音则有另外的依据。王力先生在《诗经韵读》中曾给《诗经》时代的"祝"拟测为 tjiuk，到 20 世纪，高本汉为西北方言中存在的"祝"音拟为 tɕîuk。这种拟音的好处是与另外一个音韵学理论保持了合理的继承关系：人们普遍认为古音合口呼与细声结合时，出现了 iu 双介音现象，而正是这种双介音后来凝结成了撮口呼韵母。而在它们没有凝结的过程中，就出现了双介音韵母。这种韵母在礼县话中（也包括甘谷话）还有保存，其中有一些就是王建弢同志指出的前述那组舌叶音，而 iu 双介音与本书作者所拟的舌叶音的拼合却不够理想，加上本区域的入声在传递过程中消失了，辅音韵尾脱落了，所以有的人就拟为 tɕjv、tɕ'jv、ɕjv、jv，只是这些舌面音的实际发音阻碍位置更要靠近硬颚前部。大约正是由于阻碍部位受到 iu 介音的影响比 tɕ、tɕ'、ɕ 更靠前（所以作者准确地使用了另外一个声母 χ，而这种声母正好与 k、k'、x 与 tɕ、tɕ'、ɕ 之间的关系相同），所以作者选择了舌叶音。但是这些分歧并不影响对这一组声母——其实更多的是一组特殊的音节——的关注，因为这些音节实在是太具特点了。当然不仅仅是这一个方面，全书还有很多这样的展示。而这些特点，使礼县方言有了作为独立语言现象研究的价值。

最后要强调一下本书的结构。我前面说过，我自己不是研究方言的，面对方言研究，基本上是外行。但是即使如此，也不影响我对本研究成果文本在结构上的认可。因为我认为，越是能让外行明了的，就越是有效的。本书在结构设计上，以语音、词汇、句式为三大方面，然后在其中列出最能反映该方言特点的下位类型予以展示，这让读者很容易既把握该方言整体的状况，又容易清晰地感知其特殊特别的地方。尤其是在语音和词汇方面，作者用了很大的篇幅进行了挖掘性展示，使本研究的价值得到很好表达。

当然，任何研究都会有遗憾。本研究成果在语法方面的挖掘和研究，与其他内容相比，就显得单薄一些，好在这可以在今后的研究中予以补充。但是，秦时期文明文化方面的研究方兴未艾，正是急需这样的成果的时候，秦早期文明圈里生活着的人们，对这片土地上存在过的文明有着共同的责任，王建弢同志的研究，或许就是这种责任和意识的体现，对此我们表示钦敬。

马建东

于天水师范学院

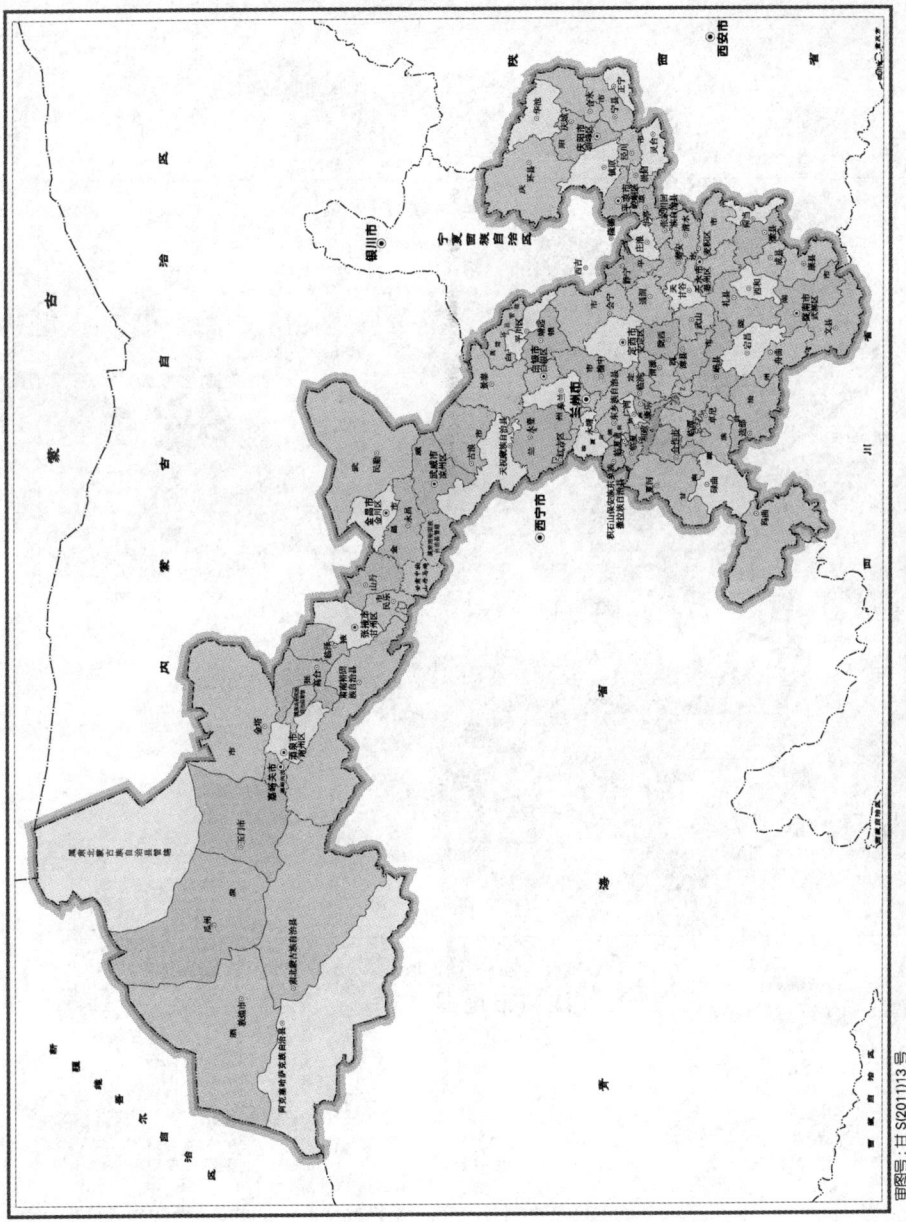

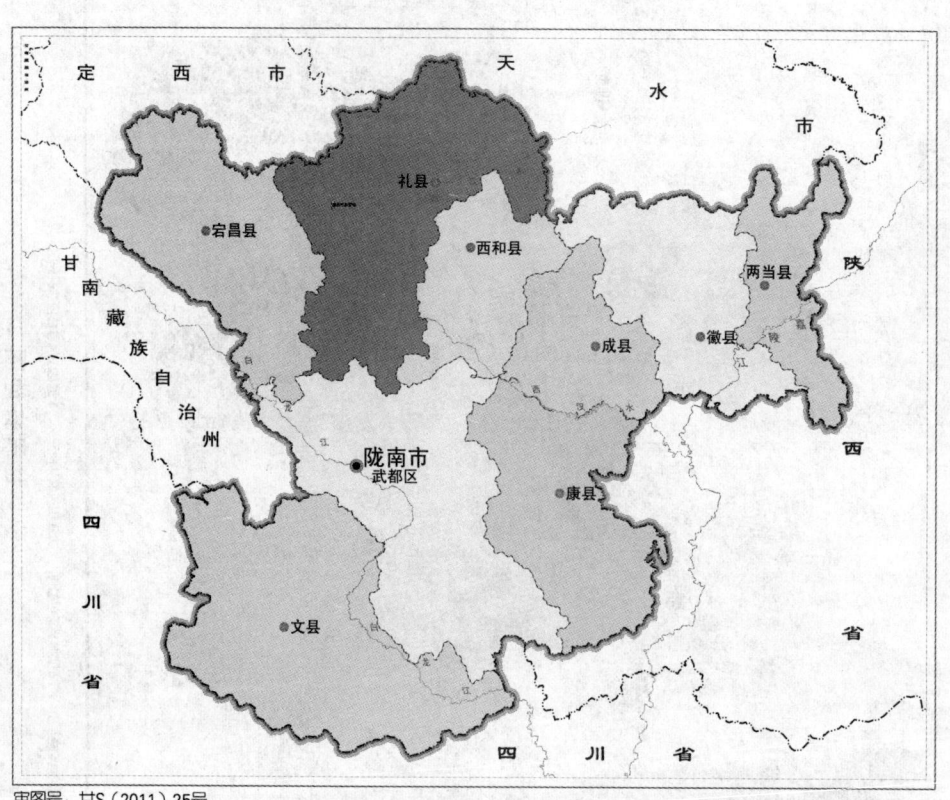

陇南市地图

目 录

第一章 导 论 1
    一、礼县人文地理、历史沿革及人口建制 1
    二、方言归属与内部差异 2
    三、发音合作人 2
第二章 礼县方言的语音系统 4
    一、礼县城关话音系 4
    二、礼县方言新老派差异 6
    三、礼县方言的文白异读 7
    四、礼县方言声韵配合表 9
    五、礼县方言同音字汇 16
第三章 礼县方言的共时音变 29
    一、两字组连读变调 29
    二、轻声的调式 31
    三、礼县方言的儿化 35
第四章 比较音韵 38
    一、礼县方言与普通话的语音比较 38
    二、礼县方言与中古音的比较 47
    三、关于礼县方言的声母 tʃʵ、tʃʰʵ、ʃʵ、ʒʵ 58
第五章 礼县方言分类词表 61
    一 天文 61
    二 地理 64
    三 时令时间 67
    四 农业（包括农林渔牧） 71
    五 植物 74
    六 动物 81

七　房舍 ·············· 84
　　八　器具、用品 ·············· 86
　　九　称谓 ·············· 91
　　十　亲属 ·············· 94
　　十一　身体 ·············· 97
　　十二　疾病、医疗 ·············· 101
　　十三　衣服、穿戴 ·············· 105
　　十四　饮食 ·············· 107
　　十五　红白大事 ·············· 112
　　十六　日常生活 ·············· 116
　　十七　讼事 ·············· 119
　　十八　交际 ·············· 120
　　十九　商业、交通 ·············· 122
　　二十　文化教育 ·············· 125
　　二十一　文体活动 ·············· 127
　　二十二　动作 ·············· 130
　　二十三　位置 ·············· 133
　　二十四　代词等 ·············· 135
　　二十五　形容词 ·············· 137
　　二十六　副词、介词等 ·············· 140
　　二十七　量词 ·············· 142
　　二十八　附加成分等 ·············· 144
　　二十九　数字等 ·············· 145
　　三十　四字格、固定短语 ·············· 148

第六章　礼县方言词汇的特点 ·············· 153
　　一、礼县方言词汇与普通话词汇的差异 ·············· 153
　　二、礼县方言词汇构词法 ·············· 156

第七章　代　词 ·············· 166
　　一、人称代词 ·············· 166
　　二、指示代词 ·············· 167
　　三、疑问代词 ·············· 169

目 录

第八章 副词、介词 …… 171
 一、副词 …… 171
 二、介词 …… 175

第九章 助词、语气词 …… 177
 一、助词 …… 177
 二、语气词 …… 178

第十章 几种常见句式 …… 181
 一、礼县方言的反复问句 …… 181
 二、否定句 …… 186
 三、比较句 …… 186
 四、把字句、被字句 …… 187

参考文献 …… 188
后　记 …… 191

第一章 导 论

一、礼县人文地理、历史沿革及人口建制

礼县位于甘肃省东南部，陇南地区北部。东经 104°37′~105°36′，北纬 33°35′~34°31′。东临天水、西和，西接宕昌、岷县，南连武都，北与武山、甘谷接壤。全县南北长 103 公里，东西宽 88 公里。总面积 4299.99 平方公里。礼县地势自西北向东南倾斜，平均海拔 1825 米。西南系岷山山系，山大沟深，森林茂密；东北为秦岭山脉，土壤肥沃。嘉陵江一级支流——西汉水，纳 14 条常年河和季节河纵贯全境。

礼县历史悠久，文化积淀深厚，距今约 6000 年前，境内的西汉水流域就有人类在这里繁衍生息。据考古发掘，境内文化遗存非常丰富，有各类文物点 107 处。石桥乡高寺头的仰韶文化遗址，1964 年出土了人首器形盖，1986 年又出土了石、陶、骨器多件，经测定系距今 5000 多年前氏族公社时期用物。夏商时为氐、羌人居地，地属雍州。大禹"蟠冢导漾"，导的就是流经礼县的西汉水。秦朝时，东北属陇西郡西县，西南部仍为氐、羌人居住，未置县郡。两汉时，东北部先后分属陇西郡、汉阳郡之西县；西南部先后分属武都郡的嘉陵道、武都道。王莽改西县为西治。三国时，东北部属魏国天水郡之西县，西南部属武都郡之武都县。西晋时，东北部属魏国天水郡始昌县（晋改西县曰始昌），西南部属武都郡之武都县。东晋十六国时，其先后为仇池国、前赵、前秦、后秦等占据。隋时分属汉阳郡之长道、上禄、潭水三县。唐时，东北部先属成州长道、汉源二县，后属秦州长道县；西南部属成州上禄县及宕州良恭县。北宋时分属岷州长道、大潭二县，元置礼店文州元帅府。

明初承元制，洪武四年（1371）置"礼店守御千户所"，隶岷州卫，属陕西都司，洪武十五年（1382）改隶秦州卫，属仍旧。成化九年（1472）割秦州十九里置礼县，属巩昌府秦州管辖，原"千户所"与县并存不废。清朝时，顺治十六年（1659）裁撤卫所十百户，将巩昌卫、文县所、西固所归并礼县统辖，属巩昌府。雍正六年（1727）改属秦州。民国二年（1913）袁世凯令

各州府改道，礼县属陇南道，后改渭川道。民国十六年（1927）道废，县直属于省。民国二十五年（1936），蒋介石令甘肃全省设七个行政专员公署，礼县属第四区（天水）专署领辖。1949年8月17日，礼县解放，归武都专区管辖；1955年10月划归天水专区；1958年8月与西和县合并为西礼县；1962年元月撤销西礼县，恢复原建置；1985年6月又划归陇南地区。

礼县辖4镇25乡、568个行政村，据2005年统计，礼县总人口51.4万人。民族有汉、回、藏、满等，其中汉族约占总人口的98%；其次为回族，主要分布在盐官、民族、城关等地。县城位于城关镇。

二、方言归属与内部差异

礼县地处山区，县内遍布山脉，山大沟深。交通不便，影响了方言的田野调查，目前关于礼县方言的学术成果很少，只有少见的几篇论文，相关著作还未出现。关于礼县方言的单篇论文有八篇，涉及礼县方言的相关论文有十多篇，见参考文献。

礼县是著名的秦人发祥地，周孝王"邑非子于秦"之前就居住在西垂（西犬丘），位于礼县东北永兴一带（近年发现的秦公墓为证）。三国魏时，礼县属天水郡，与关中等同划归雍州，秦汉人所用方言，据扬雄《方言》记载为"秦晋语"。可以推测，三国时礼县方言也应属秦方言。根据《中国语言地图集》，当代礼县方言，从语言的特点来看，属于中原官话区秦陇片。但由于礼县置县较晚，在明代成化九年，在此之前，礼县东北部和西南部一直分属于不同郡县所管辖，东北部历代划归天水，而西南部除晋代被少数民族所管辖外，一直划归武都。因此，礼县方言内部，东北部和西南部方言出现明显的差异，东北部方言受天水、陕西话影响，而西南部方言受武都方言影响较大。礼县方言内部分歧较大，具体来说，可分为上四区和下四区两片。上四区以政府所在地城关话为代表；下四区与武都接壤，以白河话为代表。本书仅以礼县城关话为研究对象。

三、发音合作人

礼县方言在调查过程中的主要发音合作人有以下几位：

王建立，男，42岁，中学教师，本科文化，甘肃礼县城关镇人，除了会讲礼县话，还会讲普通话。

  王春华，女，65岁，家庭妇女，初中文化，甘肃礼县城关镇人，为土生土长的礼县人，只会讲礼县话。

  张转红，女，38岁，家庭妇女，初中文化，甘肃礼县白河乡人。除了会讲礼县话，还会讲普通话。

第二章　礼县方言的语音系统

一、礼县城关话音系

1. 声母 30 个，包含零声母

p 布巴玻	pʰ 步颇怕	m 磨马门	f 飞冯费	v 闻为玩
t 带到度	tʰ 太夺道	n 难蓝尼	l 连邻亮梨	
ts 糟增争	tsʰ 仓巢曹	s 丝师诗	z 柔揉糅	
tʂ 招蒸哲	tʂʰ 昌潮澄	ʂ 扇声守	ʐ 认绕然	
tʃᵛ 祖主罪	tʃʰᵛ 醋从粗	ʃᵛ 苏书税	ʒᵛ 闰如芮	
tɕ 精节举	tɕʰ 秋齐枪	nʑ 女硬眼	ɕ 旋线虚	
k 贵干哥	kʰ 跪开葵	ŋ 岸袄熬	χ 胡化下	
ø 延言缘元约而				

说明：

（1）双唇音 p、pʰ、m 与韵母 u、ə 相拼时实际读音为唇齿音 pf、pfʰ、ɱ。例如：布[pfu⁵⁵]、朴[pfʰu⁵²]、亩[ɱu⁵²]、波[pfə²¹]、婆[pfʰə²⁴]、磨[ɱə²⁴]。

（2）中古全浊声母仄声字在老派或白读音中大部分读成送气音。例如：薄[pʰə²⁴]（并仄）、肚[tʰu⁵⁵]（定仄）、坐[tʃʰᵛuə⁵⁵]（从仄）、赵[tʂʰɔ⁵⁵]（澄仄）、跪[kʰui⁵⁵]（群仄）、铡[tsʰa²⁴]（崇仄）等。

（3）tʃᵛ、tʃʰᵛ、ʃᵛ、ʒᵛ 为一组舌叶音，实际发音时伴有唇齿音 v，在礼县方言中，这组声母只与合口呼韵母相拼。例如：猪 [tʃᵛu²¹]、错[tʃʰᵛuə⁵⁵]、酸 [ʃᵛuæ̃²¹]、如 [ʒᵛu²⁴]。

（4）送气塞音 pʰ、tʰ、kʰ 送气较强，并且在洪音前发音时伴有小舌轻微颤动的特点。

（5）精组和见晓组声母在今细音前没有分别，读音相同。例如：取 [tɕʰy⁵²]、区 [tɕʰy²¹]。

（6）泥母字、来母字在洪音前合流，有时读 n 声母，有时读 l 声母，形成自由变体。与细音相拼时，分两种情况：与撮口呼韵母相拼时，都读 nʑ 声

母，例如：吕[nʑy⁵²]、女[nʑy⁵²]；与齐齿呼韵母相拼区分明显且有明显的颚化色彩，例如：尼 [ni²⁴]、梨[li²¹]。

（7）χ是小舌清擦音，实际发音比普通话 x 的发音部位靠后，同时伴有小舌颤动的特点，例如：和[χə²⁴]。

（8）z是舌尖浊擦音。在礼县方言中例字较少，例如：揉 [zəu²⁴]。

2. 韵母32个，不包括儿化韵

ɿ 资支刺
ʅ 知智池　　　　　i 地第踢　　　　　u 故鹿木赌母　　y 欲虚雨
a 爬辣茶　　　　　ia 架雅下　　　　　ua 花刮蛙
ə 河蛇割色摸卧没拨　　　　　　　　　uə 过郭活落
ɛ 盖介矮德革册　　iɛ 滴姐接铁　　　uɛ 怪帅坏　　　yɛ 靴确缺月药脚
ɔ 饱保桃袄烧　　　iɔ 交表咬要
ei 摘北百倍妹　　　　　　　　　　　uei 桂贵未国
əu 斗收丑沤　　　iəu 绿流幼
ʅ 二耳儿日
æ 胆三竿含　　　iæ 减检连廉　　　uæ 短酸船关　　yæ 圆权院
aŋ 当桑棒　　　　iaŋ 讲良养　　　uaŋ 光床匡王
əŋ 根庚温翁横　　iŋ 林邻灵心新星紧　uŋ 魂红东动　　yŋ 云群琼穷胸

说明：

（1）ɿ、ʅ 两个韵母的实际发音都带有鼻化音，即ɿ̃、ʅ̃。

（2）i 作单韵母以及自成音节时实际读音为 j，并且鼻化。

（3）u 作单韵母以及自成音节时都读为唇齿浊擦音 v，在充当介音时读作后高圆唇元音 u，但实际发音口形较展。

（4）ə 的实际发音在有的音节中较靠后接近 ɤ，在礼县方言中 ə 和 ɤ 为两个自由变体。

（5）y 的实际发音口形较展。

（6）a 的实际开口度比较小。

（7）yɛ 的主要元音 ɛ 的开口度比较小，实际发音为 yᴇ。

（8）əu、iəu 的主要元音的实际读音为后次高圆唇元音 ʊ。

（9）ʅ 发音时嘴唇拢圆，并且卷舌度很高。

（10）aŋ、iaŋ、uaŋ 的主要元音的实际读音为央元音 ᴀ。

（11）əŋ、iŋ、uŋ、yŋ 韵母的实际发音介于 n、ŋ 之间，不是标准的舌根鼻音，并且主要元音鼻化。

3. 单字调共4个

阴平　　21　　诗开曲月
阳平　　24　　时神人局
上声　　52　　古口好五
去声　　55　　近盖公岸

说明：
（1）阴平字来源于中古清平、清入、次浊入字；阳平字来源于中古浊平、全浊入字；上声字来源于中古清上和次浊上字；去声字来源于中古清去、浊去、全浊上字。
（2）声调的调域较窄，调值升降幅度较小。
（3）就音长来看，上声最短，阴平、去声次之，阳平最长。

4. 礼县方言的语音特点

（1）部分中古浊塞擦音、塞音仄声字今读送气音。
（2）泥母和来母字在今齐齿呼前相分并带颚化色彩；在今开口呼、合口呼和撮口呼前合流，并多发鼻音。
（3）精组、知组、庄组和章组字与合口呼韵母相拼时合流，读舌叶塞擦音 tʃ，并在发音的同时上齿和下唇摩擦发唇齿音 v，因此，记作 tʃᵛ、tʃʰᵛ、ʃᵛ、ʒᵛ。
（4）见系开口二等字，保留 k 组音。例如：下[χa⁵⁵]、街[kɛ²¹]、鞋[χɛ²⁴]。
（5）复元音韵母单元音化，例如：盖 [kɛ⁵⁵]、怪[kuɛ⁵⁵]、高 [kɔ²¹]、叫[tɕiɔ⁵⁵]；əu、iəu 韵母也有单元音化倾向。
（6）礼县话没有前鼻音韵尾，普通话中发前鼻音的字在礼县话中有两种发音：一是主要元音鼻化，咸山摄字属于这一种；二是发成后鼻音韵尾，深臻摄与曾通梗摄字合流。并且与普通话中 uən、uəŋ、uŋ 三个韵母相对的韵母，礼县话是一个 uŋ。
（7）礼县话有四个调类，无入声。
（8）功能与普通话轻声类似的声调变化，主要有两种表现形式。
（9）有儿化韵，但儿化韵发音特殊，表现为主要音节元音的延长。例如：桃儿[tɔː²¹]。

二、礼县方言新老派差异

礼县方言存在新老派的差异，这些差异是受到共同语言——普通话的影响而产生的。近些年，随着外出务工人员逐年增加，礼县方言与其他方言的

接触增强,这种新老派的差异愈发明显。主要表现如下:

(1)礼县话古全浊仄声字多读送气音的语音特色,由于近些年受到普通话的强烈影响,目前呈现出一种新老差异,并且日趋扩大。据调查显示,五六十岁的人发送气音的较多,二三十岁的年轻人则很少用,多发不送气音。可以预测,礼县话古全浊仄声字多读送气音的语音特色,最终将会被不送气音完全替代。主要表现如下:

	棒(并)	读(定)	字(从)	赵(澄)	铡(崇)	近(群)	步(并)	地(定)
新派	paŋ^{55}	tu^{24}	tsɿ^{55}	tʂɔ^{55}	tsa^{24}	tɕiŋ^{55}	pu^{55}	ti^{55}
老派	pʰaŋ^{55}	tʰu^{24}	tsʰɿ^{55}	tʂʰɔ^{55}	tsʰa^{55}	tɕʰiŋ^{55}	pʰu^{55}	tʰi^{55}

(2)影母、疑母部分细音字,礼县话老派读 ȵ,新派读零声母。这种差异的发展趋势是向零声母演化。主要表现如下:

	压	牙	业	严	硬	眼
新派	ia^{55}	ia^{24}	iɛ^{21}	iæ^{24}	iŋ^{55}	iæ^{52}
老派	ȵia^{55}	ȵia^{24}	ȵiɛ^{21}	ȵiæ^{24}	ȵiŋ^{55}	ȵiæ^{52}

(3)影母、疑母部分洪音字,礼县话老派读 ŋ,新派读零声母。这种差异的发展趋势是向零声母演化。主要表现如下:

	鹅	澳	傲	爱	偶	安	恩
新派	ə^{24}	ɔ^{55}	ɔ^{55}	ɛ^{55}	əu^{52}	æ^{21}	əŋ^{21}
老派	ŋə^{24}	ŋɔ^{55}	ŋɔ^{55}	ŋɛ^{55}	ŋəu^{52}	ŋæ^{21}	ŋəŋ^{21}

(4)日母部分合口字,礼县话老派读撮口呼零声母,新派读声母 ʐ。主要表现如下:

	容	荣	融
新派	ʐuŋ^{24}	ʐuŋ^{24}	ʐuŋ^{24}
老派	yŋ^{24}	yŋ^{24}	yŋ^{24}

(5)见母部分开口字,礼县话老派读韵母 ɛ,新派读 ə。主要表现如下:

	隔	格	客	刻	核
新派	kə^{21}	kə^{24}	kʰə^{21}	kʰə^{21}	χə^{24}
老派	kɛ^{21}	kɛ^{21}	kʰɛ^{21}	kʰɛ^{21}	χɛ^{21}

三、礼县方言的文白异读

礼县话的文白异读字比较少,并且很多白读音同时又表现为新老派的差异。由于笔者研究有限,在此只能列举一些十分有把握的字,下面分类列举(文读音用"＿"表示,白读音用"＿"表示):

1. 声母有文白异读的字

尝：尝 tʂʰaŋ²⁴ / 尝 ʂaŋ²⁴

"尝"读擦音应属中古音，因为禅母在中古是单纯的擦音，到 14 世纪依据声调平仄分化，这说明礼县话"尝"的白读音保留了中古读法。

赶：赶 kæ̃⁵² 赶车 / 赶 tuæ̃⁵⁵ 赶跑了，赶走了

不：不 pu²¹ 否定副词 / 不 mu²¹ 否定副词

把：把 pa²¹ 把握 / 把 ma²¹ 介词

杏：杏 ɕiŋ²¹ 杏树 / 杏 χəŋ²¹ 杏树

行：行 ɕiŋ²⁴ 行为 / 行 χəŋ²⁴ 走

铸：铸 tʃʰᵛu⁵⁵ 铸造 / 铸 tɔ⁵⁵ 铸造

尾：尾 vei⁵² 结尾 / 尾 i⁵² 尾巴

赐：赐 tsʰɿ⁵⁵ 恩赐 / 赐 sɿ²¹ 赐福

解：解 tɕiɛ⁵² 解决 / 解 kɛ⁵² 解开

仇：仇 tʂʰəu²⁴ 仇人 / 仇 ʂəu²⁴ 仇人

藏：藏 tsʰaŋ²⁴ / 藏 tɕʰiaŋ²⁴

翘：翘 tɕʰiɔ⁵⁵ 翘起来 / 翘 tsɔ⁵⁵ 翘尾巴

船：船 tʃʰᵛuæ̃²⁴ / 船 ʃᵛuæ̃²⁴

角：角 tɕyɛ²¹ 一角钱 / 角 kə²¹ 牛角

2. 韵母有文白异读的字

日：日 zi²¹ 日用 / 日 ʐɿ²¹ 日子

扔：扔 zəŋ⁵² 扔了 / 扔 ʐɿ⁵² 扔了

绿：绿 ȵy²¹ 绿化 / 绿 liəu²¹ 绿颜色

泪：泪 luei²¹ 或 lei²¹ 泪水 / 泪 ȵy²¹ 眼泪

堡：堡 pɔ⁵² 城堡 / 堡 pu⁵² 大堡子山，地名

郝：郝 χɔ⁵² 姓氏 / 郝 χuə²¹ 姓氏

俗：俗 su²⁴ 俗气，风俗 / 俗 ɕy²⁴ 俗气，风俗

宿：宿 ɕu²¹ 宿舍 / 宿 ɕiəu⁵⁵ 星宿

雀：雀 tɕʰyɛ²¹ 孔雀 / 雀 tɕʰiɔ²¹ 野雀

迅：迅 ɕyŋ⁵⁵ 迅速 / 迅 ɕiŋ⁵⁵ 迅速

足：足 tʃᵛu²⁴ 满足、足球 / 足 tɕy²¹ 满足、足球

肉：肉 zəu⁵⁵ 吃肉 / 肉 ʒᵛu²¹ 肉刺

去：去 tɕʰy⁵⁵ / 去 tɕʰi⁵⁵

斜：斜 ɕiɛ²⁴ 倾斜 / 斜 ɕyɛ²⁴ 斜纹

矛：矛 mɔ²⁴ 矛盾 / 矛 miɔ²⁴ 矛杆子

四、礼县方言声韵配合表

以下单字音表（表 2.1～2.5）是礼县方言声韵配合情况，表中黑体字和用代码代替的音节在表后加注，"~"代表例字。

表 2.1

声母\韵母\声调	ɿ 阴21 阳24 上52 去55	ʅ 阴21 阳24 上52 去55	i 阴21 阳24 上52 去55	u 阴21 阳24 上52 去55	y 阴21 阳24 上52 去55	a 阴21 阳24 上52 去55
p pʰ m f v			笔 鼻 匕 闭 批 鄙 屁 密 迷 米 觅 夫 福 赋 雾 屋 无 武	不 补 布 扑 蒲 普 铺 木 牟 亩 慕 夫 福 赋 富 屋 无 武 雾		八 爸 靶 霸 啪 爬 帕 怕 妈 麻 马 骂 发 罚 挖 娃 瓦 **瓦**
t tʰ n l			低 敌 底 帝 梯 题 体 替 立 黎 礼 例	督 读 赌 渡 突 图 吐 兔 陆 奴 努 路		搭 达 打 大 它 榻 喇 揭 拉 拿 喇 娜
ts tsʰ s z	资 泽 纸 至 **差** 雌 翅 自 师① 时 死 四					扎 杂 眨 榨 擦 茶 叉 岔 杀② 洒 啥
tʂ tʂʰ ʂ ʐ		知 只 智 吃 池 斥 式 食 世 日				③ 傻
tʃᵛ tʃʰᵛ ʃ ʒᵛ				朱 著 醋 出 楚 暑 树 书 俗 暑 乳 入 如 乳		
tɕ tɕʰ ȵ ɕ			饥 吉 挤 济 七 齐 启 器 泥 你 腻 西 席 洗 细		居 菊 举 句 趋 渠 取 趣 拘 驴 女 滤 虚 徐 许 绪	
k kʰ ŋ χ				孤 咕 故 雇 枯 苦 裤 呼 胡 虎 互		嘎 尬 喀 **卡** 瞎 吓
ø			衣 移 椅 易		玉 鱼 雨 育	阿 啊

注：

差：tsʰɿ²¹，参差。

瓦：va⁵⁵，动词，指砌砖、盖瓦等工作。

卡：kʰa⁵²，卡住。

①：$z\eta^{21}$，拟声词，表示速度很快，一般用来形容鱼。
②：sa^{24}，~着，指感觉到、猜到。
③：$ṣa^{24}$，~下[χa^{21}]，指把东西隐瞒，不告诉别人。例如：你把啥东西~下了？

表2.2

声母\韵母	ia 阴21 阳24 上52 去55	ua 阴21 阳24 上52 去55	ə 阴21 阳24 上52 去55	uə 阴21 阳24 上52 去55	ɛ 阴21 阳24 上52 去55	iɛ 阴21 阳24 上52 去55
p / pʰ / m / f / v	①②③④⑤ 喵		玻 博 跛 **薄** 坡 薄 迫 破 寞 馍 摸 磨 佛 窝 挼 卧		摆 拜 拍 排 派 埋 买 卖 歪 喂 外	憋 别 ⑱ 进 **别** 撇 ⑲ 灭
t / tʰ / n / l			德 特 乐	多 踱 躲 剁 拖 夺 妥 唾 落 挪 ⑰ 㩙	呆 迏 歹 袋 胎 抬 太 来 奶 赖	爹 谍 ⑳ 铁 碟 ㉑ 列 ㉒
ts / tsʰ / s / z			泽 仄 色		栽 宅 载 再 猜 才 彩 菜 腮 筛 赛	
tʂ / tʂʰ / ʂ / ʐ			遮 哲 ⑬ 蔗 车 蛰 扯 ⑭ 设 舌 舍 射 硕 热 惹 ⑮			
tʃʷ / tʃʰʷ / ʃʷ / ʒ		抓 爪 ⑥ ⑦ ⑧ ⑨ ⑩ 刷 ⑪ 耍 授 ⑫		桌 昨 佐 左 错 锉 挫 坐 㧷 缩 锁		
tɕ / tɕʰ / ȵ / ɕ	家 胛 贾 价 掐 恰 娘 牙 哑 压 霞 夏					接 洁 **解** 界 窃 㧼 襟 捏 歇 协 写 谢
k / kʰ / ŋ / χ		瓜 呱 寡 挂 夸 跨 挎 花 滑 **画** 话	歌 哥 个 磕 **壳** 可 课 厄 俄 我 饿 喝 河 ⑯ 贺	锅 国 果 过 阔 **棵** 㧬 活 火 货	该 改 钙 开 楷 挨 癌 矮 爱 **核** 孩 海 害	
ø	鸭 芽 雅 亚					叶 爷 也 液

注：
画：χua^{52}，名词。
薄：$pə^{55}$，名词，~荷。

磨：mə⁵⁵，动词，~面。

德：tə²¹，"德"的新派读音。

特：tʰə²¹，"特"的新派读音。

乐：nə²¹，"乐"的新派读音。

泽：tsə²⁴，"泽"的新派读音。

仄：tsə⁵²，"仄"的新派读音。

蜇：tʂʰə²⁴，惊~。

壳：kʰə²⁴，贝~。

棵：kʰuə²⁴，"棵"的老派读音。

核：χɛ²¹，~对，"核"的老派读音。

别：pʰiɛ²⁴，名词，~针。

解：tɕiɛ⁵²，讲~，了~。

①：pia²¹，动词，趴，带有蔑视之意。

②：pia²⁴，量词，相当于量词块。例如：一~肉；一块肉。

③：pia⁵²，拟声词，一般用来形容枪声、打耳光等的声音。

④：pia⁵⁵，动词，粘贴。例如：把画~在墙上。

⑤：pʰia²¹，拟声词，一般用来形容物品落地的声音。

⑥：tʃᵛua⁵⁵，量词，相当于量词串。例如：一~葡萄。

⑦：tʃʰᵛua²¹，形容词，形容食物很脆。

⑧：tʃʰᵛua²⁴，动词，用水冲洗。

⑨：tʃʰᵛua⁵²，动词，拉下脸来表示不高兴。

⑩：tʃʰᵛua⁵⁵，~啦~啦，拟声词。

⑪：ʃᵛua²⁴，动词，注意、留意。

⑫：ʒᵛua⁵⁵，形容词，形容人气色不好，不精神。

⑬：tʂə⁵²，说话~的，外地口音，不是本地口音。

⑭：tʂʰə⁵⁵，形容词，形容很脏。

⑮：zə⁵⁵，动词，粘。

⑯：χə⁵²，动词，喊、吼。

⑰：nuə⁵²，动词，一是塌下去；二是褪下、拉下。

⑱：piɛ⁵²，动词，因不高兴而咧嘴。

⑲：pʰiɛ⁵⁵，形容词，形容人很坏。

⑳：tiɛ⁵⁵，动词，瞎转悠。

㉑：tʰiɛ⁵⁵，动词，挺起，~肚子。

㉒：niɛ⁵⁵，动词，~开，躲开。

表 2.3

声母\韵母\声调	uɛ 阴21 阳24 上52 去55	yɛ 阴21 阳24 上52 去55	ɔ 阴21 阳24 上52 去55	ci 阴21 阳24 上52 去55	ei 阴21 阳24 上52 去55	uei 阴21 阳24 上52 去55
p pʰ m f v			包 雹 宝 抱 抛 刨 跑 泡 猫 毛 卯 帽	标 表 飘 ⑥ 漂 票 描 秒 妙	北 白 贝 披 赔 胚 配 麦 煤 美 妹 飞 肥 匪 肺 威 维 委 魏	

t tʰ n l			刀 祷 到
			掏 逃 讨 套
			  劳 老 闹
				刁 掉
				挑 条 **挑** 粜
				  疗 燎 廖
					德 特
					勒
					⑧
						堆 队
						推 颓 腿 退
						  雷 累 内

ts tsʰ s z			遭 凿 枣 灶 操 曹 草 糙 骚 嫂 哨		窄 拆 贼 色 谁	
tʂ tʂʰ ʂ ʐ			招 照 超 潮 赵 烧 绍 **少** **少** 饶 绕 照			
tʃᵛ tʃʰᵛ ʃᵛ ʒ	揣 踹 摔 甩 帅					追 嘴 最 吹 垂 脆 虽 随 水 岁 蕊 锐
tɕ tɕʰ ȵ ɕ		镢 绝 ② 噘 缺 瘸 ③ ④ 虐 ⑤ 雪 学		交 绞 叫 敲 乔 巧 轿 ⑦ 咬 尿 肖 淆 小 笑		
k kʰ ŋ χ	乖 拐 怪 ① **会** 快 怀 坏		高 搞 告 烤 靠 炕 熬 袄 傲 蒿 豪 **好** 浩		给 黑	规 鬼 贵 亏 葵 愧 灰 回 悔 汇
ø		月	奥	妖 摇 舀 耀		

注：

会：kʰuɛ⁵², ~计。

少：ʂɔ⁵²，多~。

少：ʂɔ⁵⁵，~年。

好：χɔ⁵²，~坏。

挑：$t^hiɔ^{21}$，~重担。
挑：$t^hiɔ^{52}$，~起，拨起来。
①：$k^huɛ^{21}$，量词，一~，一个。
②：$tɕyɛ^{52}$，形容词，调皮，多指小孩。
③：$tɕ^hyɛ^{52}$，动词，看。例如：~一眼。
④：$tɕ^hyɛ^{55}$，形容词，形容瘦的样子。例如：载个女子~得很。
⑤：$ȵyɛ^{24}$，形容词，形容人消瘦了，一般指小孩。
⑥：$p^hiɔ^{24}$，名词，又叫~子，类似于草莓的野生水果。
⑦：$niɔ^{24}$，形容词，形容人很难缠。
⑧：$nuei^{21}$，堆在一起，看起来很累赘的样子。

表 2.4

韵母 声母	uə 阴阳上去 21 24 52 55	iəu 阴阳上去 21 24 52 55	ɔ 阴阳上去 21 24 52 55	æ̃ 阴阳上去 21 24 52 55	iæ̃ 阴阳上去 21 24 52 55	uæ̃ 阴阳上去 21 24 52 55	yæ̃ 阴阳上去 21 24 52 55
p pʰ m f v				班 板办 潘盘⑤伴 　瞒满慢 翻凡返犯 剜玩晚万	编 匾变 偏便篇骗 棉免面		
t tʰ n l	都　陡斗 偷头①透 楼篓漏	丢 六刘柳溜		单 胆但 摊谈毯探 男揽烂	颠 点电 天田舔垫 　帘敛练	端 短缎 团⑧断 ⑨恋暖乱	
ts tsʰ s z	邹 走皱 撖愁揪凑 搜 叟瘦 揉踩②			簪⑥攒站 挼残铲绽 山 伞散			
tʂ tʂʰ ʂ ʐ	舟轴肘咒 抽稠丑臭 收仇手受 　　　肉			粘 展占 缠　颤 扇单闪善 然染			
tʃᵛ tʃʰᵛ ʃᵛ ʒ						砖 转赚 川椽喘窜 酸船涮 软	
tɕ tɕʰ ȵ ɕ		纠蹶酒舅 秋求　旧 　牛扭拗 休④朽秀			尖 检见 千前浅欠 蔫年碾念 先贤显线		捐倦 圈权犬劝 宣玄选楦
k kʰ ŋ χ	沟 狗够 抠扣口寇 殴 偶沤 ③候吼厚			甘 敢干 勘砍看 安⑦暗案 憨含喊汉		关 管惯 宽 款 欢环缓换	
ø	欧 藕	优由有右		日儿耳二	烟言演咽	渊圆远愿	

注：

都：təu²¹，表示范围的全部，~来。

扇：ʂæ̃²¹，动词。

单：ʂæ̃²⁴，姓氏。

便：pʰiæ̃²⁴，便宜。

转：tʃʮuæ̃⁵²，转弯、旋转。

船：ʃʮuæ̃²⁴，"船"的白读音。

圈：tɕʰyæ̃²¹，圆圈。

欧：əu²¹，"欧"的文读音。

藕：əu⁵²，"藕"的文读音。

① tʰəu⁵²，动词，便宜出售。

② zəu⁵⁵，试探。例如：~活着干。

③ χəu²¹，~人，味道很冲，使人嗓子不舒服。

④ ɕiəu²⁴，一是形容细小。例如：韭菜太~了。二是形容人发育不良，瘦小，多指小孩。例如：娃~着不长。

⑤ pʰæ̃⁵²，干、做。例如：熬（我们）慢慢~。

⑥ tsæ̃²⁴，打。例如：~一下。

⑦ ŋæ̃²⁴，开、煮的意思。例如：水~了。

⑧ tʰuæ̃⁵²，~住，缠住，对付好。

⑨ nuæ̃²¹，动词，弄、做。

表 2.5

韵母 声母　声调	aŋ 阴阳上去 21 24 52 55	iaŋ 阴阳上去 21 24 52 55	uaŋ 阴阳上去 21 24 52 55	əŋ 阴阳上去 21 24 52 55	iŋ 阴阳上去 21 24 52 55	uŋ 阴阳上去 21 24 52 55	yŋ 阴阳上去 21 24 52 55
p pʰ m f v	帮①绑磅 嗙旁胖 ②忙蟒 方房芳放 枉王网忘			崩蹦本泵 烹盆捧碰 矇门猛梦 风冯粉粪 翁文稳问	宾　丙并 　频品病 　民敏命		
t tʰ n l	裆③党荡 汤唐躺趟 齉狼攘浪		良辆亮	灯　等瞪 吞疼⑩ 　能冷愣	丁⑬顶订 听停挺 　林檁另	东　董吨 通同统痛 　农陇论	
ts tsʰ s z	脏④⑤臧 仓藏 桑嗓丧			增　挣 撑层衬 森　省渗 ⑪			

续表 2.5

声母\韵母\声调	aŋ 阴阳上去 21 24 52 55	iaŋ 阴阳上去 21 24 52 55	uaŋ 阴阳上去 21 24 52 55	əŋ 阴阳上去 21 24 52 55	iŋ 阴阳上去 21 24 52 55	uŋ 阴阳上去 21 24 52 55	yŋ 阴阳上去 21 24 52 55
tʂ tʂʰ ʂ ʐ	张⑥涨胀 娼常厂唱 伤裳赏上 瓤嚷让			真 整正 **称**尘逞秤 深神审剩 仍忍认			
tʃˠ tʃʰˠ ʃˠ ʒˠ			装 ⑧状 窗床闯撞 霜 爽 **双**			尊 胂众 春虫宠寸 孙怂耸顺 绒 润	
tɕ tɕʰ ɲ ɕ		将 讲降 枪墙抢匠 娘仰 乡祥想象			京 井进 亲芹请近 拧 硬 心形醒姓		军 菌俊 皲穷⑭ 兄熊损训
k kʰ ŋ χ	缸⑦港杠 康扛炕 肮昂 夯航 **行**		光⑨广逛 筐狂矿 荒黄谎	跟 哽更 坑肯⑫ 恩 亨横狠恨		工 滚共 坤 孔困 婚红哄混	
ø		央阳养样			鹰赢引印		拥云永用

注：

藏：tsʰaŋ²⁴，躲~，"藏"的文读音。

行：χaŋ⁵⁵，一行。

双：ʃˠuaŋ⁵⁵，~生，双胞胎。

省：səŋ⁵²，节~，~长。

称：tsʰəŋ²¹，动词，称重量。

① paŋ²⁴，动词，亲。例如：把我~一下。

② maŋ²¹，形容词，形容人很牛皮、了不起。

③：taŋ²⁴，猜、瞎蒙；碰巧。

④：tsaŋ²⁴，词尾。例如：碎~~。

⑤：tsaŋ⁵²，时间副词，表示现在。例如：我~咋弄家。

⑥：tʂaŋ²⁴，形容词，形容人呆、傻。例如：载个人~~子的。

⑦：kaŋ²⁴，形容人气派，有精神。

⑧：tʃˠuaŋ⁵², 胖。
⑨：kuaŋ²⁴, 大口喝。
⑩：tʰəŋ⁵⁵, ~一阵，等一会儿。
⑪：zəŋ²¹, 形容词，一般用来形容像针刺一样的疼痛感。
⑫：kʰəŋ⁵⁵, ~人，~住，把人难住，使人为难。
⑬：tiŋ²⁴, 形容词，一是食物太硬，吃完胃不舒服；二是形容人说话语气很生硬。
⑭：tɕʰyŋ⁵², 动词，闷；~人，闷热。例如：天气~人得很（天气很闷热）。

五、礼县方言同音字汇

说明：

（1）字汇以《方言调查字表》为基础，补充礼县话常用而《方言调查字表》未列的字，删去方言不用的生僻字。

（2）以下行文，按照礼县话音系排列，先按韵母分部，同韵母的字按照声母排列，声韵母相同的字按照声调排列。

（3）有音无字的用"□"代替，后面用小字注释或者举例，"~"代表例字。

（4）礼县方言的文白异读不多，只有十分把握的才在字的下面加"＿"表示白读音，加"＿"表示文读音。其他异读只列举。有新老差异的，在右下角注明"新""老"，"新"为新派发音、"老"为老派发音。

ɿ

ts [21]支动词，~起来 枝 肢 芝 之 滋 兹 资 咨 姿[24]支量词，一~笔 滓[52]紫 纸 姊 旨 指 子 梓 止 址 趾 脂[55]至 志 吱拟声词，物体摩擦平面的声音 痔 誌 痣 自新 字新

tsʰ [21]差 参 ~□ ~破，蹭破皮 □用眼睛盯着看[24]雌 瓷 □器 迟 慈 辞 词 磁 祠[52]刺动词 此 翅 齿[55]刺名词 疵 赐 次 自老 字老 伺

s [21]丝 斯 撕 嘶 私 司 思 施 诗 师 狮 尸 赐 □~气了，馊了 屍[24]时 匙

鲥[52]屎 死 使 史 始 驶[55]是 氏 四 肆 寺 示 事 视 试 士 仕 似 柿 嗜 市 侍 恃 巳 俟 祀

z [21]□拟声词，表示速度很快，一般用来形容鱼

ʅ

tʂ [21]知 蜘 汁 质 秩 职 织[24]只 执 直新 植新 值新 殖新 侄新 姪新[55]制 智 滞 雉 致 稚 置 治 掷 炙 □呆，不灵活

tʂʰ [21]尺 吃 嗤 痴[24]池 驰 持 弛 直老 植老 值老 殖老 侄老 姪老[52]赤 耻 斥

ʂ [21]湿 式 失 识 适 释 室[24]实 十

	拾~起来食什~物石蚀[52]豕[55]逝世誓饰势	n	[21]□胎盘[24]泥尼拟倪霓[52]你[55]腻匿逆顺~，~风溺
ʐ̩	[21]日	ɕ	[21]西吸稀溪膝夕息悉锡惜昔奚媳嘻希晰□娇气，~娃熙犀兮析熄徙羲婿女~[24]席习袭[52]洗喜嬉[55]细系戏繫係

i

p	[21]笔碧逼必壁臂璧毕婢匕弼臂碑蓖秕[52]彼鄙比~较[55]闭弊蔽毙敝陛鐾~刀布，把刀~，第~子备被~卧，~子被~打，~迫
pʰ	[21]披新批屁女阴[24]皮疲脾啤琵~琶枇~杷丕鼻[52]匹一~布辟痞劈僻癖劈譬避[55]匹一~马屁
m	[21]密秘觅蜜泌[24]迷弥靡眉楣粥糜猕[52]米[55]觅幂咪谜□~脏了，弄脏了
t	[21]低滴[24]的目~敌嫡狄迪[52]底氐抵坻[55]第递帝弟地新
tʰ	[21]踢梯屉笼~，抽~[24]提题涕啼蹄笛堤[52]体[55]替剃剔惕地老
l	[21]梨立力粒笠曆歷栗[24]离~别，~开半步隶黎犁厘璃玻~篱狸狸野猫[52]李里理礼鲤[55]例利丽美~吏莉荔~枝厉俐痢励
tɕ	[21]级机鸡几茶~基激积脊纪年~肌绩缉饥~饿，~荒迹讥稽击脐己屐[24]及急极即吉棘籍集新疾藉狼~[52]挤几~乎，个[55]既计季寄系~鞋带记纪~律，世~嫉祭际技妓继忌寂荠髻
tɕʰ	[21]妻七期时~欺戚凄漆[24]其企齐骑奇岂歧祁棋畦棋[52]起启乞祈[55]气集老泣去来~器汽砌弃剂一~药，面~子契~约

ø	[21]一以衣乙亦[24]移医仪益姨倚伊胰遗疑宜彝依谊役疫抑饴高粱~[52]尾~巴已椅揖作~矣蚁[55]易难~亿翼易交~异艺译绎邑逸意毅忆义屹弋议億憶

u

p	[21]不[52]补卜堡哺逋圃[55]布步新佈怖恐~
pʰ	[21]捕仆~倒扑醭铺~设[24]蒲葡菩撲樸僕脯胸~[52]谱哺簿曝瀑~布普朴脯杏~[55]步老部埠铺店~
m	[21]不木睦目穆[24]谋牟模~子[52]某母亩牡拇姆[55]幕墓牧暮募慕沐
f	[21]福复~兴腹肤復麸麦~子辐夫覆反~[24]浮栿伏蝠蝙~服孵敷抚扶俘~虏佛仿~傅芙[52]付负附俯斧符赴赋辅府腐甫否釜[55]副幅富父妇
v	[21]屋物捂侮乌污诬巫鸣[24]无芜梧蜈吴[52]五舞伍妩午武吾忤鹉鹦~[55]雾误悟务毋戊恶恨，可~
t	[21]督都~城[24]读新独新毒新[52]堵赌睹笃肚鱼~，猪~[55]度渡镀杜新肚新腹~
tʰ	[21]秃突凸[24]图涂徒途荼牍犊

	屠读老独老毒老[52]土吐~痰，呕~[55]兔杜老肚老腹部		[52]举沮[55]句巨具距锯~木头剧戏~，~烈聚拒惧据踞俱炬
n	[21]录鹿陆房禄碌逯[24]炉卢芦~苇颅庐~山鲈奴[52]努鲁卤戮滷[55]路露~水，白~赂鹭怒□弄；~好，弄好	tɕʰ	[21]区~域曲~折,歌~趋麴酒~屈驱蛆瞿躯龋蛐□短[24]局老渠□夹住[52]取娶[55]趣祛去~皮
tʃ	[21]猪蛛珠株竹术白~租朱诛[24]筑族侏竺逐烛诸足卒兵~[52]祖组诅主煮嘱瞩拄~拐杖[55]做作住著显~铸拄注祝驻助	nʑ	[21]沮旅绿律捋~胡子率速~[24]驴[52]屡侣女铝吕履缕丝~[55]滤虑
tʃʰ	[21]粗出帚初畜~生促[24]锄除橱储~蓄触厨雏躇[52]处相~础楚□用力往下压[55]柱醋础~子，柱下石处~所	ɕ	[21]须需恤虚煦嘘吹~蓄储~墟畜~牧戍鬚肃宿[24]俗徐□把火~上，使其继续燃烧[52]旭许栩[55]续序叙绪酗絮
ʃ	[21]速苏肃新酥宿叔书梳~头输运~，~羸束淑蔬疏~远，注抒[24]俗熟~悉，煮~术述孰赎属塾殊[52]数动词蜀鼠暑署专~墅薯白~舒[55]素诉塑~像夙树竖庶漱恕成数名词	ø	[21]玉狱鱼[24]于予愚虞迂裕余俞盂榆愉餘渔[52]雨语羽宇屿舆及，给予与[55]娱禹遇愈~好，病~誉荣~欲育域郁芋吁喻御预浴慾豫寓
		a	
ʒ	[21]入肉~刺褥[24]如儒[52]茹姓汝乳辱蠕□嚼不~，嚼不烂	p	[21]八巴新爸疤笆芭叭杷捌壩堤[52]靶把~握，~守，一~[55]罢坝霸欛柄
k	[21]孤箍姑估~计咕骨~头，筋~辜菇锅~露锅[52]古股鼓穀谷故~乡□~人，为难别人[55]顾固雇梏故已~	pʰ	[21]啪巴老尾~[24]拔跋扒耙犁~，~地琶琵~爬趴[52]帕[55]怕
kʰ	[21]哭枯窟~窿[52]苦酷残~[55]库裤酷很~	m	[21]妈抹~布，~桌子玛~瑙把介词，~房子收拾一下[24]嘛吗蚂蟆麻[52]马码~子[55]骂
x	[21]呼忽乎[24]湖壶瓠~瓢胡核果子~糊弧鬍狐蝴葫瑚和~牌浒水~[52]虎[55]户互护沪扈	f	[21]法方~，~子髮發[24]罚伐乏筏阀砝
		v	[21]挖哇洼袜娲[24]娃蛙[52]瓦名词[55]凹瓦动词
	y	t	[21]搭奔哒[24]答达瘩[52]打[55]大~小；~黄，药名
tɕ	[21]居租足拘掬一~，一捧矩规~鞠驹车~马炮桔[24]菊局新	tʰ	[21]他她塌它溻~汗，~湿塔獭

第二章 礼县方言的语音系统

	水~[24]踏劀用针~□啰唆沓一~纸[52]楊[55]揭~本
n	[21]纳钠呐拉啦辣蜡腊垃瘌落~下邋[24]拿[52]那哪[55]捺撇~娜鬻
ts	[21]扎喳渣吒哪~[24]杂砸咋乍札闸咱炸带油□咂轧[52]拃一只手拇指和中指伸开的距离眨[55]榨~油炸~弹
tsʰ	[21]擦插差~别叉~子[24]查茬调~茶楂铡搽察[52]叉~开[55]权杈~岔三~路
s	[21]萨杀沙纱砂莎厦偏~，前廊后~[24]□感觉到，猜到[52]洒撒~手，~种厦[55]啥□拿，胡~一把
ʂ	[24]□~下,把东西隐瞒,不告诉别人[52]傻
k	[24]嘎[52]尬尴~
kʰ	[21]喀咖~啡[52]卡~住
χ	[21]瞎虾哈~~笑□~~，狗熊[55]下嚇
ø	[21]啊表应答阿~家，~公[24]啊表疑问
	ia
p	[21]□~下；趴下，带有蔑视之意[24]□量词，一~子，一块[52]□拟声词，形容枪声、打耳光等的声音[55]□粘贴
pʰ	[21]□拟声词，形容物品落地的声音
m	[52]喵
tɕ	[21]家加佳夹嘉甲枷葭荚颊钾袷衣铗珈痂傢~具茄雪~[24]稼胛肩~[52]假真~，放~贾姓[55]价架驾嫁

tɕʰ	[21]掐[52]洽恰卡~脖子
ȵ	[21]押老娘老[24]牙老[52]哑老讶老[55]压老轧老
ɕ	[24]峡霞狭匣箱~侠辖暇瑕[55]厦~门夏春~，姓下~降
ø	[21]呀押新鸭丫~头鸦[24]芽衙牙新蚜涯天~[52]雅哑新讶新[55]压新轧新亚~洲，~军娅
	ua
tʃʷ	[21]抓[52]爪~子[55]□量词，一~葡萄
tʃʰʷ	[21]□脆，~豌豆[24]□冲洗，把手~一下[52]□拉，拉下；脸又下了[55]□~啦~啦，拟声词
ʃʷ	[21]刷[24]□~着，注意着，留心[52]耍
ʒʷ	[24]授[55]□不精神，气色不好
k	[21]瓜剐刮[24]呱青蛙叫[52]寡[55]挂褂卦掛
kʰ	[21]夸誇[52]跨垮胯[55]挎□~了一下，挂了一下
χ	[21]花[24]滑猾狡~华划~船[52]画名词[55]话桦~树画动词华~山划~分
	ə
p	[21]波拨驳玻剥菠~菜[24]博勃渤脖新帛搏[52]跛~足簸~箕，一~[55]薄~荷
pʰ	[21]坡颇泼婆背称泊梁山~[24]薄~厚脖老饽面~[52]迫新[55]破
m	[21]末没沉~，~有莫漠陌~生沫寞默新[24]磨~刀魔摩摹蘑馍么什~[52]摸抹膜[55]磨~面，~石
f	[24]佛

v	[21]握窝蜗挝沃踒~脚涡斡阿~胶倭幄[24]矮[55]卧	t	[21]多掇拾~,两手~起[24]踱铎朵[52]躲[55]刹垛跺惰堕舵
t	[21]德新得新,~到	tʰ	[21]拖脱托手承物[24]驮拿,~起来驼鸵陀夺□量词,一~,一块[52]妥椭~圆[55]唾~液,~沫
tʰ	[21]特新		
n	[21]乐新		
ts	[24]则新责新择新选~泽新[52]仄新	n	[21]诺落烙洛乐老骆络雒姓[24]挪罗锣骡箩螺萝逻娜阿~[52]□~下,拉下[55]裸~体摞~起来糯~米懦
s	[21]色新		
tʂ	[21]折~断,三~者遮浙摺~叠褶~子,皱纹蛰蝎子~人[24]哲辙[52]□说话~的,外地口音,意思为外地人[55]蔗	tʃˠ	[21]作~巧,工~捉桌[24]琢苲昨酌镯~子啄拙浊卓□脏,~了[52]佐[55]左坐新座新
tʂʰ	[21]彻车马~澈□手脚不灵活,笨~娃,带贬义[24]着~,~火蛰惊~□人气色好转[52]撒扯彻[55]□~了,弄脏,脏了	tʃˠʰ	[21]错~误□~气,使人生气撮搓戳[24]□嚼锉痤□胡~,瞎说矬矮[52]挫绰辍[55]坐老座老措错~杂
ʂ	[21]设摄涉赊奢[24]蛇芍~药舌佘姓勺~子折弄~了[52]舍~弃,施~[55]社麝~香射舍宿~赦	ʃˠ	[21]硕老朔老梭蓑嗦唰[24]缩[52]所锁唢琐~碎索~赔
		ʂ	[21]硕新朔新烁说新
ʐ	[21]热若弱[52]惹[55]□~一点,粘了点	k	[21]锅郭幗[24]国新[52]果裹[55]过
k	[21]歌割哥搁革新葛各隔新戈鸽疙~蚤,~瘩胳格新[24]阁嗝[55]个□~给,靠给,依靠	kʰ	[21]阔扩括廓[24]棵老颗老,一~珠[52]□往开撕
		χ	[21]豁郝姓□~嘴,~口[24]活[52]火伙豁~开朗惑或新[55]货祸藿~香霍姓和~面获新
kʰ	[21]客新渴克新苛新磕柯咳蝌□又,~来了,又来了嗑瞌科新刻新[24]核~桃壳贝~棵新颗新[52]可[55]课		
			ε
ŋ	[21]腭鳄厄噩恶善~[24]额~外鹅蛾扼俄讹峨娥遏[52]我[55]饿	p	[52]摆[55]拜败新
		pʰ	[21]拍新打[24]排牌徘[55]派湃败老
χ	[21]喝~酒荷薄~[24]和合盒褐貉纥河禾核新何荷~花[52]□大声喊叫[55]鹤贺嚇恐~喝~彩荷负~	m	[24]埋[52]买[55]卖迈
		v	[21]歪崴[52]喂叹词[55]外
		t	[21]呆待德得的[24]逮[52]歹[55]带戴呆待殆黛袋怠贷大~夫
	uə	tʰ	[21]胎特老[24]抬台天~苔邰[55]

	太态泰酞		借界届芥介疥戒~指戒~烟
l	[24]来莱[52]乃奶氖哪[55]耐奈赖籁癞	tɕʰ	[21]切劫且怯新窃妾[24]挒[55]褉~子惬笡斜
ts	[21]灾栽哉斋[24]仄老则老择老,选~宅责老泽老[52]宰载[55]再债寨新	nʑ	[21]捏镍□~~，乳房聂姓涅镊~子蹑~脚走业老孽
tsʰ	[21]猜钗侧册厕测策差出~[24]才材财裁豺柴[52]采踩睬彩菜在蔡姓寨老	ɕ	[21]些歇血蟹蝎[24]斜挟邪协携谐穴鞋[52]写[55]谢卸洩泄懈械解姓屑不~
s	[21]塞腮鳃[52]筛~选，~子[55]赛晒	ø	[21]叶爷背称页噎冶拽拖业新[24]爷面称[52]也者~，~是野[55]夜液
k	[21]该格老街隔老革老[52]改解~开[55]盖概钙芥溉戒~指丐乞~		uɛ
kʰ	[21]开揩克老科老客老刻老[52]慨慷~，感~凯楷	tʂʰv	[21]□~上，装上揣~度[52]踹
		ʃv	[21]摔衰[52]甩[55]帅蟀率~领
ŋ	[21]唉哀挨~近，~住埃尘~[24]癌捱~打，~骂崖山~额脑门[52]矮碍蔼隘[55]爱艾	k	[21]乖[52]拐[55]怪
		kʰ	[21]□量词，一~，一个[24]□语气词，表疑心[52]会~计[55]快筷块
χ	[21]核老，~对[24]孩骸鞋[52]海骇惊~[55]害亥	χ	[24]怀或老获老淮槐徊踝[55]坏
	iɛ		yɛ
p	[21]憋鳖瘪[24]别新，~人别区~，~离[52]□因不高兴而咧嘴[55]□因生气而蹦跳	tɕ	[21]蕨~菜镢~头,大锄角脚[24]绝爵诀掘抉决觉~得,知~[52]□调皮[55]噘倔
pʰ	[24]别老，~人别~针[52]撇~开，~捺[55]□很~，很坏	tɕʰ	[21]却缺确雀鹊榷[24]瘸~腿[52]□看[55]□瘦弱
		nʑ	[21]略掠虐[24]□瘦，一般指小孩
m	[21]灭蔑	ɕ	[21]雪靴削说~话薛姓[24]学□调皮，不老实
t	[21]跌爹蝶[24]迭牒谍碟新叠新[55]□~一下，转悠一下，闲游	ø	[21]月越约药阅岳悦曰钥粤乐音~跃跳~
tʰ	[21]贴铁帖餮[24]碟老叠老[55]□~起，挺起，~肚子		ɔ
n	[21]列裂猎烈咧[55]□~开，躲开	p	[21]包褒胞新[24]雹苞[52]饱宝堡保[55]报抱菢~小鸡暴爆豹刨鲍姓，~鱼
tɕ	[21]接街结姐揭阶[24]节皆洁竭截新[52]解~开解讲~，了~[55]	pʰ	[21]抛剖胞老[24]庖刨~地袍[52]

	跑[55]炮枪~泡	ø	[55]奥新懊新澳新
m	[21]猫囗猜[24]毛矛茅锚[52]卯[55]冒帽貌茂贸		iɔ
		p	[21]标彪膘飙骠[52]表婊裱
t	[21]刀叨[52]倒打~，倾~岛稻新捣悼导蹈祷[55]到道新盗倒~水铸~锅	pʰ	[21]飘瞟[24]瓢嫖剽[52]漂~亮，囗~气，低人一等的感觉[55]票车~
tʰ	[21]掏~出来滔洮[24]逃桃淘陶韬萄饕涛[52]讨稻老[55]套道老	m	[24]苗描瞄[52]秒藐渺囗细小，不结实谬[55]妙庙
n	[21]醪孬瑙[24]捞牢劳唠挠[52]脑恼老姥涝[55]闹	t	[21]叼刁雕凋[55]掉钓吊调音~，~动囗长
ts	[21]遭糟蚤[24]凿囗碎~~，很小[52]早枣藻澡找爪~牙[55]灶燥罩皂噪躁新造新	tʰ	[21]挑~重担[24]条跳迢窕调~和[52]挑~起，拨起来[55]粜
tsʰ	[21]钞钱~抄略取，~写操~作，~演[24]曹嘈巢槽马~[52]草吵炒[55]糙粗~，~米躁老造老	l	[24]聊撩~起来疗辽寥僚[52]燎~眉毛了~结[55]廖姓料镣尥马~蹽子
s	[21]搔捎~带梢臊~气骚[52]扫~地嫂稍[55]哨扫~帚	tɕ	[21]交教~书，~他去缴上~焦胶娇骄狡浇郊蕉椒礁矫[52]绞搅铰饺侥剿皎[55]叫轿新较窖觉睡~教~育
tʂ	[21]招昭沼沼~，~气召朝今~[55]照兆诏赵新	tɕʰ	[21]敲雀麻~，野~悄静~，~[24]桥瞧乔侨樵荞[52]巧[55]翘壳撬俏窍峭跷轿老
tʂʰ	[21]超[24]潮嘲朝~代[55]赵老	ȵ	[24]囗难缠[52]鸟咬[55]尿
ʂ	[21]烧[24]韶绍囗~的，着急的样子[52]少多~[55]邵少~年	ɕ	[21]消销萧宵肖姓硝啸霄器[24]淆[52]小晓[55]笑酵孝效校~对，学~，上~
ʐ	[24]饶娆[52]扰绕围~，~线[55]照看	ø	[21]腰邀要~求妖么~二三吆~喝夭[24]摇窑谣遥瑶尧肴姚姓[52]舀杳~无音信[55]耀勒靴~要想~，重~
k	[21]高羔[52]膏糕皋镐搞稿[55]告		ei
kʰ	[52]考烤[55]靠拷铐犒	p	[21]北杯新背~上悲碑卑掰柏[24]白新伯大~[55]贝辈狈惫焙~干背后~倍新
ŋ	[21]㾖~白菜[24]熬翱敖遨囗代词，我们[52]袄[55]凹傲鏊烙饼用具奥老懊老澳老		
x	[21]郝蒿蓬~[24]嚎壕耗号呼~毫豪囗爱打扮[52]好~坏[55]好喜~号~数浩昊皓		

pʰ	[21]披杯老拍打[24]陪赔培白老裴姓[52]沛佩呸魄[55]倍老配背～诵,僻静	k	[21]归规硅龟围国老[52]鬼轨诡[55]贵跪新柜新瑰桂
m	[21]默老脉麦[24]煤酶枚玫霉梅墨媒莓[52]镁美每[55]妹昧寐	kʰ	[21]亏窥盔岿[24]奎葵魁途傀睽[55]愧溃崩～跪老柜老
f	[21]非飞菲扉[24]肥[52]匪蜚妃斐翡[55]费肺废吠沸	χ	[21]灰挥辉徽恢[24]回蛔茴～香[52]毁悔讳海[55]会开～,～不～绘汇惠慧贿晦溃～脓
v	[21]危煨威微[24]围违唯维苇惟韦为作～[52]尾纬经～伪伟萎委[55]位未喂胃味卫魏巍谓尉慰为～什么		əu
		t	[21]都～是兜[52]陡抖展开斗蚪[55]痘豆逗鬥窦姓读句～
t	[21]得老德老	tʰ	[21]偷[24]头投[52]□贱卖[55]透
tʰ	[21]特老[55]忒～好	n	[24]楼搂～取,抱娄髅[52]篓[55]漏陋露～出
n	[21]勒肋泪	ts	[21]邹□～～,蜘蛛[52]走[55]揍奏皱骤等
ts	[21]窄摘	tsʰ	[21]搊～起来揪往上～[24]愁[52]瞅[55]凑
tsʰ	[21]拆～开[24]贼择～菜	s	[21]艘搜飕馊饭～了蒐[52]擞叟[55]瘦嗽咳～
s	[21]涩色老虱[24]谁	z	[24]揉柔糅[52]蹂[55]□试探
k	[55]给	tʂ	[21]周洲粥州舟[24]轴[52]肘[55]昼宙咒纣
χ	[21]黑嘿	tʂʰ	[21]抽[24]仇稠绸酬筹踌[52]丑[55]臭香～
	uei	ʂ	[21]收[24]仇□难缠[52]手首守狩[55]受授兽售寿绶
t	[21]堆碓[55]对队兑	ʐ	[55]肉吃～
tʰ	[21]推[24]颓[52]腿[55]退褪蜕蛇～皮	k	[21]沟钩篝勾[52]狗垢[55]够苟姓购构
n	[21]□看起来很累赘[24]雷蕾[52]累积～儡傀～垒磊[55]类累极困内诵	kʰ	[21]抠[24]扣～帽子[52]口[55]寇蔻叩～头扣～留
tʃᵛ	[21]追椎锥[52]嘴[55]最醉罪坠缀赘	ŋ	[21]呕欧老鸥老殴□因悒记某人某事而心里难受[52]藕老偶老配～,～然[55]怄～气沤久浸水中
tʃʰᵛ	[21]吹炊催槌崔姓摧[24]锤捶垂椎陲倕□物体不结实,易碎[55]脆翠粹		
ʃᵛ	[21]虽[24]随隋髓遂绥[52]水[55]岁碎穗隧～道睡税瑞小		
ʒᵛ	[52]蕊[55]锐瑞～士睿芮姓		

χ	[21]□味道很冲[24]喉侯猴~子猴[52]吼[55]后厚逅候
ø	[21]欧新鸥新[52]藕新偶新，配~，~然

iəu

t	[21]丢□~盹，打盹儿
l	[21]六绿[24]流留刘榴石~琉硫~磺[52]柳[55]溜瘤
tɕ	[21]赳揪一把~住纠~缠，~正鸠鬏梳个[24]蹶蹲下[52]九酒久韭玖灸针~疚[55]救舅究枢旧新就新
tɕʰ	[21]秋~天，~千丘仇姓邱鳅[24]求球囚酋蚯裘逑毬[55]旧老就老
ȵ	[24]牛[52]扭纽[55]拗脾气偏妞
ɕ	[21]修休羞[24]□细小，瘦弱[52]朽[55]锈绣铁~嗅袖秀宿星~
ø	[21]优忧悠~~幽[24]由油游尤犹邮黝[52]有友酉[55]又右幼佑釉诱莠柚

ɚ

ø	[21]日~子[24]而儿[52]耳饵尔扔~了[55]二贰~心

æ̃

p	[21]班般搬斑颁扳瘢[52]版板[55]半拌新伴新扮新瓣办绊新
pʰ	[21]攀潘[24]磐盘[52]□干，做[55]判盼畔叛拌老伴老扮老绊老
m	[24]瞒蛮馒[52]满[55]慢漫幔
f	[21]翻番儿~帆藩[24]繁烦凡[52]反返[55]饭犯泛贩范樊姓
v	[21]弯~曲湾豌剜[24]丸肉~完玩古~，游~顽~皮，~固[52]晚碗挽婉宛惋皖安徽[55]腕万弯~一圈蔓瓜~子
t	[21]单~独担~任丹耽[52]掸鸡毛~子胆[55]蛋但弹子~淡旦诞石一~粮食担挑~
tʰ	[21]滩摊贪瘫坍~塌[24]谈弹~琴潭檀坛痰谭[52]毯坦袒[55]叹探试~，侦~碳炭
n	[24]难~易南男楠喃蓝兰拦篮栏阑谰澜岚槛[52]懒揽缆览婪榄橄~[55]烂滥难患~
ts	[21]簪錾~花[24]□打[52]攒积~盏崭斩[55]暂绽湛赞瓒溅栈蘸~酱油站~立，车~
tsʰ	[21]掺参餐搀[24]蚕残惭孱馋[52]惨燦产□~~子，快嘴快舌灿铲[55]绽展开
s	[21]三山衫杉删[52]伞散鞋带~了㳔[55]散分~
tʂ	[21]沾粘毡詹瞻[52]展[55]战颤占
tʂʰ	[24]缠阐蝉蟾禅~宗[55]□纠缠
ʂ	[21]羶扇动词[24]单姓□娇气[52]闪陕[55]善扇骟禅~让
ʐ	[24]燃然[52]染冉姓
k	[21]甘竿竹~肝柑杆秆乾~湿尴~尬橄~槛[52]赶敢感擀~面[55]幹干
kʰ	[21]勘堪[52]砍刊坎槛侃[55]看~守，~见瞰
ŋ	[21]安氨鞍庵[24]□水~了，水开了[52]俺暗揞手覆[55]按岸案
χ	[21]酣憨痴涎[24]含寒韩咸涵函还~有[52]喊撼憾[55]汗旱汉焊翰鼾睡时~声

	iæ		新，绝~
p	[21]边编鞭蝙~蝠[52]扁贬匾[55]遍一~，~地变便辩	tʰ	[24]团[52]□~住，缠住，对付好[55]断老
pʰ	[21]偏翩[24]便~宜[52]篇片[55]骗欺~辨辫	n	[21]□弄，做[24]□量词，堆团恋老峦鸾[52]暖卵[55]乱
m	[24]棉绵眠[52]免勉冕渑腼[55]面	tʃᵛ	[21]专砖钻~空子[52]□妇女发髻转~送[55]赚纂编~钻~石转~圆圈，~眼传~记撰篆
t	[21]掂颠[52]点典[55]电店殿垫新碘惦奠佃	tʃʰᵛ	[21]穿川[24]船传~达椽伒[52]喘[55]串窜蹿
tʰ	[21]天添[24]田填甜恬[52]舔以舌取物腆~肚子[55]垫老	ʃᵛ	[21]栓拴闩酸[24]船□~了，落空了[55]涮蒜算
l	[24]连联莲怜廉帘镰涟殓[52]敛敛[55]恋新炼链练	ʒᵛ	[52]软阮
tɕ	[21]尖间空~，~断，~或肩兼煎监~察,国子~坚奸歼~灭艰[52]碱减检简剪剑捡俭拣茧[55]见件新贱新建箭键健饯荐渐溅~一身水鉴践涧舰笺	k	[21]关官观参~冠衣~棺鳏~寡[52]管馆[55]惯罐灌冠~军观寺~贯
		kʰ	[21]宽[52]款
tɕʰ	[21]千牵签铅迁谦纤[24]前钳乾~坤潜虔钱[52]浅潜遣歉[55]欠嵌件老贱老	χ	[21]欢[24]环桓还~原[52]缓痪[55]换唤患幻宦涣焕
			yæ
ȵ	[21]焉心不在~，蔫食物不新鲜，花~[24]严~实黏~米，~起来年拈鲇~鱼[52]捻撵碾辇脸眼[55]念	tɕ	[52]卷捐捲~起[55]倦鹃娟眷誊
		tɕʰ	[21]圈圆~[24]全权拳泉颧~骨痊醛鬈蜷[52]犬□~住，围起来[55]劝圈猪~券
ɕ	[21]先掀仙锨□抽~，抽屉□打喝~，打呵欠[24]闲嫌弦咸贤舷涎痫[52]显险鲜新~，~少癣[55]线县现献陷宪限羡腺馅	ɕ	[21]宣喧轩[24]悬旋玄璇[52]选绚眩炫[55]楦鞋~馅□~吃做，边吃边做
		ø	[21]冤渊鸳[24]员元圆原园援猿源缘袁辕媛[52]远[55]愿怨苑院
ø	[21]烟淹阉[24]沿盐言炎岩研延衍□以手指~碎颜阎芫~荽严~重[52]演俨~然掩[55]咽厌宴堰艳砚雁唁彦焰谚燕酽		aŋ
		p	[21]帮邦[24]□~一下，亲一下[52]绑榜[55]棒新磅傍谤
	uæ	pʰ	[21]膀~臭，很臭[24]旁庞膀滂[55]旁膀棒老
t	[21]端[52]短[55]锻~炼缎段断		

m	[21]□~得很，神气得很[24]忙芒盲茫氓[52]莽蟒	χ	[21]夯巷[24]行银~航杭[52]行一~，量词[55]项~圈
f	[21]方□棺材[24]防坊妨房[52]芳纺访仿~效[55]放		iaŋ
v	[21]汪一~水枉□不精神，指老人[24]王亡芒麦~儿[52]往网汪姓惘罔妄[55]望忘旺	l	[24]凉粮梁良粱[52]辆两~个两几~几钱俩[55]亮量~长短，数~晾谅靓
t	[21]当应~裆[24]□~上了，瞎矇上了，碰巧了[52]党[55]挡档宕荡当上~	tɕ	[21]江浆僵刚姜将~来疆豇[52]讲奖蒋桨[55]降下~将大~酱匠新虹天上的虹绛糨~糊，胶水犟新
tʰ	[21]汤烫□酥~~[24]糖搪堂塘唐棠膛[52]躺倘[55]趟	tɕʰ	[21]枪腔羌[24]强墙蔷藏~身[52]抢强勉~呛[55]强倔~匠老犟老
n	[21]齉[24]狼廊郎榔琅囊馕[52]攮朗[55]浪	ȵ	[24]娘新[52]酿酝仰老
ts	[21]脏不干净赃[24]□词尾，瑞~~[52]□时间副词，表现在[55]葬藏西~臧脏心~	ɕ	[21]香乡相互~箱镶厢湘襄[24]祥详翔降投~[52]想饷响享[55]向象项~目相~貌像橡巷
tsʰ	[21]仓沧舱苍伧[24]藏	ø	[21]秧央殃鸯鞅[24]羊□傻，骂人的话洋扬杨阳佯疡[52]养氧痒仰新徉[55]样漾恙
s	[21]桑丧婚~[52]嗓搡[55]丧		uaŋ
tʂ	[21]张章樟[24]□~~子的，呆，傻[52]长生~涨掌[55]帐仗新丈新杖胀	tʃᵛ	[21]装庄桩妆[52]□胖[55]撞新壮状□往里塞东西幢新
tʂʰ	[21]娼~妇[24]长~短场肠偿常尝[52]厂畅昌敞倡[55]唱丈老仗老	tʃʰᵛ	[21]窗疮[24]床[52]闯创[55]撞老幢老
ʂ	[21]伤商响~午[24]裳尝[52]赏[55]上尚	ʃᵛ	[21]双一~鞋霜孀[52]爽□往进缩[55]双~生，双胞胎
ʐ	[24]瓤□太~了，太弱了[52]嚷[55]让	k	[21]光胱[24]□大口喝[52]广[55]逛□①拟声词；②动词，敲
k	[21]刚钢纲缸岗冈肛[24]□~~的，气派的[52]港□~着一达，堆在一起[55]杠	kʰ	[21]筐框匡眶[24]狂[55]矿况
kʰ	[21]糠康慷[24]扛[55]抗炕亢	χ	[21]慌荒[24]黄簧凰皇惶蝗磺[52]晃谎
ŋ	[21]肮[24]昂		əŋ
		p	[21]奔~跑绷崩蹦[24]甭[52]本[55]笨泵迸奔~头

pʰ	[21]喷～水烹砰抨[24]盆鹏棚蓬朋彭硼膨澎篷[52]捧[55]喷～嚏碰		更梗
m	[21]矇～人□炖,煮[24]门们蒙盟朦檬萌[52]猛锰懵[55]闷潆梦孟笨	kʰ	[21]坑吭铿[52]肯啃恳[55]□～人,～住,把人难住
f	[21]分纷风封丰氛枫芬疯锋烽[24]坟焚逢缝～衣服蜂冯姓峰[52]焚粉讽[55]缝一条～奉凤份奋愤忿粪	ŋ	[21]恩
		χ	[21]亨哼[24]痕横～竖恒衡行～走[52]狠很[55]恨横～行霸道杏～树
			iŋ
v	[21]瘟翁嗡瘟[24]文闻蚊纹[52]稳吻紊刎瓮[55]问	p	[21]宾濒彬斌滨缤乒兵冰[52]丙饼秉柄炳禀[55]病新殡并並
t	[21]灯登蹬[52]等[55]邓瞪凳	pʰ	[24]贫频平凭瓶评屏萍苹坪[52]拼聘品[55]病老
tʰ	[21]吞[24]疼腾藤誊滕[55]□～一阵,等一会儿	m	[24]民名明鸣铭冥瞑[52]抿敏闽皿悯[55]命
n	[24]棱能[52]冷[55]愣楞	t	[21]叮盯丁钉～子[24]□～人,难以承受[52]顶鼎[55]定锭钉动词
ts	[21]增曾姓睁争[55]挣赠憎怎粽老	tʰ	[21]听厅庭廷亭[24]停艇[52]挺
tsʰ	[21]撑[24]层曾岑[55]衬蹭	l	[24]林临淋邻磷鳞琳霖零铃玲灵龄凌陵菱伶[52]凛檩领岭[55]另令赁吝
s	[21]森僧牲生参人～甥[52]省长,节～[55]渗	tɕ	[21]今金斤筋津巾晶鲸襟惊经京精荆[52]仅锦谨井紧景警[55]进尽禁劲晋靳竟静敬竞境颈镜净新近新
z	[21]□～～的疼,针刺般的疼		
tʂ	[21]真针珍疹斟诊贞侦征蒸[52]震枕振整拯[55]阵镇正证症政郑新		
tʂʰ	[21]称～重量[24]成城程呈诚惩承辰臣晨尘沉陈橙[52]逞称～呼[55]乘趁秤郑老	tɕʰ	[21]亲轻～重,年～清钦青卿氢顷[24]琴勤擒秦芹禽情晴擎[52]侵寝请倾[55]沁庆妗净老近老
ʂ	[21]身伸深申绅呻声[24]绳盛神[52]婶审沈[55]甚肾慎剩胜～任,～败圣盛兴	ȵ	[24]拧凝宁安～您[55]蔺姓硬宁～可
ʐ	[24]人仁妊壬仍任姓[52]忍韧扔～掉[55]任责～认刃纫	ɕ	[21]新心欣芯薪锌星辛腥[24]行品～型刑邢形寻[52]醒猩擤[55]信衅性姓兴幸杏迅老
k	[21]跟根耕庚羹[52]耿埂哽[55]	ø	[21]因音阴荫姻茵鹰英婴缨樱[24]银吟寅淫龈营迎蝇赢莹盈

荧萤萦[52]引隐饮瘿～瓜瓜，甲状腺肿瘤尹影颖[55]印胤映应

uŋ

t [21]蹲墩敦东冬[52]盹懂董□～水，玩水[55]吨顿盾矛～钝遁洞动新冻栋侗恫

tʰ [21]通熥吞饨[24]同铜童彤桐瞳屯臀豚[52]桶捅筒统[55]痛动老

n [24]农脓哝龙笼笼聋隆论～语窿珑抡伦沦轮仑纶囵浓[52]拢垄陇[55]弄论议～

tʃᵛ [21]谆中～间钟终忠宗棕综踪鬃衷尊遵[52]肿准总种品～[55]仲纵～横，放～粽新众重新，～量中～奖种～地诵

tʃʰᵛ [21]冲春椿村葱匆聪[24]虫唇纯醇崇重～复淳鹑从丛存[52]宠蠢[55]寸重老，～量

ʃᵛ [21]松怂嵩孙[24]㞞骂人的话[52]吮瞬损耸笋[55]顺舜送宋颂诵讼

ʒᵛ [24]容新绒融新溶新熔新荣新戎蓉新冗茸榕新嵘新[55]润闰

k [21]工公功弓恭攻拱宫躬肱蚣[52]巩汞滚龚姓[55]共供上～，～给贡棍

kʰ [21]空～虚坤鲲[52]孔控恐捆困昆[55]困空～缺

χ [21]轰烘昏荤婚馄[24]红虹洪宏～大鸿弘蕻魂[52]哄～骗[55]混浑～浊哄起～

yŋ

tɕ [21]军君钧均[52]菌窘炯迥[55]俊峻骏竣郡

tɕʰ [21]皲[24]穷琼群裙[52]□～人，使人闷热

ɕ [21]胸凶兄汹熏勋[24]殉旬巡熊匈询寻[52]损[55]讯训迅驯汛逊

ø [21]拥庸雍[24]云匀允耘容老荣老溶老榕老熔老蓉老嵘老[52]永涌勇咏泳蛹[55]酝运晕韵陨孕蕴恽佣

第三章 礼县方言的共时音变

一、两字组连读变调

本部分只讨论礼县话两字组的连调,不包括轻声两字组。

礼县话有单字调四个,即阴平、阳平、上声、去声,分别用代码 1、2、3、4 代表。

1. 礼县话的两字组,前字和后字各有四个调类

作为前字,阴平和上声变调,阳平和去声不变;作为后字,阳平和去声变调,阴平和上声不变。具体连读变调情况见表 3.1。表左标明前字代码、调类和调值,表上端标明后字代码、调类和调值。空格表示不发生变调。

表 3.1

前字＼后字	1 阴平 21	2 阳平 24	3 上声 52	4 去声 55
1 阴平 21	24＋21		24＋52	
2 阳平 24		24＋21		21＋55
3 上声 52			24＋52	
4 去声 55				55＋52

礼县话的两字组有以上 21 种连调情况,其中 15 组前后字都不变调,4 组字前字变调,后字不变;2 组字后字变调,前字不变。

两个阴平字相连,前字变阳平(21→24),也可不变;阴平和上声相连,前字变阳平(21→24);阳平和阳平相连,后字变阴平(24→21),也可不变;上声和上声相连,前字变阳平(52→24),也可不变;阳平和去声相连,前字

变阴平（24→21）也可不变；去声和去声相连，后字变上声（55→52），也可不变。

下面举例，调类代码排黑体表示有变调。如遇方言词统一在举例后解释。

前字阴平

1	1	24+21	蜂蜜 fəŋmi	方法 faŋfa	结冰 tiɛpiŋ
1	1	21+21	月光 yuɛkuaŋ	辣椒 natɕiɔ	目标 mupiɔ
1	**2**	21+24	开门 kʰɛmən	消毒 ɕiɔtʰu	复杂 futsa
			恶毒 ŋətʰu	入学 ʐʷuɕyɛ	热情 zətɕʰiŋ
1	**3**	24+52	加减 tɕiatɕiæ̃	抓紧 tʃʷuatɕiŋ	墨水 meiʃʷuei
			吃苦 tʂʰkʰu	木偶 muŋəu	
1	**4**	21+55	兄弟 ɕyŋtʰi	开店 kʰɛtiæ̃	落后 nuəχəu
			力量 liliaŋ	立夏 liɕia	

前字阳平

2	1	24+21	平安 pʰiŋŋæ̃	实心 ʂʅɕiŋ	毛笔 mɔpi
			人物 zənvə	及格 tɕikɛ	独立 tʰuli
2	**2**	24+21	杂粮 tsaliaŋ	食堂 ʂʅtʰaŋ	前门 tɕʰiæ̃mən
2	2	24+24	抬头 tʰɛtʰəu	同学 tʰuŋɕyɛ	零食 liŋʂʅ
			直达 tʂʰta	服毒 futʰu	
2	**3**	24+52	长短 tʂʰantuæ̃	存款 tsʰuŋkʰuæ̃	牛奶 ȵiəulɛ
			局长 tɕʰytʂaŋ	白马 pʰeima	
2	**4**	24+55	模范 məfæ̃	迟到 tʂʰtɔ	籍贯 tɕikuæ̃
			学费 ɕyɛfei		
2	**4**	21+55	期限 tɕʰiɕiæ̃		

前字上声

3	1	52+21	火车 χuətʂʰə	粉笔 fəŋpi	眼科 ȵiæ̃kʰə
			老师 nɔʂʅ	满足 mæ̃tɕy	
2	2	52+24	好人 χɔzən	水壶 ʃʷueiχu	主席 tʃʷuɕi
			有钱 iəutɕʰiæ̃	李白 lipʰei	
3	**3**	24+52	厂长 tsʰantʂaŋ	胆小 tæɕiɔ	水果 ʃʷueikʰuə
			表演 piɔiæ̃		
3	3	52+52	米粉 mifəŋ	美好 meiχɔ	养狗 iaŋkəu
			马桶 matʰuŋ	买米 mɛmi	

· 30 ·

3	4	52+55	改造 kɛtsʰɔ	广告 kuaŋkɔ	走路 tsəunu
			武器 vutɕʰi	有效 iəuɕiɔ	

前字去声

3	1	55+21	士兵 sɻpiŋ	道德 tɔtɛ	静脉 tɕiŋmei
			快乐 kʰuɛnuə	大雪 taɕyɛ	事业 sɻn̩ɛ
4	2	55+24	肚皮 tʰupʰi	断绝 tʰuætɕyɛ	厚薄 χəupʰə
			拜年 pɛn̩iæ	汉族 χætʃʳu	树苗 ʃʳumiɔ
4	3	55+52	市长 sɻtʂaŋ	受苦 ʂəukʰu	妇女 fun̩y
			信纸 ɕiŋtsɻ	字典 tsʰɻtiæ	大雨 tay
4	4	55+55	犯罪 fæʃʳuei	近视 tɕʰiŋʂɻ	最近 tʃʳueitɕʰiŋ
			教训 tɕiɔɕyŋ	乱动 nuætʰuŋ	代替 tetʰi
4	4	55+52	放假 faŋtɕia	病假 pʰiŋtɕia	肉片 zəŋpʰiæ

2. 礼县话两字组的特殊情况

1	1	52+21	赤脚 tʂʰɻtɕyɛ
2	2	24+52	厨房 tʃʳufaŋ
3	1	52+52	马夹 matɕia
3	4	21+55	旅社 n̩yʂə
4	4	55+24	集合 tɕʰixə

以上两字组连读变调情况，因研究有限，暂时还不能作出合理解释。

二、轻声的调式

1. 非叠字组中的轻声

礼县话中的轻声字较多，一般声母不发生变化，个别轻声字声母或韵母脱落，与前字或后字合音。例如：今年 tɕi²¹n̩iæ²⁴、姑阿婆 kua²¹pʰə²⁴。

轻声字的调值，记作 21 和 24，21 的实际调值和阴平调值相当，但比阴平略轻略短，24 的实际调值和阳平调值相当。

非叠字组变读轻声的条件和调式见表 3.2，表左是前字序号、调类和调值，表上端是后字序号、调类和调值。轻声标 21 调和 24 调。"( )"表示只有个别轻声词。

表 3.2

前字＼后字	1 阴平 21	2 阳平 24	3 上声 52	4 去声 55
1 阴平 21	21+21 21+24 （55+21）	21+21	21+21 21+24 （24+21）	
2 阳平 24			24+21	24+21
3 上声 52	21+24 52+24		21+24	52+21 52+24
4 去声 55	55+24	55+21	55+21	55+21

由表 3.2 可知，礼县话的轻声对前字影响不大，大多轻声音节直接变读为 21 或 24 调即可，前一音节会发生变调的情况较少："阴平+阴平"前一音节变为 55；"上声+阴平"前一音节变为 21；"阴平+上声"前一音节变为 24；"上声+上声"前一音节变为 21。

下文以前字的单字调为序举例，不包括叠字组和个别只读轻声的虚词。非轻声和轻声调值都按变调标注，统一放在例词前面。

前字阴平

1　1　21+21　医生 isəŋ　　飞机 feitɕi　　铁丝 tʰiɛʐ　　北方 peifaŋ
　　　　21+24　清洁 tɕʰintɕiɛ　蜡烛 natʃu
　　　　55+21　一切 itɔʰiɛ　　肉丝 zəŋsʐ
1　2　21+21　骨折 kutʂə
1　3　21+24　心疼 ɕintʰəŋ
　　　　21+21　尺码 tʂʰuma　谷雨 kuy
　　　　24+21　沙眼 saȵiæ

前字阳平

2　3　24+21　朋友 pʰəŋiəu　石板 ʂʐpæ　　侄女 tsʰʐȵy　言喘 ȵiætʃʰvæu
2　4　24+21　棉裤 miækʰu　白菜 pʰeitsʰɛ　白面 pʰeimiæ　实话 ʂʐxua

前字上声

3　1　21+24　指甲 tsʐtɕia
　　　　52+24　养鸡 iaŋtɕi
3　3　21+21　小米 ɕiomi　小雨 ɕiɔy
3　4　52+21　板凳 pætəu　眼泪 ȵiæny　老汉 老人家，男女都可称 nɔxæ
　　　　52+24　草帽 tsʰɔmɔ

前字去声

4	1	55+24	幸福 ɕiŋfu	信封 ɕiŋfəŋ	庆祝 tɕʰiŋtʃʳu	树叶 ʃʳuiɛ
4	2	55+21	后门 χəumən	杏核 ɕiŋxu	算盘 ʃʳuæpʰæ
4	3	55+21	糯米 nuəmi	号码 χɔma	户口 χukʰəu
4	4	55+21	味道 veitɔ	豆腐 təufu	梦话 məŋχua	害怕 χɛpʰa

2. 叠字组中的轻声

（1）AA 子式名词连调模式，礼县话的 AA 子式名词较多，并且大部分 AA 子式都可表达为 AA 式，例如：瓶瓶子，瓶瓶；印印子印迹，痕迹，印印；杯杯子，杯杯。AA 子式名词的主要连调模式见表 3.3。

表 3.3

AA 子式的名词	连调模式
阴平+阴平+子	21+24+1
阳平+阳平+子	24+21+1
上声+上声+子	52+21+1
去声+去声+子	55+21+1

举例如下：

阴平+阴平+子	21+24+1	渣渣子 tsatsatsɿ	刀刀子 tɔtɔtsɿ
		沫沫子 məmətsɿ	
阳平+阳平+子	24+21+1	帘帘子 liæliætsɿ	斜斜子 ɕiɛɕiɛtsɿ
		瓶瓶子 pʰiŋpʰiŋtsɿ	
上声+上声+子	52+21+1	爪爪子 tʃʳuatʃʳuatsɿ	筛筛子 sɛsɛtsɿ
去声+去声+子	55+21+1	罩罩子 tsɔtsɔtsɿ	棒棒子 pʰaŋpʰaŋtsɿ
		袋袋子 tɛtɛtsɿ	

（2）AAB 式的名词的连调模式，见表 3.4。

表 3.4

AAB 式的名词	连调模式
阴平+阴平+B	21+24+b
阳平+阳平+B	24+24+b
上声+上声+B	52+21+b
去声+去声+B	55+55（略轻）+b

举例如下：

阴平+阴平+B　21+24+b　板板土一种细土，俗传可以吃 pæpætʰu
　　　　　　　　　　　坡坡地 pʰə pʰətʰi
阳平+阳平+B　24+24+b　头头蒜 tʰəutʰəuʃˠuæ　毛毛雨 mɔmɔy
　　　　　　　　　　　牛牛娃小孩，爱称 ȵiəuȵiəuva
上声+上声+B　52+21+b　蜗蜗牛蜗牛 kuakuaȵiəu
去声+去声+B　55+55+b　溜溜板 liəuliəupæ

（3）ABB 式的名词的连调模式，礼县话 ABB 式的名词较少，连调模式有 a+21+24、a+24+21、a+52+24、a+55+24 四种，其中 a 为 A 的调值，见表 3.5。

表 3.5

ABB 式的名词	连调模式
A+阴平+阴平	a+21+24
A+阳平+阳平	a+24+21
A+上声+上声	a+52+24
A+去声+去声	a+55+24

举例如下：

A+阴平+阴平　a+21+24　棉窝窝 miævəvə　瘿瓜瓜 iŋkuakua
A+阳平+阳平　a+24+21　精溜溜指光身子 tɕiŋliəuliəu
A+上声+上声　a+52+24　明晃晃 miŋχuaŋχuaŋ
A+去声+去声　a+55+24　心把把疼爱的人 ɕiŋpapa

（4）AA 儿式重叠形容词的连调模式，见表 3.6。

表 3.6

AA 儿式重叠形容词	连调模式
阴平+阴平+儿+的	21+24（拖音）+的
阳平+阳平+儿+的	24+24（拖音）+的
上声+上声+儿+的	52+24（拖音）+的
去声+去声+儿+的	55+55（拖音）+的

举例如下：

阴平+阴平+儿+的　21+24(拖音)+的　高高的 kokɔ:ti　清清的 tɕʰiŋtɕʰiŋ:ti
　　　　　　　　　　　　　　　　热热的 zəzə:ti

阳平+阳平+儿+的	24+24（拖音）+的	长长的 tʂʰaŋtʂʰaŋ:ti
	明明的 miŋmiŋ:ti	稠稠的 tʂʰəutʂʰəu:ti
上声+上声+儿+的	52+24（拖音）+的	好好的 χɔχɔ:ti
	丑丑的 tʂʰəutʂʰəu:ti	紧紧地 tɕiŋtɕiŋ:ti
去声+去声+儿+的	55+55（拖音）+的	硬硬的 niŋniŋ:ti
	慢慢的 mæmæ:ti	厚厚的 χəuχəu:ti

（5）ABB 式重叠形容词的连调模式。礼县话中的 ABB 式重叠形容词较多，一般不带儿化，变调情况见表 3.7。

表 3.7

ABB 式重叠形容词	连调模式
阴平+BB	21+24+1
	21+21+1
阳平+BB	24+21+1
上声+BB	52+21+1
去声+BB	55+21+1

举例如下：

阴平+BB	21+24+1	酸溜溜 ʂʲuælieulieu	灰蒙蒙 χueiməŋməŋ
	21+21+1	烟烘烘 iæχuŋχuŋ	
阳平+BB	24+21+1	甜滋滋 tʰiætsɿtsɿ	肥墩墩 feituŋtuŋ
上声+BB	52+21+1	水汪汪 ʂʲueivaŋvaŋ	死巴巴 sɿpapa
去声+BB	55+21+1	乱哄哄 nuæχuŋχuŋ	硬梆梆 ɲiŋpaŋpaŋ

三、礼县方言的儿化

儿化是汉语的一种构词方式。从语音来看，一般认为，儿化通常有卷舌特征，例如普通话的儿化。其实儿化未必卷舌，卷舌型儿化只是儿化的一种类型。礼县方言的儿化，儿尾读音就没有类似普通话的卷舌特征。发音时"儿的声、韵、调全部脱落，只剩下时间格，并且游移到前一音节的主要元音上，使其元音长化"[①]。主要变化规律如图 3.8 所示。

说明：

[①] 赵日新：《中原地区官话方言弱化变韵现象探究》，选自《语言学论丛》第三十六辑，商务印书馆 2008 年版。

（1）依照声调顺序排列，再进行列举。
（2）如果声调有变化，先标注原有声调再标注变调。
（3）有新老派、文白差异的用"/"分别列出。
（4）方言词语意思太狭窄的用小字注释或者举例，"~"代表例字。

表 3.8

阴平+儿	被窝儿 pi⁵⁵və:²¹⁻²⁴	鸡儿 tɕi:²¹⁻²⁴	绣花儿 ɕiəu⁵⁵χua:²¹⁻²⁴
	豆腐干儿 təu⁵⁵fu²¹kæ̃:²¹⁻²⁴	桃儿 tʰɔ:²¹	八哥儿 pa²¹kə:²¹
阳平+儿	娘们儿 ȵia:²⁴məŋ²¹	熊儿 ɕy:ŋ²⁴	驴儿 ȵy:²⁴
	猪蹄儿 tʃʷu²¹tʰi:²⁴⁻²¹	勺勺儿 ʂə²⁴ʂə:²⁴⁻²¹	老头儿 nɔ²¹tʰə:u²⁴
上声+儿	杏儿 χɛ:ŋ⁵⁵ / ɕi:ŋ⁵⁵	口儿 kʰə:u²¹	面片儿 miæ̃⁵⁵pʰiæ̃:⁵²
	雀儿 tɕʰiɔ:⁵²	瓜子儿 kua²¹tsɿ:⁵²	燕儿 iæ̃:⁵²
去声+儿	辣椒面儿 na²¹tɕiɔ²¹miæ̃:⁵⁵⁻⁵²	蛋儿 tæ̃:⁵⁵⁻⁵²	帽儿 mɔ:⁵⁵
	花瓣儿 χua²¹pæ:⁵⁵⁻⁵²	裹肚 kuə²¹tʰu:⁵⁵⁻²⁴	鞋带儿 χiɛ²⁴tɛ:⁵⁵

礼县方言32个韵母，从理论上基本都可以儿化，但儿化并不是单纯的语音现象，与词汇、语法都有着密切的关联，一般来说，能读儿化的都是一些口语化很高、使用频率比较频繁的词。在礼县方言中，儿化音在32个韵母中并不平均分布，有些韵母出现频率相对高，有些相对较低。例如，韵母"ɿ、ʅ、ɚ"的出现频率就较低。在发音时，音节的主要元音延长，使其主要元音变读为其相应的长元音。例如，桃儿"tʰɔ:²¹"在发儿化时，在元音ɔ上只作时间的延长，不作卷舌动作。儿化音元音的延长时间的久暂，一般与不儿化音是相对的，但有时还可能会受到说话人的语气、态度、情感等的语境影响。例如，在说话要着重强调这个词时，时间延长相对要更久一些。

礼县方言韵母 32 个，能作韵腹的元音有"ɿ、ʅ、i、u、y、a、ɔ、ə、e、ɛ、æ̃"，共计 11 个。下面就这11个韵母儿化发音情况作详细具体的分析。

（1）韵腹是"e、a、ɔ、u、ə、ɛ、æ̃"的，直接在原韵母的主要元音上加延长音，将原韵腹音延长。例如：

把把儿 pa⁵⁵pa:⁵⁵⁻²⁴　　　　马夹儿 ma⁵²tɕia:²⁴
刷刷儿 ʃʷua²¹ʃʷua:²¹　　　桌桌儿 tʃʷuə²¹tʃʷuə:²¹
珠珠儿 tʃʷu²¹tʃʷu:²¹　　　钱包儿 tɕʰiæ²⁴pɔ:²⁴
碟碟儿 tʰiɛ²⁴tʰiɛ:²⁴⁻²¹　　锅锅儿 kuə²¹kuə:²¹
车车儿 tʂʰə²¹tʂʰə:²¹　　　兜兜儿 təu²¹tə:u²¹
角角儿 tɕyɛ²¹tɕyɛ:²¹ 角落　座儿座位 tʃʷuə:⁵⁵⁻²¹

豆豆儿 təu⁵⁵tə:u⁵⁵⁻²⁴ 　　　　一陀儿 i²¹tʰuə:²⁴ 一片
瓜儿 kua:²¹ 傻　　　　　　　　块儿 kʰuɛ:⁵⁵⁻²¹ 豆腐~
杆杆儿 kæ⁵²kæ:⁵²⁻²⁴　　　　　　头头儿 tʰəu²⁴tʰə:u²⁴⁻²¹ 领导
枣儿 tsɔ:²¹　　　　　　　　　　蛾儿 ŋə:²¹ 飞蛾
树叶儿 ʃᵛu⁵⁵iɛ:²¹　　　　　　　皮球儿 pʰi²⁴tɕʰiə:u²¹
堆堆儿 tuei²¹tue:i²¹　　　　　　好好儿 χɔ⁵²χɔ:⁵²⁻²⁴ ~念书，~过日子
嘴儿 tʃᵛue:i⁵²⁻²⁴ 嘴巴　　　　　一点儿 i⁵²tiæ̃:²¹
卷卷儿 tɕyæ̃⁵²tɕyæ̃:⁵²⁻²⁴ 花卷

（2）韵腹是"i、y、ɿ、ʅ"的，在元韵母的主要元音上加延长音，同时在尾音加上元音"ə"。例如：

蛐蛐儿 tɕʰy²¹tɕʰy:ə²¹　　　　　引娣人名 iŋ⁵²ti:ə²¹
瓜子儿 kua²¹tsɿ:ə⁵²　　　　　　吱儿 tsɿ:ə²¹ 拟声词
齿齿儿 tsʰʅ⁵²tsʰʅ:ə⁵²⁻²⁴　　　　啥儿 sa:ə⁵⁵ 你说的~？
鱼儿 y:ə²¹

（3）韵尾是"n、ŋ"的，先弱化韵尾，在原韵母的主要元音上加延长音，同时在尾音加上元音"ə"。例如：

本本儿 pən⁵²pə:ŋə⁵²　　　　　　房房儿 faŋ²⁴fa:ŋə²⁴⁻²¹
墩墩儿 tuŋ²¹tu:ŋə²¹　　　　　　轮轮儿 nuŋ²⁴nu:ŋə²⁴⁻²¹
箱箱儿 ɕiaŋ²¹ɕia:ŋə²¹　　　　　 镜儿 tɕi:ŋə⁵²
虫虫儿 tʂʰuŋ²¹tʂʰu:ŋə²¹　　　　洞洞儿 tuŋ⁵⁵tu:ŋə⁵⁵⁻²¹

第四章 比较音韵

一、礼县方言与普通话的语音比较

礼县方言属于北方方言中原官话秦陇片。和其他北方方言一样,礼县方言与普通话距离较近,语音的一致性较强,但也存在着一定的差异。本节主要针对礼县人学说普通话,将礼县方言与普通话进行简单的比较和辨正。

(一)声母辨正(表 4.1)

表 4.1 礼县话和普通话的声母比较表

礼县方言	普通话	例 字
p	p	比不把薄白别堡表被班变帮蹦并
p^h	p^h	皮铺怕破排撇跑票背班篇胖碰平
	p	鼻别别针杯伴病
m	m	米母马喵磨买灭矛描煤慢面忙们民
	p	不
f	f	复发佛飞饭放风
v	ø	挖窝外围晚网文
t	t	地读大德多带爹到调都丢但点短当等顶东
t^h	t	地肚碟垫垫子断
	t^h	提土它特拖太铁陶条忒退头炭天团汤疼听同
n	n	怒那挪脑内难暖囊能农
	l	路拉罗列老勒雷楼懒乱狼冷龙
l	n	奶
	l	例赖聊六连两林
ts	ts	子杂则载早走赞脏增

续表 4.1

礼县方言	普通话	例　字
tsʰ	tsʰ	词擦才早凑残藏
	tʂʰ	齿茶柴吵拆愁产层
	ts	自在燥贼揪撑
	tʂ	绽
s	s	四撒色赛扫搜三桑僧
	ʂ	是哈晒稍谁瘦山生
z	ʐ	揉
tʂ	tʂ	只哲招州展张正
tʂʰ	tʂʰ	吃车超仇缠唱城
	tʂ	蛰惊蛰赵郑姓氏
ʂ	ʂ	式傻射硕烧收善伤声
	tʂʰ	尝
ʐ	ʐ	日新热绕肉然让人
	tʂ	照老
tʃᵛ	tʂ	猪抓桌追砖装中准
	ts	足左嘴钻尊总
tʃʰᵛ	tsʰ	粗错催窜寸从
	tʂʰ	出觑揣吹喘床春虫
	ts	坐座撞
ʃᵛ	ʂ	书刷烁帅水霜顺颂
	s	俗锁碎孙松
ʒᵛ	ʐ	如授蕊软润绒
tɕ	tɕ	级句加节绝交就见捐将进景郡囧
	k	街解解开
tɕʰ	tɕʰ	七恰窃缺翘求前全抢勤情群琼
	tɕ	集劫旧件圈羊圈匠近净
	kʰ	卡卡住腔

续表 4.1

礼县方言	普通话	例　字
ȵ	n	你女娘捏虐鸟牛年拧
	l	驴
	ø	牙业咬眼仰硬
ɕ	ɕ	西须夏写学校修仙选项心形迅兄
k	k	古嘎瓜哥过改怪高给贵沟干关港光跟哽滚共
kʰ	kʰ	哭咖夸科扩开块靠亏口看宽康况肯坑困孔
	k	跪
ŋ	ø	饿爱熬藕安昂恩
χ	χ	胡话喝火海坏好黑会后喊换航黄很横混红
	ɕ	下瞎鞋
ø	ø	一雨啊鸭夜月奥新要欧新有儿烟元阳英音云永

普通话有 22 个声母、21 个辅音声母和 1 个零声母；而礼县方言共有声母 30 个（包含零声母）。从表 4.1 分析可以看出，与普通话相比较，声母中多了 "v、z、tʃᵛ、tʃʰᵛ、ʃᵛ、ʒᵛ、ȵ、ŋ" 8 个。具体发音上，也存在着一些混读现象。下面分五部分作具体分析。

1. 鼻音 n 和边音 l 的辨析

普通话有 n 和 l 两个声母，两者发音部位相同，而发音方法有别。礼县方言的这两个声母，跟普通话的应用不尽相同，存在着一定程度的混读。以下是具体分析：

（1）与齐齿呼韵母相拼合适时，分而不混。例如：牛（niəu）和刘（liəu）、礼（li）和你（ȵi）不相混。

（2）与合口呼、开口呼和撮口呼韵母相拼合，全部相混。具体体现为：

与合口呼韵母相拼，n 和 l 是自由变体，读哪一个都行，礼县人浑然不觉。但大都读作 n 声母，例如：农和龙（nuŋ）、怒和路（nu）、罗和挪（nuə）等在礼县方言中，每组字的发音相同，主要以发鼻音 n 为主，也可发边音 l，当地人听来是一样的。

与开口呼韵母相拼时，n 和 l 也基本表现为自由变体，读哪一个都可以，但大都是将 l 声母读作 n 声母。具体表现为，与韵母 a、ɔ、ue、aŋ、əŋ、æ 相拼，例如：拉和纳（na）、老和脑（nɔ）、楼和耨（nəu）、狼和囊（naŋ）、棱和能（nəŋ）、兰和男（næ）等；大都表现为 n 声母。与韵母 ɛ、ə、ei 相拼，例如：来和奶（lɛ）、乐和讷（lə）、类和内（lei）；主要读作 l 声母。

与撮口呼韵母相拼时，例如：驴和女（ȵy）、掠和虐（ȵyɛ）等，读作声母ȵ。ȵ声母在普通话中没有，礼县方言的ȵ声母，近些年随着普通话的影响，大都开始分化，读作 l 声母。例如："掠"的读音，现在新派发音中都读作 lyɛ。

综合以上分析，普通话中的 n、l 声母，表现为礼县方言中 n、l、ȵ三个声母，具体分合情况较为复杂。礼县人学说普通话，要分清普通话中鼻音 n 和边音 l，首先，依据以上分析了解清楚其分合的规律；其次，借助汉字声旁类推法，熟记字音，只有记清字音才可能正确发音；最后，掌握鼻音 n 和边音 l 的发音要领，发准读音。n 和 l 发音部位相同，它们的不同主要在于有无鼻音，是从鼻腔出气，还是从舌头两边出气。对于初学者，还可采用"捏鼻子"的方法进行反复训练。

2. 分辨平舌音 ts、tsʰ、s 和翘舌音 tʂ、tʂʰ、ʂ、ʐ

普通话中的 ts、tsʰ、s 和 tʂ、tʂʰ、ʂ、ʐ 这两套音，在礼县方言中表现为 ts、tsʰ、s、tʂ、tʂʰ、ʂ、ʐ 和 tʃᵛ、tʃʰᵛ、ʃᵛ、ʒᵛ 三套读音。下面具体分析：

（1）与开口呼韵母相拼合，ts、tsʰ、s、tʂ、tʂʰ、ʂ、ʐ 和 ts、tsʰ、s 部分相混。主要体现为将 tʂ 组混读为 ts 组。例如：支（tsʅ）、是（sʅ）、迟（tsʰʅ）、炸（tsa）、查（tsʰa）、杀（sa）、罩（tsɔ）、吵（tsʰɔ）、稍（sɔ）、皱（tsəu）、愁（tsʰəu）、瘦（səu）、站（tsæ）、产（tsʰæ）、删（sæ）、挣（tsəŋ）、撑（tsʰəŋ）、森（səŋ）。以上举例几乎包括与开口呼相拼的所有音节。但在礼县方言中，这种相混在每组音节中所占比例并不是很大，属于部分相混。对于礼县当地人而言，只需要记清汉字纠正是比较容易的。

（2）与合口呼韵母相拼合，ts、tsʰ、s, tʂ、tʂʰ、ʂ、ʐ 和 ts、tsʰ、s 在礼县方言中体现为 tʃᵛ、tʃʰᵛ、ʃᵛ、ʒᵛ 这套舌叶声母。这套声母发音比较特殊，也体现了礼县方言的声母特点。关于这套声母，下文还有详细的分析，这里仅作举例。例如：足（tʃᵛu）、粗（tʃʰᵛu）、俗（ʃᵛu）、如（ʒᵛu）、抓（tʃᵛua）、刷（ʃᵛua）、追（tʃᵛuei）、吹（tʃʰᵛuei）、碎（ʃᵛuei）、钻（tʃᵛuæ）、窜（tʃʰᵛuæ）、酸（ʃᵛuæ）、装（tʃᵛuaŋ）、床（tʃʰᵛuaŋ）、爽（ʃᵛuaŋ）、总（tʃᵛuŋ）、从（tʃʰᵛuŋ）、送（ʃᵛuŋ）。纠正这套声母，首先要分清熟记普通话中的 ts、tsʰ、s, tʂ、tʂʰ、ʂ、ʐ 和 ts、tsʰ、s 的音节的汉字；其次，要掌握其发音要领，发音时，注意唇齿不要相碰。

3. 送气音与不送气音的分辨

普通话中的 p、pʰ、t、tʰ、ts、tsʰ、tʂ、tʂʰ、tɕ、tɕʰ、k 和 kʰ 分别是六组送气与不送气的塞音和塞擦音，在礼县方言中体现为部分相混。将少数不送气的塞音、塞擦音读成相对应的送气音多为古浊音声母字。例如：跪（kʰuei）、步（pʰu）、毒（tʰu）、薄（pʰə）、肚（tʰu）、夺（tʰuə）、赵（tʂʰɔ）、道（tʰɔ）。纠正这种方音现象，首先，掌握发音方法，反复训练，在发音时可以感觉到，送气音比不送气音的气流要强并且持久；其次，混读字在礼县方言中所占比例很小，所以可以采取记少不记多的办法，见一个记一个，加强记忆。

4. 关于舌面前音 tɕ、tɕʰ、ɕ 的读音

tɕ、tɕʰ、ɕ 在北京音中形成较晚，主要是从中古音中的 ts、tsʰ、s 和 k、kʰ、χ 中分化而来，分化的条件是齐齿呼和撮口呼的韵母。礼县方言也完成了这一分化，但在口语中留下了分化的痕迹。例如：瞎（χa）、行（χəŋ）行走、咸（χæ）、杏（χəŋ）、解（kɛ）解开、街（kɛ）、鞋（χɛ）。这些音节的字，在礼县方言中只占极少数，仅仅是个别口语程度很高的词，只要掌握正确的发音方法和发音部位就可以纠正误读。

5. 零声母音节的读法

零声母音节普通话中很多，四呼都有。与礼县方言进行比较，礼县方言中的零声母音节相对较少，主要体现为以下三种情况。

（1）普通话中的部分开口呼零声母，在礼县方言中读成声母 ŋ。例如：爱（ŋɛ）、藕（ŋou）、昂（ŋaŋ）、饿（ŋə）、熬（ŋɔ）、安（ŋæ）、恩（ŋəŋ）。

（2）普通话中的合口呼零声母，在礼县方言中读成声母 v。例如：五（vu）、娃（va）、卧（və）、尾（vei）、外（vɛ）、晚（væ）、网（vaŋ）、翁（vəŋ）。

（3）普通话中的部分齐齿呼零声母，在礼县方言中读成声母 ȵ。例如：压（ȵia）、咬（ȵiɔ）、眼（ȵiæ）、仰（ȵiaŋ）、硬（ȵiŋ）。

普通话中零声母音节在礼县方言中少部分读成了有声母的音节。纠正这类方音现象，要记住在普通话中没有 ŋ、v、ȵ 这三个声母，发音时首先要去掉这些声母，掌握正确的发音方法和发音部位，进行训练。

（二）韵母辨正（表4.2）

表4.2 礼县话和普通话的韵母比较表

礼县方言	普通话	例　字	礼县方言	普通话	例　字
ɿ	ɿ	子紫词次四死	uə	uo	多拖罗硕桌错锁过扩或
	ʅ	指支齿迟是时	ɛ	ai	白排买带太来载才赛改开爱海
ʅ	ʅ	只直吃尺式石		uai	外歪
i	i	比皮米地提例级其你系以		ɤ	核
	ei	尾		uei	喂
	y	去		iɛ	解街
u	u	不铺母赋读图怒住处暑如古胡	iɛ	iɛ	憋撇爹铁列节窃捏些夜
	ɤu	某牟肉肉刺	uɛ	uai	揣帅怪块坏
	au	堡	yɛ	yɛ	绝却虐掠学月
y	y	具去续雨		iɛ	斜斜纹
	u	俗俗气，风俗		au	报跑到老早操扫赵超少绕高考奥
a	A	把怕吗发大它拉炸擦啥嘎卡啊	ɔ	u	铸
	iA	下瞎吓		iau	翘翘尾巴
ia	iA	喵加掐霞鸭牙	iɔ	yɛ	雀野雀，雀儿
	iaŋ	娘老		iau	表票苗掉条料叫桥鸟小要
ua	ua	抓刷授瓜夸话		au	矛矛杆子
ə	o	薄破魔佛	ei	ei	为背赔飞给黑
	ou	窝卧		ɤ	德老特老勒老色
	ɤ	的特乐这车设热个可饿喝		ai	窄摘拆
	yɛ	角牛角		uei	谁
uei	uei	对退追吹碎水蕊贵亏会	iaŋ	iaŋ	良将抢相养
	ei	雷类内泪		aŋ	藏
əu	ou	都头楼走搜肉州抽收购口后欧	uaŋ	uaŋ	装床霜光狂黄

续表 4.2

礼县方言	普通话	例字	礼县方言	普通话	例字
iəu	iou	丢六牛就求修有	əŋ	əŋ	蹦碰梦风疼能冷增僧正诚扔更横
	y	绿		ən	本盆们分嫩怎岑森真尘神人跟恩
ɚ	ɚ	儿而二耳		uəŋ	翁嗡
	ʅ	日		uən	文问吞老
	əŋ	扔扔了	iŋ	iŋ	并平名顶听另精情拧性应
æ̃	an	班蟠慢但炭难赞残山然干看俺		in	宾品民林近亲您心音
	uan	晚万		yn	迅迅速寻
iæ̃	iɛn	变篇面点天连见前年县烟	uŋ	uən	吨臀论尊寸准春孙顺润滚困混
uæ̃	uan	短团乱转窜酸软管宽换		uŋ	东同龙农总从中虫松绒共孔红
yæ̃	yan	捐全选元		yn	兄琼炯韵
ɑŋ	ɑŋ	帮胖忙放当狼脏桑仓唱伤刚昂	yŋ	yn	军群训用
	uɑŋ	网王		uən	皴

普通话有 39 个韵母(不包括儿化音);而礼县方言共有韵母 32 个(不包含儿化音)。从表 4.2 分析可以看出,与普通话相比较,韵母有很大的差异;具体发音上,也存在着一些混读现象。下面分五部分作具体辨析。

1. 分辨鼻音尾韵母

普通话中的鼻音尾韵母共有 16 个,分别是 an、ɑŋ、ən、əŋ、in、iŋ、uən、uŋ、yn、yŋ、iɛn、iɑŋ、uan、uɑŋ、uəŋ、yan,基本两两成对出现。从发音来

看，n 和 ŋ 在普通话中具有辨义的作用，分属于两个音位，是必须要加以区分的，而礼县方言这两种鼻音存在混读现象，具体表现是：

（1）"an 和 aŋ""iɛn 和 iaŋ""uan 和 uaŋ"这三组鼻音韵母在礼县方言中发作"æ̃和 aŋ""iæ̃和 iaŋ""uæ̃和 uaŋ"，在说普通话时基本能够区分清楚。例如：班（pæ̃）、帮（paŋ）、干（kæ̃）、刚（kaŋ）、蛮（mæ̃）、忙（maŋ）、连（liæ̃）、两（liaŋ）、演（iæ̃）、养（iaŋ）、转（tʂuæ̃）、装（tʂuaŋ）。

（2）"in 和 iŋ""uən 和 uŋ、uəŋ""ən 和 əŋ""yn 和 yŋ"这四组鼻音韵母在礼县方言中分别发作"iŋ""uŋ""əŋ""yŋ"，将普通话中的前鼻音尾韵母都读作后鼻音尾韵母，n 和 ŋ 归并为同一个音位 ŋ。例如：宾（piŋ）、并（piŋ）、林（liŋ）、另（liŋ）、跟（kəŋ）、更（kəŋ）、混（χuŋ）、红（χuŋ）、军（tɕyŋ）、炯（tɕyŋ）。要分辨这四组鼻音韵母，首先要掌握前、后鼻音尾韵各自的发音特点，找出它们的区别，反复训练；其次要分辨并记住普通话中常见的前、后鼻音尾韵的字。

2. 圆唇元音与不圆唇元音的辨正

普通话韵母中的元音 o 和 ɤ，在礼县方言中混读为一个元音 ə。例如：磨（mə）、波（pə）、歌（kə）、多（tuə）、都（təu）、桌（tʂʰuə）、州（tʂəu）。o 和 ɤ 两个元音的发音区别在于 o 是圆唇元音，ɤ 是不圆唇元音，舌位的高低前后是一致的。因此，礼县人纠正这类方音现象，要学会发圆唇元音 o，此外，可以用唇形变化的方法反复进行对比训练，并结合词语进行发音练习。另外，还需记住一条规律，普通话中，o 作为单韵母使用时，只跟唇音声母 b、p、m、f 拼合，韵母 ɤ 则没有其拼合关系。

3. 关于单元音 u

u 是后高圆唇元音，发音时双唇拢圆，舌头后缩，舌根接近软腭。普通话中的合口呼零声母音节在礼县方言中都读作有辅音声母的音节，将 u 变读为唇齿浊擦音 v。例如：五（vu）、娃（va）、窝（və）、网（vaŋ）、晚（van）、文（vəŋ）、翁（vəŋ）。此外，在韵母中，u 作为单韵母、韵头和韵尾时，比较普通话的发音也表现为圆唇度不足。例如：补（pu）、母（mu）、读（tu）、多（tuə）、装（tʂʰuaŋ）、中（tʂʰuŋ）。要纠正这类方音现象，只要注意掌握"u"的发音要领，发音时，口形拢圆成一小圆孔，注意上齿和下唇之间不要摩擦，就可以纠正误读。

4. 复韵母、鼻韵母的舌位动程问题

普通话中共有13个复元音韵母，复韵母的复元音在发音过程中，舌位、唇形都有变化。这种舌位的高低前后、口腔的开闭、唇形的圆展等滑动变化的过程，就是所谓舌位动程。礼县方言存在韵母单元音化的发展趋势，因此，较之普通话中的复韵母、鼻韵母，礼县方言数量相对较少。例如，礼县方言中没有普通话的韵母 an、ai、uai、iɛn、yan、uan、ɑu、iɑu，与之相对应的是韵母 æ、ɛ 或 ei、ʌu、iæ、yæ、uæ、ɔ、iɔ。因此，礼县人学说普通话受方音影响复韵母、鼻韵母大都舌位动程不足，整个舌位表现为高低起伏不足。例如：班（pæ）、爱（ŋɛ）、带（tɛ）、白（pʰei）、麦（mei）、眼（n̠iæ）、变（piæ）、外（vʌ）、元（yæ）、到（tɔ）、万（væ）、要（iɔ）、叫（tɕiɔ）。纠正这类方音现象，关键是多练多念，仔细体会舌位、唇形的变化。韵母起点音和收尾音的定位要合适，不宜过高或过低；此外，上升和下降的幅度也要掌握好。

5. 关于儿、耳、二等字的读音

儿、耳、二等字，在普通话中，是卷舌韵 ɚ 自成音节。这些字在礼县方言中，读作 ɔɹ，也读为零声母，但音色不同，卷舌色彩不浓。例如：儿（ɔɹ）、耳（ɔɹ）、扔（ɔɹ）。礼县人纠正这类方音现象，只要掌握 ɚ 的发音原理，增大卷舌度即可。发音训练时，不妨用"夸张过渡"的方法，即先发一个央元音 ə 找准舌位，然后再加上卷舌动作，通过反复训练，逐渐使 ə 音与卷舌同步，融为一体。

（三）声调辨正（表 4.3）

表 4.3 礼县话和普通话的声调比较表

	调类	阴平	阳平	上声	去声
礼县方言	调值	21	24	52	55
普通话	调类	阴平	阳平	上声	去声
	调值	55	35	214	51

礼县人学说普通话声调是个难点，就声母、韵母、声调相比较而言，礼县方言与普通话声调方面的差距最大。礼县方言和普通话调类数量相同，都是4个，调类名称也相同，为阴平、阴平、上声、去声，但实际读法——调值差异很大。整体来看，礼县方言调值读法低沉，音长较短，没有曲调。因此，学说普通话，高音上不去，低音下不来，曲调难转变。纠正声调读法，重点是锻炼操纵控制声带松紧的能力。比如念普通话中的阴平55调，声带自始至终要紧绷；念去声51全降调，就要让声带从紧绷到完全松弛。掌握方法，反复训练。

二、礼县方言与中古音的比较

研究方言与中古音的对应规律可以更好地看清方言历史演变的轨迹，更好地了解方言的特点。本部分内容以《切韵》为依据，考察礼县方言与中古音之间的关系，从而揭示礼县方言的演变发展规律，总结其特点。下面分声母、韵母、声调三部分比较中古音和今礼县话的对应关系，古音分类以中国社会科学院语言研究所主编的《方言调查字表》为准。

（一）声母的比较

古今声母的分合及条件见表4.4、4.5，表4.4从古音出发看今音的分合；表4.5从今音到古音，看今音声母的来源。

（二）韵母的比较

古今韵母的演变见表4.6、4.7。表4.6从古音出发看今音，表左是十六韵摄、开合口，表上端是古韵等和声母组系。表4.7从今音出发来看它的来源，表左是今韵母，表上端是古韵摄，中间相交处是该韵母的例字。

（三）声调的比较

古今声调的关系见表4.8。表左是古声调和声母的清浊，表上端是今声调声母的调查。

表 4.4

		清		全浊		次浊	清		全浊	
				平	仄				平	仄
帮组		帮 p	滂 pʰ	并 pʰ	pʰ p	明 m				
非组		非 f	敷 f	奉 f		微 v				
端组		端 t	透 tʰ	定 tʰ	t tʰ	泥 nȵl	来 nȵl			
精组	今合	精 ts	清 tsʰ	从 tsʰ	ts tsʰ		心	s	邪	s
	今开									
	今细	tɕ	tɕʰ	tɕʰ	tɕ tɕʰ			ɕ		ɕ
								tʃᵛ		tʃᵛ
	今合	tʃᵛ	tʃʰᵛ	tʃʰᵛ	tʃᵛ tʃʰᵛ			ʃᵛ		ʃᵛ
知组	今开	知 ts tʂ	彻 tsʰ tʂʰ	澄 tsʰ tʂʰ	ts tʂ tsʰ tʂʰ					
	今合	tʃᵛ	tʃʰᵛ	tʃʰᵛ	tʃᵛ tʃʰᵛ					
庄组	今开	庄 ts	初 tsʰ	崇 tsʰ	ts tsʰ		生	s		
	今合	tʃᵛ	tʃʰᵛ	tʃʰᵛ	tʃᵛ tʃʰᵛ			ʃᵛ		
章组	今开	章 ts tʂ	昌 tsʰ tʂʰ	船 ʂ	ʂ ʂ		书	s ʂ	禅	s ʂ
	今合	tʃᵛ	tʃʰᵛ	ʃᵛ	ʃᵛ			ʃᵛ		ʃᵛ
日母	今开						日	ø		
	今合							ʒᵛ		
	流开三							z		
	其他							ʐ		
见晓组	今洪	见 k	溪 kʰ	群 kʰ	k kʰ		疑 ŋ v		晓 x	匣 x
	今细	tɕ	tɕʰ	tɕʰ	tɕ tɕʰ		ø ȵ		ɕ ø	ɕ
影组	今洪	影 ŋ v ø					云 v ø	以 v z ø		
	今细	ø ȵ								

表 4.5

	帮滂并明	非敷奉微	端透定	泥来	精清从心邪	知彻澄	庄初崇生	章昌船书禅	日	见溪群疑	晓匣影云以
p	波										
pʰ	被颇跑										
m	苗										
f		夫费肥									蛙王唯
v		尾								卧	
t			多土弟								
tʰ			途								
n				脑							
l				梨							
ts					紫杂		债骤				
tsʰ					此筅		钗柴				
s					三		晒	诗时			
z					似			之			
tʂ						知		章			
tʂʰ						耻池		臭			
ʂ								神手受			
ʐ									惹		

续表 4.5

	帮滂并明	非敷奉微	端透定	泥来	精清从心邪	知彻澄	庄初崇生	章昌船书禅	日	见溪群疑	晓匣影云以
tʂ					最	猪	阻	专			
tʂʰ					崔脞	揣除	初锄	处船			
ʂ					碎遂		所	顺输殊			
ʐ									如		
tɕ										矩 距 启溪	
tɕʰ											
ɲ										硬	
ɕ					焦 消潜			小袖			训霞
k										该 共	
kʰ										魁跪	
ŋ										岸	
x											爱 荷祸
ø									儿	玉	于夜迂

表 4.6

		一等				二等				三四等									
		帮系	端系	见系	精组	帮系	泥组	知庄组	见系	帮系	端组	泥组	精组	庄组	知章组	见系	日母		
果	开		多 uə 他 a	歌 ə 茄 iɛ	搓 uə													开	果
果	合	波 ə	躲 uə	过 uə 科 ə 瘸 yɛ	坐 uə													合	果
假	开					巴 a	拿 a	诈 a	家 ia				姐 iɛ		爹 iɛ 遮 ə	也 iɛ	惹 ə	开	假
假	合							傻 a	瓜 ua									合	假
遇	开																	开	遇
遇	合		肚 u	姑 u	租 u	补 u				夫 u		女 y 庐 u	徐 y	阻 u	猪 u	居 y	如 u	合	遇
蟹	开	贝 ei	戴 ɛ	该 ɛ	灾 ɛ	拜 ɛ	奶 ɛ	差 ɛ	皆 iɛ 楷 ɛ	闭 i	低 i	泥 i	挤 i		滞 ʅ	鸡 i		开	蟹
蟹	合	辈 ei	堆 ui	魁 ui	最 ui				怪 uɛ 话 ua	废 ei			跪 ui		缀 ui	桂 ui	芮 ui	合	蟹
止	开				资 ɿ					臂 i 悲 ei	地 i	离 i	紫 ɿ	差 ɿ 筛 ɛ	蜘 ʅ 脂 ʅ	寄 i	儿 ɔɻ	开	止
止	合									非 ei		雷 ui	嘴 ui	揣 uɛ	吹 ui	规 ui	蕊 ui	合	止

续表 4.6

		帮系	端系	见系	精组	帮系	泥组	知庄组	见系	帮系	端组	泥组	精组	庄组	知章组	见系	日母	
		一等				二等				三四等								
效	开	保ɔ	刀ɔ	高ɔ	遭ɔ	包ɔ	挠ɔ	罩ɔ / 抓ua	交iɔ	表iɔ	刁iɔ	拧iɔ	焦iɔ	愁əu	赶ɔ	骄iɔ	饶ɔ	效
	合																	合
流	开		兜əu	勾əu	走əu				九iu	彪iɔ/否u		流iu	酒iu	抽əu	丢iɔ	柔əu	流
	合																	合
咸舒	开		耽æ̃	感æ̃	蚕æ̃				监iæ̃ / 馋æ̃		点iæ̃	粘iæ̃	尖iæ̃		沾iæ̃	检iæ̃	冉iæ̃	咸舒
	合								凡æ̃									合
咸入	开	答a		合ɔ	杂a				夹ia	法a	跌ie	聂ie	接ie		摄ɔ	页ie		咸入
	合																	合
深舒	开									禀iŋ		林iŋ	心iŋ	森əŋ	沉əŋ	金iŋ	任əŋ	深舒
	合																	合
深入	开											立i	习i	湿ɛ	蛰ɔ/汁ʅ	急i	入u	深入
	合																	合

续表 4.6

		一等						二等			三四等					
		帮系	见系	精组	端组	帮系	见系	知庄组	泥组	端组	精组	庄组	知章组	见系	日母	
山舒	开	般ɛ̃	千ɛ̃	残ɛ̃	丹ɛ̃	编ɛ̃	艰ɛ̃	绽ɛ̃	连ɛ̃	典ɛ̃	煎ɛ̃		展ɛ̃	乾ɛ̃	然ɛ̃	
	合		官uɛ̃	酸uɛ̃	端uɛ̃	反ɛ̃	顽uɛ̃	闩uɛ̃			全yɛ̃		转uɛ̃	卷yɛ̃	软yɛ̃	
山入	开		割ɛ	擦ɛ	达a	别ie	轧ia	杀a	列ie	铁ie	薛ye 泄ie		舌ɛ	挈ie	热ɛ	
	合		括ue	撮ue	掇ue	筏a	滑ua	刷ua			血ye		拙ue	悦ye		
臻舒	开		根əŋ	簪əŋ	吞əŋ	分iŋ			怜in		津in	臻əŋ	珍əŋ	巾in	人in	
	合	奔əŋ	昆uŋ	尊uŋ	顿uŋ				伦uŋ		旬yŋ		春uŋ	军yŋ	润uŋ	
臻入	开		骨u	卒u	突u	必i			栗i		七i	瑟ə	栉ɿ	吉i	日ʅ	
臻入	合	博ɛ	阁aŋ	脏uŋ	当aŋ	佛ɛ					恤y	率ue	出u	侉y		
宕舒	开	帮aŋ	冈aŋ			方aŋ			良iaŋ		将iaŋ	庄uaŋ	张aŋ	姜iaŋ	穰iaŋ	
	合		光uaŋ											匡uaŋ		
宕入	开		各ɛ	错en					略ye		爵ye		勺ɛ	约ye	弱ye	
	合	博ɛ	郭ue		托ue									攫ye		

续表 4.6

摄	舒入	开合	一等 帮系	一等 端系	一等 见系	一等 精组	二等 帮系	二等 泥组	二等 知庄组	二等 见系	三四等 帮系	三四等 端组	三四等 泥组	三四等 精组	三四等 庄组	三四等 知章组	三四等 见系	三四等 日母
江	舒	开					邦 aŋ		桩 uŋ 窗 uan	江 iaŋ								
江	舒	合																
江	入	开					剥 ɔ 朴 u		捉 uɔ	确 ye								
江	入	合																
曾	舒	开	崩 əŋ	登 əŋ	肯 əŋ 弘 uŋ	增 uə		冷 əŋ	生 əŋ	更 əŋ	冰 iŋ	丁 iŋ	陵 iŋ	即 i		蒸 əŋ	凝 iŋ	扔 əŋ
曾	舒	合								矿 uaŋ 横 uŋ 虢 ue								
曾	入	开	北 ei	德 ε	克 ɔ 黑 ei 国 ui	则 ε 贼 ei			摘 ei	格 ε 获 ue	逼 i	的 i	力 i		侧 ε	职 ɿ	极 i	
曾	入	合																
梗	舒	开					百 ei		筝 ε 摘 ei		兵 iŋ	碧 i	领 iŋ	精 iŋ		贞 əŋ	京 iŋ 倾 iŋ 兄 yŋ	
梗	舒	合																
梗	入	开												惜 i		石 ɿ 射 ə	剧 y 益 i 疫 i	
梗	入	合																
通	舒	开	蓬 əŋ	东 əŋ	翁 əŋ 公 uŋ	送 uŋ			崇 uŋ		风 əŋ		隆 iu	嵩 yŋ		中 uŋ	弓 uŋ 穷 yŋ	绒 uŋ
通	舒	合																
通	入	开	卜 u 禿 u		哭 u	族 u			缩 ou		福 u		六 iu	肃 y		竹 u 粥 ou	郁 y	肉 u
通	入	合																

表 4.7

	果	果	假	假	遇	蟹	蟹	止	止	效	流	咸	咸	深	山	山	臻	臻	宕	宕	江	曾	曾	梗	梗	通
	开	合	开	合	合	开	合	开	合	开	开	开	合	开	开	合	开	合	开	合	开	开	合	开	合	合
	一二三	一二三	二三	二	一三	一二四	一二三四	三	三	一二三四	一三	一二三四	三	三	一二三四	一二三四	三	一三	一三	一三	二	一三	一	二三四	二三四	一三
ʅ								紫知																		
i	他		巴家		朴庐	迷帝		彼			否	拉夫		汁立	达入		秩必实律					直逼				木幅肃
u					女																					
y			傻																							
a				瓜			话			抓																
ia	歌波												合摄													
ua	多破		姐																							
ε	拖					台拜				保包招岛	剖	袭贴		蛋	割折披	发	恶夹		博勺		驳	直城		掷见		
eu	癞						拐			交表习	舷				脓	滑	佛		托	郭				喇啸	车	
ie	靴													裴	别感							顾			格	
uε																				撒	谦雀					
ɔ						杯皮		悲							薛	月决										
ei						堆兔		累															北		百	
uei							国																		国	

续表 4.7

摄	果		假	遇	蟹		止	效	流	咸		深	山		臻		宕		江	曾		梗		通	
	开	合	开	合	开	合	开合	开	开	开	合	开	开	合	开	合	开	合	开	开	合	开	合	合	三
	一二三	一二	二三	一三	一二三四	一二三四	三三	一二三四	一三	一二三四	一二三四	三	一二三四	一二三四	一三	一三	一三	一三	二	一三	一三	一二三四	一二三四	一三	六
ue									兜抽流																
iei																	日								
ɔ																									
æ										耽站沾凡 减贬点	森品	丹扮展 搬顽反 观编边 官原犬												
iæ̃					儿																				
uæ̃																									
yæ̃																									
aŋ																	帮仗 方 良	江 光况 窗	邦	崩 冰	弘	烹兵并 幸	萤	蓬风 东中 雄	
ian																									
uan																									
əŋ													根真奉 吞顿伦 均												
iŋ													宾									倾			
uŋ																									
yŋ																									

表 4.8

		阴平 21	阳平 24	上声 52	去声 55
平声	清	颇猪科多			
	次浊		儿宜眉唯		
	全浊		婆途才池		
上声	清			跛吐挤止	
	次浊			绕某有晚	
	全浊				辨待痔跪
去声	清				破固趣债
	次浊				务二冒傲
	全浊				盗庙就住
入声	清	憋铁质出			
	次浊	没落虐握			
	全浊		达铡舌掘		

（四）从与中古音的比较看礼县话的语音特点

（1）礼县方言中古全浊塞音、塞擦音仄声字今读送气音，是礼县方言语音的特点，这也是部分西北方言共有的特点。但近些年由于受到普通话的影响，礼县方言的全浊送气向不送气开始演变，在调查中表现出明显的新老派差异。

（2）礼县方言的精组、知组、庄组和章组的分合比较复杂：精组、知组、庄组和章组今合口呼字读舌叶音 tʃᵛ、tʃʰᵛ、ʃᵛ、ʒᵛ，实际发音时伴有唇齿音 v，这是礼县方言语音的一大特点，由于发音特殊，目前受普通话影响较小；庄组开口、知组开口二等、章组止摄开口三等和精组开口字，读舌尖前音 ts、tsʰ、s；知组开口三等、章组开口三等（除止摄开口三等）字，读舌尖后音 tʂ、tʂʰ、ʂ；精组细音字读 tɕ、tɕʰ、ɕ。

（3）泥、来母在今齐齿呼前相分，在今开口呼、合口呼和撮口呼前合流，并多发鼻音。

（4）日母止蟹开口字读零声母，合口字读舌叶音 ʒᵛ，流摄开口三等字读舌尖浊擦音 z，假开三等、效开三等、咸开三等、深开三等、山开三等、臻开三等、宕开三等、曾开三等字读 z。

（5）复元音韵母单元音化，例如：盖 [kɛ⁵⁵]、怪 [kuɛ⁵⁵]、高 [kɔ²¹]、叫 [tɕiɔ⁵⁵]；əu、iəu 韵母也有单元音化倾向。

（6）礼县话没有前鼻音韵尾，普通话中发前鼻音的字在礼县话中有两种发音：一是主要元音鼻化，咸山摄字属于这一种；二是发成后鼻音韵尾，深臻摄与曾通梗摄字合流。

（7）阴平字来源于中古清平、清入、次浊入字；阳平来源于中古浊平、全浊入字；上声字来源于中古清上和次浊上字；去声字来源于中古清去、浊去、全浊上字。

雒鹏在《甘肃省的中原官话》一文中将礼县方言归属为中原官话秦陇片西汉水流域小片。认为甘肃秦陇片的特点是：① 有四个声调；② 北京话四对韵母（ən、əŋ，in、iŋ，un、uŋ，yn、yŋ）在大多方言中没有区别；③ 古开口的庄组、知组二等和章组止蟹字与精组字合流为 ts、ts^h、s。他认为秦陇片西汉水流域小片的特点是古精组合口字声母为 tʃ^v、tʃ^{hv}、ʃ^v。从以上礼县方言古今音的比较来看，雒鹏对礼县方言的分析是有一定道理的。但礼县方言内部分歧较大，可分为上四区和下四区两小片，上四区方言属于西汉水流域小片，而下四区应属于白龙江流域小片。

三、关于礼县方言的声母 tʃ^v、tʃ^{hv}、ʃ^v、ʒ^v

1. 礼县方言的舌叶音声母的实际发音分析

对一个方言的语音描写，应该力求做到如实反映，真实地再现方言的发音实际。礼县方言中的舌叶音声母共有 tʃ^v、tʃ^{hv}、ʃ^v、ʒ^v 四个，发舌叶音时伴有唇齿的摩擦动作。下面以 tʃ^v 为例说明其发音的过程：发音时，舌叶抵住或接近上齿龈，唇向外突起，软腭上升，堵塞鼻腔通路，声带不震动，在呼出的气流冲开齿龈阻碍形成塞擦音的同时，上门齿轻咬下唇内沿，也就是说，在发 tʃ 的同时发出 v。tʃ 的发音部位在舌叶，而 v 的发音部位在唇齿，两音同时发出，从发音生理的角度来讲，并不相矛盾。

关于这组声母的描写，有学者也曾做出过相类似的表述，如白莉在《陇南市礼县方言声韵调及其特点》(《甘肃高师学报》2007 年第 12 卷第 3 期）一文中将这组声母直接描写为 tʃ、tʃ^h、ʃ、ʒ，但在其音值说明中指出："tʃ、tʃ^h、ʃ、ʒ 是一组舌叶音，发音时唇较圆，向外突起，且有上门齿轻咬下唇内沿的动作。"这说明礼县方言的这组声母发音时舌叶音和唇齿音融合是非常紧密的，同时发出，形成一个声母。因此，描写为 tʃ^v、tʃ^{hv}、ʃ^v、ʒ^v 更加准确，更符合礼县方言这组声母的发音实际。

2. 从古今语音演变看礼县方言的舌叶音 tʃʵ、tʃʰʵ、ʃʵ、ʒʵ 声母

礼县方言中的 tʃʵ、tʃʰʵ、ʃʵ、ʒʵ 声母，主要来源于"中古精母、清母、从母、心母、邪母、知母、彻母、澄母、庄母、初母、崇母、生母、章母、昌母、船母、书母、日母"。举例如下：

① 来源于精母的：租[tʃʵu²¹]；
② 来源于清母的：粗[tʃʰʵu²¹]；
③ 来源于从母的：罪[[tʃʵuei⁵⁵]；
④ 来源于心母的：碎[ʃʵuei⁵⁵]；
⑤ 来源于邪母的：随[ʃʵue²⁴]；
⑥ 来源于知母的：著[tʃʵu⁵⁵]；
⑦ 来源于彻母的：椿[tʃʰʵuŋ²¹]；
⑧ 来源于澄母的：除[tʃʰʵu²⁴]；
⑨ 来源于庄母的：阻[tʃʵu⁵²]；
⑩ 来源于初母的：楚[tʃʰʵu⁵²]；
⑪ 来源于崇母的：锄[tʃʰʵ²⁴]；
⑫ 来源于生母的：梳[ʃʵu²¹]；
⑬ 来源于章母的：煮[tʃʵv⁵²]；
⑭ 来源于昌母的：处[tʃʰʵu⁵⁵]；
⑮ 来源于船母的：船[tʃʰʵuæ̃²⁴]；
⑯ 来源于书母的：书[ʃʵu⁵²]；
⑰ 来源于禅母的：垂[tʃʰʵuei²⁴]；
⑱ 来源于日母的：乳[ʒʵu⁵²]。

从以上举例可见，礼县方言的舌叶音声母主要来源于中古精组、知组、庄组和章组字。在中古标准音系中，知、庄和章组声母具体拟音为：知[t]彻[tʰ]澄[dʰ]，庄[tʃ]初[tʃʰ]崇[dʒʰ]生[ʃ]俟[ʒ]，章[tɕ]昌[tɕʰ]船[dʑ]书[ɕ]禅[ʑ]。这三组声母在普通话以及绝大部分现代北方方言语音中的演变过程王力先生所列如下（仅以知章庄为例）：

$$t（知）\longrightarrow tɕ \searrow tʃ \longrightarrow tʂ$$
$$tɕ（章）\searrow tʃ \nearrow$$
$$tʃ（庄）\nearrow$$

可见，中古知庄章三组声母合流，演变为今普通话中的 zh[tʂ]组音声母，这是普通话以及绝大多数北方方言的演变模式。但这三组声母的读音，在现代汉语方言中表现异常复杂，演变为 zh[tʂ]组声母，只是其中的一种表现类

型。而礼县方言和普通话略有不同，表现出另外一种演化途径来。中古庄、知、章三组声母读音在今礼县话中具体分布情况为：① 庄组开口、知组开口二等、章组开口三等与精组开口合流为一类，读为 ts、ts^h、s；② 知组开口三等、章组开口三等字合为一类，读为 tʂ、tʂ^h、ʂ；③ 庄、知、章组合口与精组合口合流为一类，读为 tʃ、tʃ^h、ʃ。

从以上分布情况来看，今礼县方言中的 tʃ 组声母，显然是与合口呼韵母相拼时保留了中古音读法 tʃ，并且又和精组合口合流。礼县方言 tʃ 组声母和普通话以及其他方言的比较来看，其分化途径表现出与其他北方方言的不一致性，这是礼县方言声母系统中的一大特征。

今礼县方言 tʃ 组声母的存古现象在今北方方言中并不是孤例，从已发表的论文来看，相关描写还是很多。如李娟霞、王莉的《甘肃徽县汉语方言的声韵调及其特点》(《甘肃高师学报》2006 年第 11 卷第 6 期)；魏琳的《陇南市成县方言声韵调及其特点》(《甘肃高师学报》2006 年第 11 卷第 6 期)；郭进明的《陇南市两当县方言声韵调及其特点》(《甘肃高师学报》2006 年第 11 卷第 1 期) 等，在这些方言的声母系统中都描写有舌叶音 tʃ 组，而徽县、成县和两当县与礼县在地理位置上同属陇南市，雒鹏先生根据此语音特点，在他的《甘肃省的中原官话》一文中 (《方言》2008 年第 1 期)，将其全部归属为甘肃中原官话秦陇片西汉水流域小片，来区别于其他甘肃秦陇片方言，是有一定道理的。除此而外，在北方其他方言声母系统描写中也不乏舌叶音的描写，如李广明的《天水方言中的舌叶音》(《天水师专学报》社会科学版 2000 年第 1 期)；郭沈青的《甘肃秦安（五营）音系记略》(《甘肃高师学报》2005 年第 10 卷第 4 期)；杨苏平的《隆德方言音系与中古音系比较》(《宁夏师范学院学报》2009 年第 30 卷第 4 期) 等。

综合以上分析可见，第一，礼县方言中的舌叶音声母 tʃ 组是礼县以及甘肃秦陇片西汉水流域小片的主要语音特征；第二，礼县方言中的舌叶音声母 tʃ 组的存在，体现了中古知庄章三组声母在北方方言中的另一种演变类型。

第五章　礼县方言分类词表

说明：

1. 本次表以《现代汉语方言大词典》调查表，即《方言词汇调查条目表》（原载《方言》2003年第一期）为蓝本，并适当作了调整和补充。

2. 词语按照意义分类收录，共分为30类，各类之下再分小类。

3. 词表排列将意义相同的排在一起，第一条顶格，其余各条缩一格排列。顺序大致按照使用频率排列，最常用的词在前，使用频率低的词在后。

4. 每一个词先写汉字，后注国际音标。如未加注明，词条按礼县方言城关话注音。声调标实际调值，连读变调直接变调。调值用数字表示，位于音节右上角。

5. 有音无字或本字不明的音节用"□"代替。一般不用同音字代替。

6. 音标下画"＿"表示合音。

7. 例句中，用"～"代表例字，例句中理解有困难的方言词，用小字注出。

8. 异读词用"/"列出不同的读音。

9. "新"表示新派词语读法，"老"表示老派词语读法。

一　天文

（一）日、月、星

太阳 $tʰɛ^{55}iaŋ^{21}$
　　热头 $zə^{21}tʰəu^{24}$
太阳地下 $tʰɛ^{55}iaŋ^{21}ti^{52}xa^{24}$
　　热头地下 $zə^{21}tʰəu^{24}ti^{52}xa^{24}$
　　热头□头 $zə^{21}tʰəu^{24}xəu^{52}tʰəu^{24}$
晒太阳 $sɛ^{55}tʰɛ^{55}iaŋ^{21}$

晒热头 $sɛ^{55}zə^{21}tʰəu^{24}$
太阳出山 $tʰɛ^{55}iaŋ^{21}tʃʰvu^{21}sæ̃^{21}$
热头出来了 $zə^{21}tʰəu^{24}tʃʰvu^{21}lɛ^{24}lə^{21}$
太阳压山 $tʰɛ^{55}iaŋ^{21}nia^{21}sæ̃^{21}$
热头压山 $zə^{21}tʰəu^{24}nia^{21}sæ̃^{21}$
向阳 $ɕiaŋ^{55}iaŋ^{24}$
阳坡 $iaŋ^{24}pʰə^{21}$
□□ $ȵiŋ^{55}iɛ^{21}$

□□□头 n̠iŋ⁵⁵iɛ²¹χəu⁵² tʰəu²⁴
天狗吃太阳 tʰiæ²¹kəu⁵²tʂʅ²¹tʰɛ⁵⁵iaŋ²¹
光线 kuaŋ²¹ɕiɛ⁵⁵阳光
明□ miŋ²⁴iɛ²¹明亮的地方
月亮 yɛ²¹liaŋ⁵⁵
　　太阴 tʰɛ⁵⁵iŋ²¹
月亮牙 yɛ²¹liaŋ⁵⁵ia²¹
　　月牙儿 yɛ²¹ia:²¹
月亮地下 yɛ²¹liaŋ⁵⁵ti⁵²χa²⁴
　　太阴地下 tʰɛ⁵⁵iŋ²¹ti⁵²χa²⁴
星宿 ɕiəu²¹ɕiəu⁵⁵
　　星星 ɕiŋ²¹ɕiŋ²¹新
北斗星 pei²¹təu⁵²ɕiŋ²¹
启明星 tɕʰiŋ⁵²miŋ²⁴ɕiŋ²¹
织女星 tʂʅ²¹ny⁵²ɕiŋ²¹
牛郎星 niəu²⁴laŋ²⁴ɕiŋ²¹
天河 tʰiæ²¹χə²⁴银河
扫□星 sɔ⁵⁵tʃʰᵛu²¹ɕiŋ²¹流星（名词）

（二）风、云、雷、雨

风 fəŋ²¹
大风 ta⁵⁵fəŋ²¹
狂风 kʰuaŋ²⁴fəŋ²¹
　　暴风 pɔ⁵⁵fəŋ²¹
台风 tʰɛ²⁴fəŋ²¹
碎风 ʃᵛuei⁵⁵fəŋ²¹小风
旋风 ɕyæ²¹fəŋ²¹
黄风 χaŋ²⁴fəŋ²¹
　　大黄风 ta⁵⁵χaŋ²⁴fəŋ²¹
卡风 tɕʰia⁵⁵fəŋ²¹缝隙里刮进来的风
过堂风 kuə⁵⁵tʰaŋ²⁴fəŋ²¹
　　穿堂风 tʃʰᵛuæ⁵²tʰaŋ²⁴fəŋ²¹
迎风 iŋ²⁴fəŋ²¹

逆风 n̠i⁵⁵fəŋ²¹
顺风 ʃᵛuŋ⁵⁵fəŋ²¹
刮风 kua⁵²fəŋ²¹
　　吹风 tʃʰᵛuei²¹fəŋ²¹
起风 tɕʰi⁵²fəŋ²¹
风停了 fəŋ²¹tʰiŋ²⁴lə²¹
　　风住了 fəŋ²¹tʃu⁵⁵lə²¹
云 yŋ²⁴
黑云 χei²¹yŋ²⁴
瓦子云 va⁵²tsʅ²¹yŋ²⁴像罗列整齐的瓦片一样的云
扫□云 sɔ⁵⁵tʃʰᵛu²¹yŋ²⁴像扫把一样的云
霞 ɕia²⁴
早霞 tsɔ⁵²ɕia²⁴
　　早烧 tsɔ⁵²ʂɔ⁵⁵
晚烧 væ̃⁵²ʂɔ⁵⁵
　　晚霞 væ̃⁵²ɕia²⁴
烧了 ʂɔ⁵⁵lə²¹出现霞光
雷 luei²⁴
打雷 ta⁵²luei²⁴
　　响雷 ɕiaŋ⁵²luei²⁴
雷打了 luei²⁴ta⁵²lə²¹大树叫~
　　雷击了 luei²⁴tɕi⁵²lə²¹
火闪子 χuə⁵²ʂæ̃²¹tsʅ²¹名词，闪电
闪火闪子 ʂæ̃²¹χuə⁵²ʂæ̃²¹tsʅ²¹动宾
雨 y⁵²
下雨（了）ɕia⁵⁵y⁵²
雨来了 y⁵²lɛ²⁴lə²¹
滴点点（了）tiɛ²¹tiɛ⁵²tiæ̃²¹
碎雨 ʃᵛuei⁵⁵y⁵²
　　小雨 ɕiɔ⁵²y⁵²
毛毛雨 mɔ²⁴mɔ²⁴y⁵²
雨星星 y⁵²ɕiŋ²¹ɕiŋ²¹
雨点 y⁵²tiæ̃⁵²

大雨 ta⁵⁵y⁵²
暴雨 pɔ⁵⁵y⁵²
条雨 tʰiɔ²⁴y⁵²接连多日阴雨
白雨 pʰei²⁴y⁵²雷阵雨
发白雨 fa⁵⁵pʰei²⁴y⁵²下雷阵雨
雨住了 y⁵²tʃʰᵛu⁵⁵lə²¹
　雨停了 y⁵²tʰiŋ²⁴lə²¹
　雨歇了 y⁵²ɕiɛ²¹lə²¹
　天亮开了 tʰiæ²¹liaŋ⁵⁵kʰɛ²¹lə²¹雨快停了
披（了）雨了 pʰei²¹y⁵²lə²¹动宾
　淋（了）雨了 liŋ²⁴y⁵²lə²¹
虹 tɕiaŋ⁵⁵ / χuŋ²⁴

（三）冰、雪、霜、露

冰 piŋ²¹
冰凌 piŋ²¹liŋ²⁴
冰凌□□ piŋ²¹liŋ²⁴tsʰa²⁴tsʰa²¹
冰溜子 piŋ²¹liəu⁵⁵tsʅ²¹
冰柱子 piŋ²¹tʃʰᵛu⁵⁵tsʅ²¹挂在屋檐下的
结冰 tɕiɛ²¹piŋ²¹
冷子 ləŋ⁵²tsʅ²¹冰雹
　生点子 səŋ²¹tiæ²¹tsʅ²¹
　冰雹 piŋ²¹pɔ²⁴新
冰消了 piŋ²¹ɕiɔ²¹lə²¹
滑冰 χua²⁴piŋ²¹
　溜滑滑 liəu⁵⁵χua²⁴χua²¹
雪 ɕyɛ²¹
下雪 ɕia⁵⁵ɕyɛ²¹
鹅毛雪 ŋə²⁴mɔ²⁴ɕyɛ²¹
雪□□ ɕyɛ²¹tʂəŋ²¹tʂəŋ²¹米粒状的雪
　雪□子 ɕyɛ²¹tʂəŋ²¹tsʅ²¹
滑雪 χua²⁴ɕyɛ²¹
冰珠子 piŋ²¹tʃʰᵛu²⁴tsʅ²¹冻雨

飘雪花 pʰiɔ²¹ɕyɛ²¹χua²¹
雨夹雪 y⁵²tɕia²¹ɕyɛ²¹
雪消了 ɕyɛ²¹ɕiɔ²¹lə²¹
　雪化了 ɕyɛ²¹χua⁵⁵lə²¹
消雪 ɕiɔ²¹ɕyɛ²¹
露水 lu⁵⁵ʃᵛuei²¹
有露水哩 iəu⁵²lu⁵⁵ʃᵛuei²¹li²¹
　下露 ɕia⁵⁵lu⁵⁵
露水干了 lu⁵⁵ʃᵛuei⁵²kæ²¹lə²¹
霜 ʃᵛuaŋ²¹
下霜 ɕia⁵⁵ʃᵛuaŋ²¹
霜杀了 ʃᵛuaŋ²¹sa²¹lə²¹χua⁵⁵
　霜打了 ʃᵛuaŋ²¹ta⁵²lə²¹
霜冻 ʃᵛuaŋ²¹tuŋ⁵⁵
雾 vu⁵⁵
下雾 ɕia⁵⁵vu⁵⁵
雾（气）大 vu⁵⁵ta⁵⁵
气□子 tɕʰi⁵⁵χəu²¹tsʅ²¹水气，雾气
　气□水 tɕʰi⁵⁵χæ²¹ʃᵛuei²¹

（四）气候

天爷 tʰiɛ²¹/tʰiæ²¹iɛ²⁴ 最近~不太好
　天气 tʰiæ²¹tɕʰi⁵⁵
气候 tɕʰi⁵⁵χəu²¹
晴天 tɕʰiŋ²⁴tʰiæ²¹
阴天 iŋ²¹tʰiæ²¹
□天气 kuɛ⁵²tʰiæ²¹tɕʰi⁵⁵不好的天气
天变了 tʰiæ²¹piæ⁵⁵ləu²¹
（天气）热 zɔ²¹
　烧 ʂɔ²¹
（天气）冷 ləŋ²¹
　冻 tuŋ⁵⁵
伏天 fu²⁴tʰiæ²¹

伏里天 fu²⁴li²¹tʰiæ²¹
三伏天 sæ²¹fu²⁴tʰiæ²¹
入伏 ʒʵu²¹fu²⁴
头伏 tʰəu²⁴fu²⁴
　初伏 tʃʰʵu²¹fu²⁴
中伏 tʃʵuŋ²¹fu²⁴
末伏 mə²¹fu²⁴

三伏 sæ²¹fu²⁴
天旱（了）tʰiæ²¹χæ⁵⁵
天干 tʰiæ²¹kæ²¹
发大水 fa²¹ta⁵⁵ʃʵuei⁵²
发洪水 fa²¹χuŋ²⁴ʃʵuei⁵²
涝（了）lɔ⁵⁵

二　地理

（一）地

地 tʰi⁵⁵
川里 tʃʰʵuæ²¹li²⁴
山上 sæ²¹ʂaŋ⁵⁵
平川 pʰiŋ²⁴tʃʰʵuæ²¹
　平原 pʰiŋ²⁴yæ²⁴
平地 pʰiŋ²⁴tʰi⁵⁵ 面积不一定很大
旱地 χæ⁵⁵tʰi⁵⁵
水田 ʃʵuei⁵²tʰiæ²⁴
菜地 tsʰɛ⁵⁵tʰi⁵⁵
苗圃 miɔ²⁴pu⁵²
瓜地 kua²¹tʰi⁵⁵
园子 yæ²⁴tsɿ²¹ 果园和菜园，多指果园
菜园子 tsʰɛ⁵⁵yæ²⁴tsɿ²¹
荒地 χuaŋ²¹tʰi⁵⁵
沙石地 sa²¹ʂɿ²⁴tʰi⁵⁵
坡地 pʰə²¹tʰi⁵⁵
盐碱地 iæ²⁴tɕiæ²¹tʰi⁵⁵
河坝地 χə²⁴pa²¹tʰi⁵⁵
河湾地 χə²⁴væ²¹tʰi⁵⁵
川地 tʃʰʵuæ²¹tʰi⁵⁵
山地 sæ²¹tʰi⁵⁵ 山上的农业用地

闲地 ɕiæ²⁴tʰi⁵⁵
薄地 pʰə²⁴tʰi⁵⁵ 贫瘠的土地
麦茬地 mei²¹tsʰa²⁴tʰi⁵⁵
稻子地 tʰɔ⁵²tsɿ²¹tʰi⁵⁵
山卡卡 sæ²¹tɕʰia⁵⁵tɕʰia²¹
山圪□ sæ²¹kə²¹lɔ²¹
土堆堆 tʰu²¹tuei²¹tuei²¹
庄廓 tʃʵuaŋ²¹kʰuə²⁴ 用来建造房屋的土地

（二）山

山 sæ²¹
　岭 liŋ²¹
半山腰 pæ̃⁵⁵sæ²¹iɔ²¹
　半山上 pæ̃⁵⁵sæ²¹ʂaŋ⁵⁵
山脚 sæ²¹tɕyɛ²¹
　山脚底下 sæ²¹tɕyɛ²¹ti⁵²χa²⁴
川 tʃʰʵuæ²¹ 山间的平地
　坪 pʰiŋ²⁴
山□□ sæ²¹tɕʰia⁵⁵tɕʰia²⁴ 山涧
沟 kəu²¹ 两山之间低凹的地方
山谷 sæ²¹ku⁵² 新
山沟（沟）sæ²¹kəu²¹ 两山夹水

山坡 sæ²¹pʰə²¹
　坡儿 pʰə:²¹
　山坡坡 sæ²¹pʰə²¹pʰə²¹
山顶 sæ²¹tiŋ⁵² 山的顶部
梁 liaŋ²⁴
　山头 sæ²¹tʰəu²⁴
崖 ŋɛ²⁴

（三）江、河、湖、海、水

河 χə²⁴
河里 χə²⁴li²¹ 掉~了
　河□头 χə²⁴χəu⁵²tʰəu²⁴
水渠 ʃᵛuei⁵²tɕʰy²⁴
　□渠 n̻iæ⁵⁵tɕʰy²⁴
水沟 ʃᵛuei⁵²kəu²¹
　阳沟 iaŋ²⁴kəu²¹
岸 ŋæ̃⁵⁵
　河边 χə²⁴piæ²¹
湖 χu²⁴
潭 tʰæ̃²⁴ 深的，天然的
泉 tɕʰæ̃²⁴ 一眼~
水坑（坑）ʃᵛuei⁵²kʰəŋ²¹
鱼塘 y²⁴tʰaŋ²⁴
海 χɛ⁵²
河堤 χə²⁴tʰi²⁴ 沿河或沿海防水的建筑物
河湾 χə²⁴væ²¹
坝 pa⁵⁵ 河中拦水的建筑物
洲 tsəu²¹ 水中陆地
河坝 χə²⁴pa²¹ 河滩
水 ʃᵛuei⁵²
清水 tɕʰiŋ²¹ʃᵛuei⁵²
净水 tɕʰiŋ⁵⁵ʃᵛuei⁵²
浊水 tʃᵛuə²⁴ʃᵛuei⁵² 脏水

洪水 χuŋ²⁴ʃᵛuei⁵²
发大水 fa⁵²ta⁵⁵ʃᵛuei⁵²
　发洪水 fa⁵²χuŋ²⁴ʃᵛuei⁵²
凉水 liaŋ²⁴ʃᵛuei⁵² 生水，冷水
泉水 tɕʰyæ²⁴ʃᵛuei⁵²
热水 zə²¹ʃᵛuei⁵²
　煎水 tɕiæ̃²¹ʃᵛuei⁵²
温水 vəŋ²¹ʃᵛuei⁵²
　温□子水 vəŋ²¹tu²⁴tsɿ²¹ʃᵛuei⁵²
开水 kʰɛ²¹ʃᵛuei⁵² 煮沸的水
水□了 ʃᵛuei⁵²ŋæ̃²⁴ləu²¹ 水开了

（四）石沙、土块、矿物

石头 ʂɿ²⁴tʰəu²⁴
大石头 ta⁵⁵ʂɿ²⁴tʰəu²⁴
碎石头 ʃᵛuei⁵⁵ʂɿ²⁴tʰəu²⁴
　碎石子 ʃᵛuei⁵⁵ʂɿ²⁴tsɿ²¹
石板 ʂɿ²⁴pæ²¹ 板状的石块
□□石 lio²¹tɕiaŋ²¹ʂɿ²⁴ 一种石头
鹅卵石 ŋə²⁴luæ⁵²ʂɿ²⁴
白□石 pʰei²⁴tɕiæ⁵⁵ʂɿ²⁴ 火石
□石 liɛ²¹ʂɿ²⁴ 放在河中供人过河的石头
沙子 sa²¹tsɿ²⁴
　沙石 sa²¹ʂɿ²⁴
棉沙石 miæ²⁴sa²¹ʂɿ²⁴
　细沙石 ɕi⁵⁵sa²¹ʂɿ²⁴
粗沙 tʃʰᵛu²¹sa²¹
筛沙 sɛ⁵²sa²¹ 动宾
沙土 ʂa²¹tʰu⁵² 含沙很多的土
沙滩 ʂa²¹tʰæ̃²¹
□子 tɕi²¹tsɿ²⁴ 用来盖房子的土坯子
土坯子 tʰu⁵²pʰei²¹tsɿ²⁴ 还没烧的砖坯子
砖坯子 tʃᵛuæ²¹pʰei²¹tsɿ²⁴

砖 tʃᵛuæ²¹
半截砖 pæ⁵⁵tɕiɛ²¹tʃᵛuæ²¹
砖渣渣tʃᵛuæ²¹tsa²¹tsa²¹
砖头tʃᵛuæ²¹tʰəu²⁴多指半截子砖
青砖 tɕʰiŋ²¹tʃᵛuæ²¹
红砖 χuŋ²⁴tʃᵛuæ²¹
空心砖 kʰuŋ²¹ɕiŋ²¹tʃᵛuæ²¹
水泥砖 ʃᵛuei⁵²n̠i²⁴tʃᵛuæ²¹
□砖 tsa²¹tʃᵛuæ²¹ 砌砖
瓦 va⁵²名词
瓦 va⁵⁵动词
瓦渣 va⁵²tsa²⁴
　碎瓦渣（子）ʃᵛuei⁵⁵va⁵²tsa²⁴
薄土 pʰə²⁴tʰu⁵²灰尘，尘土
扬薄土 iaŋ²⁴pʰə²⁴tʰu⁵²
□□土 pæ²¹pæ²⁴tʰu⁵²非常细的土
生土 səŋ²¹tʰu⁵²
熟土 ʃᵛu²⁴tʰu⁵²
黄土 χuaŋ²⁴tʰu⁵²
酥酥土 ʃᵛu²¹ʃᵛu²⁴tʰu⁵²
烂泥 læ⁵⁵n̠i²⁴
和烂泥 χuə⁵⁵læ⁵⁵n̠i²⁴
泥 n̠i²⁴干的
稀泥 ɕi²¹n̠i²⁴
黄江泥 χuaŋ²⁴tɕiaŋ²¹n̠i²⁴黏性很强的黄泥
红江泥 χuŋ²⁴tɕiaŋ²¹n̠i²⁴黏性很强的红泥
淤泥 iəu⁵⁵n̠i²⁴
泥点点 n̠i²⁴tiæ⁵²tiæ²⁴
金 tɕiŋ²¹指自然状态下的矿物质
金子 tɕiŋ²¹tsɿ²¹
银 iŋ²⁴
银子 iŋ²⁴tsɿ²¹
铜 tʰuŋ²⁴
红铜 χuŋ²⁴tʰuŋ²⁴

黄铜 χuaŋ²⁴tʰuŋ²⁴
铁 tʰiɛ²¹
生铁 ʂəŋ²¹tʰiɛ²¹
锡 ɕi²¹
煤 mei²⁴
煤砖 mei²⁴tʃᵛuæ²¹
块块煤 kʰuə²¹kʰuə²⁴mei²⁴一小块一小
　块的煤
面面煤 miæ⁵⁵miæ²¹mei²⁴
煤渣子 mei²⁴tsa²¹tsɿ²¹
　煤渣渣 mei²⁴tsa²¹tsa²¹
疙瘩煤 kə²¹ta²⁴mei²⁴
煤球 mei²⁴tɕʰiəu²⁴
蜂窝煤 fəŋ²⁴və²¹mei²⁴
煤油 mei²⁴iəu²⁴
柴油 tsʰɛ²⁴iəu²⁴
汽油 tɕʰi⁵⁵iəu²¹
石灰 ʂɿ²⁴χuei²¹
　白灰 pʰei²⁴χuei²¹
水泥 ʃᵛuei⁵² n̠i²⁴
　洋灰 iaŋ²⁴χuei²¹
吸铁石 ɕi²¹tʰiɛ²¹ʂɿ²¹
玉 y²¹
　玉石 y²¹ʂɿ²⁴
炭 tʰæ⁵⁵
黑炭 χei²¹tʰæ⁵⁵
火□子 χuə²¹tsə²⁴tsɿ²¹烧柴后形成的
　炭，用来生火

（五）城乡处所

阿□ a²¹ta²⁴ 他是～人？
　地方 ti⁵⁵faŋ²¹
阿□里 a²¹ta²⁴li²¹他在～？

城里 tʂʰəŋ²⁴li²¹ ①对乡村而言；②对城外而言
　　城□头 tʂʰəŋ²⁴χəu⁵²tʰəu²⁴
城墙 tʂʰəŋ²⁴tɕiaŋ²⁴
城壕 tʂʰəŋ²⁴χɔ²¹ 护城河
　　壕沟 χɔ²⁴kəu²¹
城外（面）tʂʰəŋ²⁴vɛ⁵⁵
城门 tʂʰəŋ²⁴məŋ²⁴
　　城门洞 tʂʰəŋ²⁴məŋ²⁴tuŋ⁵⁵
巷巷 χaŋ²¹χaŋ²¹ 胡同
　　巷道 χaŋ²¹tʰɔ⁵⁵
　　夹道 tɕia²¹tʰɔ⁵⁵
大街 ta⁵⁵kɛ²¹
小街 ɕiɔ²¹kɛ²¹ 小巷道，相对大街而言
乡里 ɕiaŋ²¹li²⁴ 乡村对城市而言
村 tʂʰʷuŋ²¹
堡 pu⁵²
庄 tʂʷuan²¹
堡子 pu⁵²tsɿ²¹
山沟沟 sæ̃²¹kəu²¹kəu²¹ 偏僻的山村
　　老□后山 lɔ⁵²mɔ²⁴χəu⁵⁵sæ̃²¹
老家 lɔ⁵²tɕia²¹

家乡 tɕia²¹ɕiaŋ²¹
（赶）集 tɕʰi²⁴
逢集 fəŋ²⁴tɕʰi²⁴
跟集 kəŋ²¹tɕʰi²⁴ 赶集
街道 kɛ²¹tʰɔ⁵⁵
　　街上 kɛ²¹ʂaŋ⁵⁵
　　街 kɛ²¹
逛街 kuaŋ⁵⁵kɛ²¹
逛街道 kuaŋ⁵⁵kɛ²¹tʰɔ⁵⁵
路 lu⁵⁵
大路 ta⁵⁵lu⁵⁵
小路 ɕiɔ²¹lu⁵⁵
车路 tʂʰə²¹lu⁵⁵
马路 ma⁵²lu⁵⁵
捷路 tɕʰie²⁴lu²¹ 小路，近路
　　打捷路 ta⁵²tɕʰie²⁴lu²¹ 走小路
坟 fəŋ²⁴
老坟 lɔ⁵²fəŋ²⁴
新坟 ɕin²¹fəŋ²⁴
墓堆 mu⁵⁵tuei²¹
墓 mu⁵⁵

三　时令时间

（一）季节

春天 tʂʰʷuŋ²¹tʰiæ̃²¹
热天 zə²¹tʰiæ̃²¹
　　夏天 ɕia⁵⁵tʰiæ̃²¹
五黄六月 vu²¹χuaŋ²⁴liəu²¹ye²¹
秋天 ɕiəu²¹tʰiæ̃²¹
秋凉 ɕiəu²¹liaŋ²⁴

冬天 tuŋ²¹tʰiæ̃²¹
　　冷天 ləŋ⁵²tʰiæ̃²¹
打春 ta⁵²tʂʰʷuŋ²¹
立春 li²¹tʂʰʷuŋ²¹
雨水 y⁵²ʂʷuei⁵²
惊蛰 tɕiŋ²¹tʂʰə²⁴
春分 tʂʰʷuŋ²¹fəŋ²¹
清明 tɕʰiŋ²¹miŋ²⁴

谷雨 ku²¹y²¹
立夏 li²¹ɕia⁵⁵
小满 ɕiɔ²¹mæ⁵²
芒种 maŋ²⁴tʃᵛuŋ⁵⁵
夏至 ɕia⁵⁵tsʅ⁵⁵
小暑 ɕiɔ²¹ʃᵛu⁵²
大暑 ta⁵⁵ʃᵛu⁵²
立秋 li²¹ɕiəu²¹
处暑 tʃʰᵛu⁵⁵ʃᵛu⁵²
白露 pʰei²⁴lu⁵⁵
秋分 ɕiəu²¹fəŋ²¹
寒露 χæ²⁴lu⁵⁵
霜降 ʃᵛuaŋ²¹tɕiaŋ⁵⁵
立冬 li²¹tuŋ²¹
小雪 ɕiɔ²¹ɕyɛ²¹
大雪 ta⁵⁵ɕyɛ²¹
小寒 ɕiɔ²¹χæ²⁴
大寒 ta⁵⁵χæ²⁴
数九 ʃᵛu²⁴tɕiəu⁵²
　　冬至 tuŋ²¹tsʅ⁵⁵
数九寒天 ʃᵛu²⁴tɕiəu⁵²χæ²⁴tʰiæ²¹
头九 tʰəu²⁴tɕiəu⁵²
九尽 tɕiəu⁵²tɕʰiŋ⁵²
历头 li²¹tʰəu²⁴
　　历书 li²¹ʃᵛu²¹
　　皇历 χuaŋ²⁴li²¹
老历 lɔ⁵²li²⁴
　　阴历 iŋ²¹li²⁴
　　农历 nuŋ²⁴li²¹
阳历 iaŋ²⁴li²¹ 公历
入伏 ʒᵛu²¹fu²⁴
头伏 tʰəu²⁴fu²⁴
　　初伏 tʃʰᵛu²¹fu²⁴
三伏 sæ²¹fu²⁴

伏里天 fu²⁴li²⁴tʰiæ²¹
三伏天 sæ²¹fu²⁴tʰiæ²¹

（二）节日

（大年）三十（黑了）sæ²¹sʅ²⁴
　　除夕 tʃʰᵛu²⁴ɕi²¹
三十黑了 sæ²¹sʅ²⁴χei²¹lə²⁴ 除夕晚上
初一 tʃʰᵛu²¹i²¹ 专指大年初一
　　过年 kuə⁵⁵ȵiæ²⁴
拜年 pɛ⁵⁵ȵiæ²¹
迎喜神 iŋ²⁴ɕi⁵²ʂəŋ²⁴ 大年初一的习俗
送五穷 ʃᵛuŋ²¹vu²¹tɕʰyŋ²⁴ 指大年初五习俗
正月十五 tʂʰəŋ²¹yɛ²¹sʅ²⁴vu²¹
　　元宵节 yæ²⁴ɕiɔ²¹tɕiɛ²¹
过十五 kuə⁵⁵sʅ²⁴vu²¹ 过元宵节
正月十六 tʂʰəŋ²¹yɛ²¹sʅ²⁴liəu²¹ 民间有
　　游百病，祈求一年不生病的习俗
二月二 ɔʅ⁵⁵yɛ²¹ɔʅ⁵⁵ 吃炒豆习俗
五月五 vu⁵²yɛ²¹vu⁵²
　　端午节 tuæ²¹vu⁵²tɕiɛ²¹
八月十五 pa²¹yɛ²¹sʅ²⁴vu²¹
　　中秋节 tʃᵛuŋ²¹tɕʰiəu²¹tɕiɛ²¹
七月七 tɕʰi²¹yɛ²¹tɕʰi²¹ 七夕
　　乞巧节 tɕʰi²¹tɕʰiɔ⁵²tɕiɛ²¹
九月九 tɕiəu⁵²yɛ²¹tɕiəu⁵² 重阳节
　　老年节 lɔ⁵²ȵiæ²⁴tɕiɛ²¹
三月一 sæ²¹yɛ²¹i²¹ 本县民间三月一有给
　　亡人送单衣的习俗
十月一 sʅ²⁴yɛ²¹i²¹ 本县民间十月一有给
　　亡人送寒衣的习俗
腊月八 la²¹yɛ²¹pa²¹
腊月二十三 la²¹yɛ²¹ɔʅ⁵⁵sʅ²⁴sæ²¹ 本县民间
　　有腊月二十三祭灶的习俗

祭灶 tɕi⁵⁵tsɔ⁵⁵
元旦 yæ²⁴tæ⁵⁵ 指阳历一月一日

（三）年

今年 tɕiŋ²¹/tɕi²¹n̠iæ²⁴
年时个 n̠iæ²⁴ʂʅ²¹kə²⁴
　年时 n̠iæ²⁴ʂʅ²¹
　去年 tɕʰy⁵⁵n̠iæ²⁴ 新
明年 miŋ⁵²n̠iæ²⁴
前年个 tɕʰiæ²⁴n̠iæ²⁴kə²⁴
　前年 tɕʰiæ²⁴n̠iæ²⁴
上前年 ʂaŋ⁵⁵tɕʰiæ²⁴n̠iæ²⁴
　大前年 ta⁵⁵tɕʰiæ²⁴n̠iæ²⁴
往年 vaŋ⁵²n̠iæ²⁴ 以往的年头
　□几年 vɛ⁵²tɕi²¹n̠iæ²⁴
　□两年 vɛ⁵²liaŋ²¹n̠iæ²⁴
　□二年 vɛ⁵²ɚ⁵⁵n̠iæ²⁴
后年 χəu⁵⁵n̠iæ²⁴
大后年 ta⁵⁵χəu⁵⁵n̠iæ²⁴
年年 n̠iæ²⁴n̠iæ²⁴
　每年 mei⁵²n̠iæ²⁴
年成 n̠iæ²⁴tʂʰəŋ²¹ 这东西有些~了。
　年头 n̠iæ²⁴təu²¹
新年 ɕiŋ⁵⁵n̠iæ²⁴ 元旦
　洋年 iaŋ²⁴n̠iæ²¹
老年 lɔ⁵²n̠iæ²¹ 春节
开年 kʰɛ²¹n̠iæ²⁴
　年初 n̠iæ²⁴tʃʰʋu²¹
年中 n̠iæ²⁴tʃʋuŋ²¹
年跟前 n̠iæ²⁴kəŋ²¹tɕiæ²⁴ 过春节前夕
年底 n̠iæ²⁴ti⁵²
上半年 ʂaŋ⁵⁵pæ⁵⁵n̠iæ²⁴
　前半年 tɕʰiæ²⁴pæ⁵⁵n̠iæ²⁴

下半年 χa⁵⁵pæ⁵⁵n̠iæ²⁴
　后半年 χəu⁵⁵pæ⁵⁵n̠iæ²⁴
一年到头 i²¹n̠iæ²⁴tɔ⁵⁵tʰəu²⁴
全年 tɕʰyæ²⁴n̠iæ²⁴

（四）月

正月 tʂəŋ²¹yɛ²¹
二月 ɚ⁵⁵yɛ²¹
二三月 ɚ⁵⁵sæ²¹yɛ²¹
腊月 na²¹yɛ²¹
寒冬腊月 χæ²⁴tuŋ²¹la²¹yɛ²¹
闰月 ʐʋuŋ²¹yɛ²¹
月头 yɛ²¹tʰəu²⁴
月中 yɛ²¹tʃʋuŋ²¹
月尾 yɛ²¹i⁵²
　月底 yɛ²¹ti⁵²
一个月 i²¹kɛ⁵⁵yɛ²¹
　一月 i⁵⁵yɛ²¹
前一月 tɕʰiæ²⁴i⁵⁵yɛ²¹
前半月 tɕʰiæ²⁴pæ⁵⁵yɛ²¹
后半月 χəu⁵⁵pæ⁵⁵yɛ²¹
上一月 ʂaŋ⁵⁵i²¹yɛ²¹
　上个月 ʂaŋ⁵⁵kɛ²¹yɛ²¹
上上个月 ʂaŋ⁵⁵ʂaŋ⁵⁵kɛ²¹yɛ²¹
这个月 tsɛ²¹kɛ²¹yɛ²¹
下个月 χa⁵⁵kɛ²¹yɛ²¹
半个月 pæ⁵⁵kɛ²¹yɛ²¹
十天半（个）月 ʂʅ²⁴tʰiæ²¹pæ⁵⁵yɛ²¹
初几 tʃʰʋu²¹tɕi²¹ 一般指阴历初十之前
十几 ʂʅ²⁴tɕi²¹ 一般指阴历十一至十九
月月 yɛ²¹yɛ²¹
　每月 mei⁵²yɛ²¹
上旬 ʂaŋ⁵⁵ɕyŋ²⁴

中旬 tʃʵuŋ²¹ɕyŋ²⁴
下旬 χa⁵⁵ɕyŋ²⁴
大月 ta⁵⁵yɛ²¹ 农历三十天的月份
小月 ɕiɔ²¹yɛ²¹ 农历二十九天的月份

（五）日、时

今个 tɕiŋ²¹kə²¹
　今天 tɕiŋ²¹tʰiæ̃²¹
夜个 iɛ²¹kə²¹
　夜里个 iɛ⁵⁵li²¹kə²¹
　昨天 tʃʵuə²⁴tʰiæ̃²¹ 新
明□ miŋ²⁴ʂəŋ²⁴
　明天 miŋ²⁴tʰiæ̃²¹ 新
后□ χəu⁵⁵ʂəŋ²⁴
　后天 χəu⁵⁵tʰiæ̃²¹ 新
大后□ ta⁵⁵χəu⁵⁵ʂəŋ²⁴
　大后天 ta⁵⁵χəu⁵⁵tʰiæ̃²¹ 新
二一天 ʅ⁵⁵i²¹tʰiæ̃²¹ 次日，某日的下一天
前天 tɕʰiæ̃²⁴tʰiæ̃²¹
　前个 tɕʰiæ̃²⁴kə²¹
大前天 ta⁵⁵tɕʰiæ̃²⁴tʰiæ̃²¹
前一向 tɕʰiæ̃²⁴i²¹ɕiaŋ²¹
　前几天 tɕʰiæ̃²⁴tɕi²¹tʰiæ̃²¹
星期天 ɕiŋ²¹tɕʰi²¹tʰiæ̃²¹
　礼拜天 li⁵²pɛ⁵⁵tʰiæ̃²¹
一星期 i²¹ɕiŋ²¹tɕʰi²¹
　一礼拜 i²¹li⁵²pe⁵⁵
一天 i⁵⁵tʰiæ̃²¹
　整天 tʂəŋ⁵²tʰiæ̃²¹
见天 tɕiæ̃⁵⁵tʰiæ̃²¹
　天天 tʰiæ̃²¹tʰiæ̃²¹
　每天 mei⁵²tʰiæ̃²¹
十几天 ʂʅ²⁴tɕi²¹tʰiæ̃²¹ 比十天多

早起 tsɔ²¹tɕʰi²¹ 清晨
早□ tsɔ²¹ʂəŋ²¹
　上午 ʂaŋ⁵⁵vu⁵²
　早上 tsɔ²¹ʂaŋ²⁴ 新
下午 ɕia⁵⁵vu⁵²
晌午 ʂaŋ²¹vu²⁴
半天 pæ̃⁵⁵tʰiæ̃²¹
大半天 ta⁵⁵pæ̃⁵⁵tʰiæ̃²¹
一阵子 i²¹tʂən⁵⁵tsʅ²¹
傍明□ paŋ²¹miŋ²⁴tɕʰia²¹ 天快亮的时候
　麻明儿 ma²⁴mi:ŋ²⁴
　麻明子 ma²⁴miŋ²⁴tsʅ²¹
　凌晨 liŋ²⁴tʂʰən²⁴ 新
清晨 tɕʰiŋ⁵⁵tʂʰən²⁴ 日出前后的一段时间
午前 vu⁵²tɕʰiæ̃²⁴
中午 tʃʵuŋ²¹vu²¹
午后 vu⁵²χəu⁵⁵
一天里 i⁵⁵tʰiæ̃²¹li²⁴
　白天 pʰei²¹tʰiæ̃²¹ 新
黑□些 χei²¹tɕia²⁴ɕiɛ²¹ 日落以后、星出以前
　黄昏 χuaŋ²⁴χuŋ²¹ 新
黑了 χei²¹lɔ²⁴ 从天黑到天亮的一段时间
　晚上 væ̃⁵²ʂaŋ²⁴
　夜晚 iɛ⁵⁵væ̃⁵² 新
□黑了 iæ̃²¹ɕi²⁴χei²¹lɔ²⁴ 昨天晚上
　夜个黑了 iɛ²¹kə²⁴χei²¹lɔ²⁴
　夜个晚上 iɛ²¹kə²⁴væ̃⁵²ʂaŋ²⁴
明□黑了 miŋ²⁴ʂəŋ²⁴χei²¹lɔ²⁴ 明天晚上
后□黑了 χəu⁵⁵ʂəŋ²⁴χei²¹lɔ²⁴ 后天晚上
半夜 pæ̃⁵⁵iɛ⁵⁵
前半夜 tɕʰiæ̃²⁴pæ̃⁵⁵iɛ⁵⁵
　上半夜 ʂaŋ⁵⁵pæ̃⁵⁵iɛ⁵⁵
后半夜 xəu⁵⁵pæ̃⁵⁵iɛ⁵⁵
　下半夜 χa⁵⁵pæ̃⁵⁵iɛ⁵⁵

半夜三更 pæ⁵⁵iɛ⁵⁵sæ²¹kəŋ²¹
黑天半夜 xei²⁴tʰiæ²⁴pæ⁵⁵iɛ⁵⁵
一晚上 i⁵⁵væ⁵²ʂaŋ²⁴
　一透夜 i²¹tʰəu⁵⁵iɛ⁵⁵ 通宵
　整夜 tʂəŋ⁵²iɛ⁵⁵
每天黑了 mei⁵²tʰiæ²¹xei²¹lɔ²⁴
　每天晚上 mei⁵²tʰiæ²¹væ²¹ʂaŋ²⁴

（六）其他时间概念

年 ȵiæ²⁴ 指某一年
　年份 ȵiæ²⁴fəŋ²¹
月 yɛ²¹ 指某一月
　月份 yɛ²¹fəŋ⁵⁵
号 xɔ⁵⁵ 指日期，他几~来？
　日子 ɔʅ²¹tsʅ²⁴
啥时候 sa⁵⁵sʅ²⁴xəu²¹ 什么时候
　啥时间 sa⁵⁵sʅ²⁴tɕiæ²¹

老早 lɔ²⁴tsɔ⁵² 很早以前
　老早□哩 lɔ²⁴tsɔ⁵²sʅ⁵⁵li²¹
往后 vaŋ⁵²xəu⁵⁵ 以后
原先 yæ²⁴ɕiæ²¹ 从前，原来
先前 ɕiæ²¹tɕʰiæ²⁴
早些 tsɔ⁵²ɕiɛ⁵⁵
　早些时候 tsɔ⁵²ɕiɛ⁵⁵sʅ²⁴xəu²¹
时常 sʅ²⁴tʂʰaŋ²¹
平时 pʰiŋ²⁴sʅ²⁴
平常 pʰiŋ²⁴tʂʰaŋ²¹
后来 xəu⁵⁵lɛ²⁴
这阵 tsɛ⁵²tʂəŋ²¹
　□忽儿 tsʅ⁵⁵xu:²⁴
　□□忽儿 tsʅ⁵⁵ku²⁴xu:²⁴
现在 ɕiæ⁵⁵tsʰɛ⁵⁵ 新
三天两头 sæ²¹tʰiæ²¹liaŋ⁵²tʰəu²¹ 形容时间较短

四　农业（包括农林渔牧）

（一）农事

春耕 tʃʰvuŋ²¹kəŋ²¹
夏收 ɕia⁵⁵ʂəu²¹
秋收 tɕʰiəu²¹ʂəu²¹
早秋 tsɔ⁵²tɕʰiəu²¹
秋后 tɕʰiəu²¹xəu⁵⁵
　晚秋 væ⁵⁵tɕʰiəu²¹
　忙后 maŋ²⁴xəu⁵⁵
□地 kɛ²¹tʰi⁵⁵
　耕地 kəŋ²¹tʰi⁵⁵
翻地 fæ²¹tʰi⁵⁵

整地 tʂəŋ⁵²tʰi⁵⁵
拔草 pʰa²⁴tsʰɔ⁵²
薅草 xɔ²⁴tsʰɔ⁵²
稻穗 tʰɔ⁵²ʃᵛuei⁵⁵
割稻子 kə²¹tʰɔ⁵²tsʅ²¹
碾场 ȵiæ⁵²tʂʰaŋ²⁴
下种 ɕia⁵⁵tʃʃuŋ⁵⁵
种麦 tʃᵛuŋ⁵⁵mei²¹
栽秧 tsɛ²¹iaŋ²¹
　栽秧秧 tsɛ²¹iaŋ²¹iaŋ²¹
割麦 kə²¹mei²¹
麦穗 mei²¹ʃᵛuei⁵⁵

麦瓤瓤 mei²¹zaŋ²⁴zaŋ²¹
麻□子 ma²⁴məŋ²¹tsʅ²¹ 麦粒中的小黑颗粒
点 tiæ̃⁵² 种
点豆 tiæ̃⁵²təu⁵⁵ 种豆
麦秆儿 mei²¹kæ:²⁴
□麦秆 fæ̃²⁴mei²¹kæ⁵² 玉米秆儿
　□麦秆秆 fæ̃²⁴mei²¹kæ⁵²kæ²⁴
种□麦 tʃˬuŋ⁵⁵fæ̃²⁴mei²¹
掰□麦 pæ̃²¹fæ̃²⁴mei²¹
剥□麦 pə²¹fæ̃²⁴mei²¹
□□麦 ʒˬua²⁴fæ̃²⁴mei²¹
高粱秆儿 kɔ²¹liaŋ²⁴kæ:²⁴
背麦 pei²¹mei²¹
捆麦 kʰuŋ⁵²mei²¹
晒麦 sɛ⁵⁵mei²¹
场 tʂʰaŋ²⁴ 打麦子、晒麦子的空场地
场里 tʂʰaŋ²⁴li²¹
打场 ta⁵²tʂʰaŋ²⁴
　扬场 iaŋ²⁴tʂʰaŋ²⁴
摊场 tʰæ̃²¹tʂʰaŋ²⁴
场院 tʂʰaŋ²⁴yæ̃⁵⁵
　院子 yæ̃⁵⁵tsʅ²¹
锄地 tʃʰˬu²⁴tʰi⁵⁵
松土 ʃuŋ²¹tʰu²¹
□地 tsʰa⁵⁵tʰi⁵⁵ 用铁锨翻地
上化肥 ʂaŋ⁵⁵χua⁵⁵fei²⁴
　施肥 ʂʅ⁵⁵fei²⁴ 新
上粪 ʂaŋ⁵⁵fəŋ⁵⁵
　浇粪 tɕiɔ²¹fəŋ⁵⁵
攒粪 tsæ̃⁵²fəŋ⁵⁵
　积肥 tɕi²¹fei²⁴ 新
拾粪 ʂʅ²⁴fəŋ⁵⁵
粪肥 fəŋ⁵⁵fei²⁴

拉粪 la²¹fəŋ⁵⁵
打粪 ta⁵²fəŋ⁵⁵
晒粪 sɛ⁵⁵fəŋ⁵⁵
粪坑 fəŋ⁵⁵kʰəŋ²¹
　粪池子 fəŋ⁵⁵tʂʰʅ²⁴tsʅ²¹
出粪 tʃʰˬu²¹fəŋ⁵⁵
淘粪 tʰɔ²⁴fəŋ⁵⁵
□柴 tsa⁵²tsʰɛ²⁴ 劈柴
化肥 χua⁵⁵fei²⁴
二胺 ɔʅ⁵⁵ŋæ̃²¹
尿素 ȵiɔ⁵⁵ʃu⁵⁵
硝铵 ɕiɔ²¹ŋæ̃²¹
氮肥 tæ̃⁵⁵fei²⁴
□水 tiŋ⁵⁵ʃˬuei⁵²
浇水 tɕiɔ²¹ʃˬuei⁵²
放水 faŋ⁵⁵ʃˬuei⁵² 使水入地
灌水 kuæ̃⁵⁵ʃˬuei⁵²
排水 pʰɛ²⁴ʃˬuei⁵²
打水 ta⁵²ʃˬuei⁵² 从井里或河里取水
井 tɕiŋ⁵²
　水井 ʃˬuei⁵²tɕiŋ⁵²
水窖 ʃˬuei⁵² tɕiɔ⁵⁵
窖 tɕiɔ⁵⁵
窖洋芋 tɕiɔ⁵⁵iaŋ²⁴y⁵⁵
倒茬 tɔ⁵²tsʰa²⁴ 间隔一季种的
回茬 χuei²⁴tsʰa²⁴ 上季种下季还种

（二）农具

桶子 tʰuŋ⁵²tsʅ²¹ 新
　水桶 ʃˬuei⁵²tʰuŋ⁵²
　下井 ɕia⁵⁵tɕiŋ²¹ 老
井绳 tɕiŋ⁵²ʂəŋ²⁴
水担 ʃˬuei⁵²tæ̃⁵⁵

水车 ʃʮuei⁵²tʂʰə²¹
大车 ta⁵⁵tʂʰə²¹
驴拉车 n̩y²⁴la²¹tʂʰə²¹
牛拉车 niəu²⁴la²¹tʂʰə²¹
小车儿 ɕiɔ²¹tʂʰə:²¹
　小轿车 ɕiɔ²¹tɕʰiɔ⁵⁵tʂʰə²¹
　小卧车 ɕiɔ²¹və⁵⁵tʂʰə²¹
大车 ta⁵⁵tʂʰə²¹
大货车 ta⁵⁵χuə⁵⁵tʂʰə²¹
拉拉车 la²¹la²⁴tʂʰə²¹ 手推车，手拉车
架子车 tɕia⁵⁵tsɿ²⁴tʂʰə²¹
黄包车 χuaŋ²⁴pɔ²¹tʂʰə²¹
大班车 ta⁵⁵pæ̃²¹tʂʰə²¹
奔奔车 pəŋ²¹pəŋ²⁴tʂʰə²¹ 农村用的三轮车
拖拉机 tʰuə²¹la²¹tɕi²¹ 手推车，手拉车
三轮车 sæ̃²¹luŋ²⁴tʂʰə²¹ 一般指人力三轮车
自行车 tsʰɿ⁵⁵/tsɿ⁵⁵ɕiŋ²⁴tʂʰə²¹
电动车 tiæ̃⁵⁵tuŋ⁵⁵tʂʰə²¹
摩托 mə²⁴tʰuə²⁴
折腰子 tʂʰə²⁴iɔ²¹tsɿ²¹ 摩托的一种
踏板 tʰa²⁴pæ²¹ 摩托的一种
□子 tsʰəu²⁴tsɿ²¹ 牲口嘴上的罩子
牛□子 niəu²⁴tsʰəu²⁴tsɿ²¹
驴□子 n̩y²⁴tsʰəu²⁴tsɿ²¹
牛鼻㮸儿 niəu²⁴pʰi²⁴χuæ:²⁴ 穿在牛鼻
　子里的木棍儿或铁环
犁 li²⁴
铧 χua²⁴
犁把 li²⁴pa⁵⁵
犁铧 li²⁴χua²⁴
耙子 pʰa²⁴tsɿ²¹
　耙耙子 pʰa²⁴pʰa²¹tsɿ²¹
□ ʃʮuə²⁴ 储存粮食的器具
连枷 liæ²⁴tɕia²¹ 脱去谷物外皮的农具

碌杵 lu²¹tʃʰʮu⁵⁵ 圆柱形，用来轧谷物，
　平场地
石磨 ʂɿ²⁴mə⁵⁵
磨盘 mə⁵⁵pʰæ²¹
磨把儿 mə⁵⁵pa:⁵⁵
磨面 mə⁵⁵miæ̃⁵⁵
麸子 fu²¹tsɿ²⁴ 麦子皮
碾麦 n̩iæ²¹mei²¹
碾辣椒面 n̩iæ²¹la²¹tɕiɔ²¹miæ̃⁵⁵
碾调货 n̩iæ²¹tʰiɔ²⁴χuə²¹ 碾调味品
□窝 tsʰa²⁴və²¹ 碾物品的器皿
石□窝 ʂɿ²⁴tsʰa²⁴və²¹ 碾物品的石器
蒜□ ʃʮuə⁵⁵pʰə²¹ 用来捣蒜的器皿
面柜 miæ̃⁵⁵kʰuəi⁵⁵ 用来盛面的柜子
筛筛 sɛ²¹sɛ²⁴ 筛粮食用
　筛子 sɛ²¹tsɿ²¹
箩 luə²¹ 筛粉末状细物用的器具
细箩 ɕi⁵⁵luə²¹ 网面比较细的箩
粗箩 tʃʰʮu²¹luə²¹ 网面比较粗的箩
镬头 tɕyɛ²¹tʰuə²⁴
尖角 tɕiæ̃²¹tɕyɛ²¹ 刨硬地用，一头尖形，
　一头扁小
锄 tʃʰʮu²⁴ 松土、锄草用，扁形，各地形
　状不一
铡刀 tsʰa²⁴tɔ²¹
镰刀 liæ²⁴tɔ²¹
刃片子 zəŋ⁵⁵pʰiæ²¹tsɿ²¹
　刃镰子 zəŋ⁵⁵liæ²⁴tsɿ²¹
砍刀 kʰæ⁵²tɔ²¹
杀刀 sa²¹tɔ²⁴ 用来劈开或剁断木柴的刀
木锨 mu²¹ɕiæ²¹
　木铲 mu²¹tsʰæ⁵²
铲铲儿 tsʰæ⁵²tsʰæ:⁵² 小铲子
铁锨 tʰiɛ²¹ɕiæ²¹

圆头锨 yæ²⁴tʰəu²⁴ɕiæ²¹ 口是平圆
方头锨 faŋ²¹tʰəu²⁴ɕiæ²¹ 口是平的
簸箕 pə⁵²tɕi²¹ 盛粮食用
撮撮儿 tʃʰvuə²¹tʃʰvuə:²¹ 撮垃圾用
　撮箕 tʃʰvuə²¹tɕi²¹
　铁簸箕 tʰiɛ²¹pə⁵²tɕi²¹
□叉 kʰə²⁴tsʰa²¹ 晒场时翻动粮食的农具
棒槌 pʰaŋ⁵⁵tʃʰvuei²¹
看 kʰæ²¹ 饲养，~牲口，~鸡
斗 dəu⁵²
垃圾 la²¹tɕi²¹

筐筐 kʰuaŋ²¹kʰuaŋ²¹
箩筐 luə²⁴kʰuaŋ²¹
扁担 piæ⁵²tæ²¹
担担子 tæ⁵⁵tæ²¹tsʅ²¹
扫帚 sɔ⁵⁵tʃʰu²⁴ 用竹枝扎成，比笤帚大，扫地用
扫把 sɔ⁵⁵pa²¹
笤帚 tʰiɔ²⁴tʃʰu²⁴ 用高粱穗、黍子穗等绑成，扫地用
蒲篮 pʰu²⁴læ²¹ 竹条编成的圆形篮子，很大，用来盛装粮食或食品

五　植物

（一）农作物

庄稼 tʃʅuaŋ²¹tɕia²⁴
粮食 liaŋ²⁴ʂʅ²¹
细粮 ɕi⁵⁵liaŋ²⁴
粗粮 tʃʰvu²¹liaŋ²⁴
五谷 vu⁵²ku²¹
荞 tɕʰiɔ²⁴ 荞麦
大荞 ta⁵⁵tɕʰiɔ²⁴
小荞 ɕiɔ⁵²tɕʰiɔ²⁴
苦荞 kʰu⁵²tɕʰiɔ²⁴
荞皮 tɕʰiɔ²⁴pʰi²¹ 荞麦的皮
　荞□ tɕʰiɔ²⁴i²¹
黄豆 χuaŋ²⁴təu²¹
糜子 mi²⁴tsʅ²¹ 小米
谷子 ku²¹tsʅ²¹ 指植株，子实是小米儿
高粱 kɔ²¹liaŋ²⁴
□麦 fæ²⁴mei²¹ 玉米
麦 mei²¹

小麦 ɕiɔ⁵²mei²¹
燕麦 iæ⁵⁵mei²¹
麦芊儿 mei²¹tɕʰiæ:²¹
麦茬儿 mei²¹tsʰa:²⁴
稻 tʰɔ⁵² 指植株
稻子 tʰɔ⁵²tsʅ²¹ 指子实
早稻 tsɔ⁵²tʰɔ⁵²
晚稻 væ⁵²tʰɔ⁵²
秕麦 pi⁵²mei²¹ 空的或不饱满的子粒
米 mi⁵² 稻的子实去壳后
　白米 pʰei²⁴mi⁵²
糯米 nuə⁵⁵mi²¹
大米 ta⁵⁵mi⁵² 相对糯米、小米而言
早米 tsɔ⁵²mi²¹
晚米 væ⁵²mi²¹
糙米 tsʰɤ⁵⁵mi²¹ 未舂碾过的米
黄米 χuaŋ²⁴mi²¹
小米儿 ɕiɔ²¹mi²¹
黑米 χei²¹mi²¹

粳米 kəŋ⁵⁵mi²¹
棉花 miæ̃²⁴χua²¹
棉花桃儿 miæ̃²⁴χua²¹tʰɔː²⁴
麻 ma²⁴
麻秆儿 ma²⁴kæː²⁴
芝麻 tʂʅ⁵⁵ma²⁴
葵花 kʰuei²⁴χua²¹
　　向日葵 ɕiaŋ⁵⁵zʅ²¹kʰuei²⁴
　　向阳葵 ɕiaŋ⁵⁵iaŋ²⁴kʰuei²⁴
葵花籽儿 kʰuei²⁴χua²¹tsʅː⁵²
红薯 χuŋ²⁴ʃᵛu⁵²
　　红苕 χuŋ²⁴ʂɔ²⁴
洋芋 iaŋ²⁴y⁵⁵
　　马铃薯 ma⁵²liŋ²⁴ʃᵛu⁵²
　　土豆儿 tʰu⁵²təuː⁵⁵
芋头 y⁵⁵tʰəu²¹ 芋块茎的总称
山药 sæ̃²¹yɛ²¹
藕 ŋəu⁵²
　　莲藕 liæ̃²⁴ŋəu⁵²
莲子 iæ̃²⁴tsʅ²¹ 莲蓬的子

（二）豆类、菜蔬

黄豆角角儿 χuaŋ²⁴təu²¹kə²kəː²¹
打黄豆 ta⁵²χuaŋ²⁴təu²¹
绿豆 liəu²¹təu⁵⁵
黑豆 χei²¹təu⁵⁵
红豆 χuŋ²⁴təu⁵⁵
豌豆 væ̃²¹təu⁵⁵
豌豆角儿 væ̃²¹təu⁵⁵kəː²⁴
打豌豆 ta⁵²væ̃²¹təu⁵⁵
大豌豆 ta⁵⁵væ̃²¹təu⁵⁵
小豌豆 ɕiɔ⁵²væ̃²¹təu⁵⁵
豇豆 tɕiaŋ²¹əu⁵⁵ 细长条的

红豆儿 χuŋ²⁴təuː⁵⁵ 豆角
　　豆儿 təuː²¹
　　刀豆 tɔ²¹təu⁵⁵
扁豆 piæ̃⁵²təu⁵⁵
蚕豆 tsʰæ̃²⁴təu⁵⁵
兵豆 piŋ²¹təu⁵⁵
茄儿 tɕiɛː²¹
　　茄子 tɕiɛ²⁴tsʅ²¹
　　圆茄 yæ̃²⁴tɕiɛ²¹
　　□茄 tiɔ⁵⁵tɕiɛ²¹ 长茄子
黄瓜 χuaŋ²⁴kua²¹
西葫芦 ɕi²¹χu²⁴lu²¹
菜瓜 tsʰɛ⁵⁵kua²¹
瓜儿 kuaː²¹
笋瓜子 ʃᵛuŋ⁵²kua²¹tsʅ²⁴
丝瓜 sʅ²¹kua²¹
苦瓜 kʰu⁵²kua²¹
南瓜 næ̃²⁴kua²¹
冬瓜 tuŋ²¹kua²¹
葫芦 χu²⁴lu²¹
菜花 tsʰɛ⁵⁵χua²¹
　　花菜 χua²¹tsʰɛ⁵⁵
葱 tʃʰᵛuŋ²¹
葱秧秧 tʃʰᵛuŋ²¹iaŋ²¹iaŋ²¹
　　葱秧子 tʃʰᵛuŋ²¹iaŋ²¹tsʅ²⁴
葱苗苗 tʃʰᵛuŋ²¹miɔ²⁴miɔ²¹
葱叶叶 tʃʰᵛuŋ²¹iɛ²¹iɛ²¹
葱根根 tʃʰᵛuŋ²¹kəŋ²¹kəŋ²¹
口口葱 iaŋ²⁴kəŋ²¹tʃʰᵛuŋ²¹ 春天的嫩葱
水葱 ʃuei⁵²tʃʰᵛuŋ²¹ 细细的嫩葱
　　小葱 ɕiɔ⁵²tʃʰᵛuŋ²¹
葱□□ tʃʰᵛuŋ²¹kʰu⁵⁵kʰu²⁴
葱白 tʃʰᵛuŋ²¹pʰei²⁴ 新
洋葱 iaŋ²⁴tʃʰᵛuŋ²¹

洋蒜 iaŋ²⁴ʃᵛuæ̃⁵⁵   胡椒 χu²⁴tɕiɔ²¹
蒜 ʃᵛuæ̃⁵⁵ 大蒜   菠菜 pə²¹tsʰɛ⁵⁵
蒜瓣 ʃᵛuæ̃⁵⁵pæ̃²¹   白菜 pʰei²⁴tsʰɛ²¹ 大白菜
头头蒜 tʰəu²⁴tʰəu²¹ʃᵛuæ̃⁵⁵ 只有一个瓣   白菜叶叶 pʰei²⁴tsʰɛ²¹iɛ²¹iɛ²¹
    的蒜   白菜帮帮 pʰei²⁴tsʰɛ²¹paŋ²¹paŋ²¹ 白菜帮
一□蒜 i⁵⁵tɕʰia²¹ʃᵛuæ̃⁵⁵ 一瓣蒜   白菜根根 pʰei²⁴tsʰɛ⁵⁵kəŋ²¹kəŋ²¹
一颗蒜 i⁵⁵kʰuə²⁴ʃᵛuæ̃⁵⁵ 一个蒜头   白菜心心 pʰei²⁴tsʰɛ⁵⁵ɕiŋ²¹ɕiŋ²¹
蒜苔 ʃᵛuæ̃⁵⁵tʰɛ²¹   翻白菜 fæ̃²¹pʰei²⁴tsʰɛ⁵⁵ 卷心菜
蒜苗 ʃᵛuæ̃⁵⁵miɔ²¹ 蒜的花茎   小白菜 ɕiɔ⁵²pʰei²⁴tsʰɛ⁵⁵ 白菜苗
踏的蒜 tʰa²⁴tɛ²¹ʃᵛuæ̃⁵⁵ 蒜泥   笋子 ʃᵛuŋ⁵²tsʅ²¹ 莴笋
韭菜 tɕiəu⁵²tsʰɛ⁵⁵   笋子叶叶 ʃᵛuŋ⁵²tsʅ²¹iɛ²¹iɛ²¹
韭薹 tɕiəu⁵²tʰɛ²¹   生菜 səŋ²¹tsʰɛ⁵⁵
韭黄 tɕiəu⁵²χuaŋ²¹   □□ tɕʰiɛ²¹liæ̃²⁴ 一种圆形蔬菜，可生吃
洋柿子 iaŋ²⁴sʅ⁵⁵tsʅ²¹   芹菜 tɕʰiŋ²⁴tsʰɛ⁵⁵
    西红柿 ɕi²¹χuŋ²⁴sʅ⁵⁵   甜根子 tʰiæ̃²⁴kəŋ²¹tsʅ²¹
姜 tɕiaŋ²¹   花叶子 χua²¹iɛ²¹tsʅ²¹ 雪里蕻
    生姜 səŋ²¹tɕiaŋ²¹   芫荽 iæ̃²⁴ɕy²¹
洋姜 iaŋ²⁴tɕiaŋ²¹   香菜 ɕiaŋ²¹tsʰɛ⁵⁵
辣椒 la²¹tɕiɔ²¹ 总称   蘑菇 mə²⁴ku²¹ 菇类总称
红柿椒 χuŋ²⁴sʅ⁵⁵tɕiɔ²¹   香菇 ɕiaŋ²¹ku²¹
黄柿椒 χuaŋ²⁴sʅ⁵⁵tɕiɔ²¹   金针菇 tɕiŋ²¹tʂəŋ²¹ku²¹
青辣椒 tɕʰiŋ²¹la²¹tɕiɔ²¹ 绿色的辣椒   鸡腿菇 tɕi²¹tʰuei⁵²ku²¹
红辣椒 χuŋ²⁴la²¹tɕiɔ²¹   木耳 mu²¹ɔʅ⁵²
线线辣椒 ɕiæ̃⁵⁵ɕiæ̃²⁴la²¹tɕiɔ²¹ 细长的   海带 χɛ⁵²tɛ⁵⁵
    辣椒   南瓜 næ̃²⁴kua²¹
菜辣椒 tsʰɛ⁵⁵la²¹tɕiɔ²¹   冬瓜 tuŋ²¹kua²¹
    大辣椒 ta⁵⁵la²¹tɕiɔ²¹   油白菜 iəu²⁴pʰei²⁴tsʰɛ²¹ 油菜
干辣椒 kæ̃²¹la²¹tɕiɔ²¹ 晒干的红辣椒   茼蒿 tʰuŋ²⁴χɔ²¹
辣椒丝丝 la²¹tɕiɔ²¹sʅ²¹sʅ²¹   萝卜 luə²⁴pʰə²¹
辣椒角角 la²¹tɕiɔ²¹kə²¹kə²¹   （萝卜）糠了 kʰaŋ²¹lɔ²¹
辣椒面儿 la²¹tɕiɔ²¹miæ̃:⁵⁵   萝卜叶叶 luə²⁴pʰə²¹iɛ²¹iɛ²¹
辣椒籽籽 la²¹tɕiɔ²¹tsʅ²¹tsʅ²⁴   红心萝卜 χuŋ²⁴ɕiŋ²¹luə²⁴pʰə²¹
辣芥子 la²¹kɛ⁵⁵tsʅ²¹   心灵美 ɕiŋ²¹liŋ²⁴mei⁵² 新
    芥末 tɕiɛ⁵⁵mə²¹ 新   白萝卜 pʰei²⁴luə²⁴pʰə²¹

黄萝卜 χuaŋ²⁴luə²⁴pʰə²¹ 胡萝卜
红萝卜 χuŋ²⁴luə²⁴pʰə²¹ 颜色偏红的胡萝卜
萝卜干儿 luə²⁴pʰə²¹ kæː²¹
菜子 tsʰɛ⁵⁵tsʅ²¹ 榨油用
苔子菜 tʰɛ²⁴tsʅ²¹tsʰɛ⁵⁵ 油菜子的嫩芽，可当野菜食用
野菜 iɛ⁵²tsʰɛ⁵⁵
荠荠菜 tɕi⁵⁵tɕi²¹tsʰɛ⁵⁵
苜蓿 mu²¹ɕy²⁴
□□点 vu⁵²tʃᵛu²⁴tiæ²¹ 一种野菜
鸡娃菜 tɕi²¹va²⁴tsʰɛ⁵⁵ 一种野菜
□龙头 mu²¹luŋ²⁴tʰəu²¹ 一种野菜
槐点 χuɛ²⁴tiæ²¹ 槐树嫩芽，可当野菜食用
苦苣 kʰu⁵²tɕʰy²¹ 一种野菜
　苦菜 kʰu⁵²tsʰɛ⁵⁵
苦□ kʰu⁵²kɛ²⁴ 一种野菜
椒芽 tɕiɔ²¹ia²¹ 花椒树的嫩芽，可当野菜食用
蕨菜 tɕyɛ²¹tsʰɛ⁵⁵ 一种野菜
　杨蕨菜 iaŋ²⁴tɕyɛ²¹tsʰɛ⁵⁵
五胚子 vu⁵²pʰei²¹tsʅ² 一种野菜
灰灰菜 χuei²¹χuei²⁴tsʰɛ⁵⁵
　灰菜 χuei²¹tsʰɛ⁵⁵
茵陈 iŋ²¹tʂʰəŋ²¹ 一种野菜，也是一种药材
洋槐花 iaŋ²⁴χuɛ²⁴χua²⁴ 槐树的花苞，可食用
□□杆 ŋə²¹lɔ⁵⁵kæ²¹ 蒲公英
□蒿 ɕiɛ²⁴χɔ²¹ 一种野菜
棉结叶 miæ²⁴tɕiɛ²¹iɛ²¹ 一种野菜
烟烟子 iæ²¹iæ²¹tsʅ²⁴
种烟烟子 tʃᵛuŋ⁵⁵iæ²¹iæ²¹tsʅ²¹
鸦片烟 ia²¹pʰiæ⁵²iæ²⁴

（三）树木

树 ʃᵛu⁵⁵
树林 ʃᵛu⁵⁵liŋ²⁴
树苗 ʃᵛu⁵⁵miɔ²¹
树股儿 ʃᵛu⁵⁵kuː⁵²
　树股股 ʃᵛu⁵⁵ku⁵² ku²⁴
　树枝 ʃᵛu⁵⁵tsʅ²¹ 新
树杈杈 ʃᵛu⁵⁵tsʰa⁵⁵tsʰa²⁴
树干 ʃᵛu⁵⁵kæ⁵⁵
树梢 ʃᵛu⁵⁵sɔ²¹
树根 ʃᵛu⁵⁵kəŋ²¹
树叶儿 ʃᵛu⁵⁵iɛː²⁴
铰树 tɕiɔ²¹ʃᵛu⁵⁵ 修剪树枝
　剪树 tɕiæ²¹ʃᵛu⁵⁵
栽树 tsɛ²¹ʃᵛu⁵⁵ 动宾
　种树 tʃᵛuŋ⁵⁵ʃᵛu⁵⁵
剁树 tuə⁵⁵ʃᵛu⁵⁵ 动宾
　放树 faŋ⁵⁵ʃᵛu⁵⁵
　砍树 kʰæ⁵²ʃᵛu⁵⁵
松树 ʃᵛuŋ²¹ʃᵛu⁵⁵
松针 ʃᵛuŋ²¹tʂəŋ²¹
松□□ ʃᵛuŋ²¹tʃʰᵛua⁵⁵la²¹
　松塔 ʃᵛuŋ²¹tʰa²¹
松香 ʃᵛuŋ²¹ɕiaŋ²¹
松子儿 ʃᵛuŋ²¹tsʅː²¹
柏树 pei²¹ʃᵛu⁵⁵
杉树 sæ²¹ʃᵛu⁵⁵
桑树 saŋ²¹ʃᵛu⁵⁵
桑杏儿 saŋ²¹ɕiːŋ²¹
　桑葚儿 saŋ²¹ʂəːŋ²¹
桑叶 saŋ²¹iɛ²¹
杨树 iaŋ²⁴ʃᵛu⁵⁵
白杨树 pʰei²⁴iaŋ²⁵ʃᵛu⁵⁵

柳树 liəu⁵²ʃᵛu⁵⁵
倒柳树 tɔ⁵⁵liəu⁵²ʃᵛu⁵⁵
　垂柳 tʃʰᵛuei²⁴liəu⁵²
柳絮 liəu⁵²ɕy⁵⁵
泡桐树 pʰɔ⁵⁵tʰuŋ²¹ʃᵛu⁵⁵
洋槐树 iaŋ²⁴χuɛ²⁴ʃᵛu⁵⁵
红豆杉 χuŋ²⁴təu⁵⁵sæ²¹
竹子 tʃᵛu²¹tsʅ²⁴
散竹 sæ⁵²tʃᵛu²¹
毛竹 mɔ²⁴tʃᵛu²¹
山竹 sæ²¹tʃᵛu²¹
竹棍儿 tʃᵛu²¹ku:ŋ⁵⁵
竹竿儿 tʃᵛu²¹kæ:²⁴
竹叶儿 tʃᵛu²¹iɛ:²¹
竹签 tʃᵛu²¹tɕʰiæ²¹
竹条 tʃᵛu²¹tʰiɔ²⁴ 竹子劈成的薄片
竹笋 tʃᵛu²¹ʃᵛuŋ⁵²
椿树 tʃʰᵛuŋ²¹ʃᵛu⁵⁵
臭椿树 tʂʰəu⁵⁵tʃʰᵛuŋ²¹ʃᵛu⁵⁵
香椿树 ɕiaŋ²¹tʃʰᵛuŋ²¹ʃᵛu⁵⁵
榆树 ʒᵛu²⁴ʃᵛu⁵⁵
榆钱 ʒᵛu²⁴tɕʰiæ²⁴
石枣子树 ʂʅ²⁴tsɔ²¹tsʅ²⁴ʃᵛu⁵⁵
山楂树 sæ²¹tsʰa²⁴ʃᵛu⁵⁵
银杏树 iŋ²⁴ɕiŋ²¹ʃᵛu⁵⁵
合欢树 χə²⁴χuæ²¹ʃᵛu⁵⁵
枣树 tsɔ²¹ʃᵛu⁵⁵
桃树 tʰɔ²¹ʃᵛu⁵⁵
苹果树 pʰiŋ²⁴kuə²¹ʃᵛu⁵⁵
柿子树 sʅ⁵⁵tsʅ²¹ʃᵛu⁵⁵
核桃树 χə²⁴tʰɔ²¹ʃᵛu⁵⁵
杏儿树 χə:ŋ⁵²ʃᵛu⁵⁵
软枣树 ʒᵛuæ²¹tsɔ²¹ʃᵛu⁵⁵
□□树 y⁵⁵χuaŋ²¹ʃᵛu⁵⁵ 李子树

皂角树 tsʰɔ⁵⁵tɕyɛ²¹ʃᵛu⁵⁵
拐枣树 kuɛ²¹tsɔ²¹ʃᵛu⁵⁵
花椒树 χua²¹tɕiɔ²¹ʃᵛu⁵⁵
橘子树 tɕy²¹tsʅ²⁴ʃᵛu⁵⁵

（四）瓜果

水果 ʃᵛuei²⁴kuə⁵²
干果 kæ²¹kuə²¹
桃儿 tʰɔ:²¹
毛桃 mɔ²⁴tʰɔ²¹
水桃 ʃᵛuei⁵²tʰɔ²¹
蟠桃 pʰæ²¹tʰɔ²¹
油桃 iəu²⁴tʰɔ²¹
杏儿 χə:ŋ⁵⁵ 老
大结杏儿 ta⁵⁵tɕiɛ²¹χə:ŋ⁵⁵ 老
甜核子杏儿 tʰiæ²⁴χu²⁴tsʅ²¹χə:ŋ⁵⁵ 老
苦核子杏儿 kʰu⁵²χu²⁴tsʅ²¹χə:ŋ⁵⁵ 老
山杏儿 sæ²¹χə:ŋ⁵⁵ 老
杏儿 ɕi:ŋ⁵² 新
大结杏儿 ta⁵⁵tɕiɛ²¹ɕi:ŋ⁵² 新
甜核子杏儿 tʰiæ²⁴χu²⁴tsʅ²¹ɕi:ŋ⁵² 新
苦核子杏儿 kʰu⁵²χu²⁴tsʅ²¹ɕi:ŋ⁵² 新
山杏儿 sæ²¹ɕi:ŋ⁵² 新
□□ y⁵⁵χuaŋ²¹ 李子
苹果 pʰiŋ²⁴kuə²¹
富士苹果 fu⁵⁵sʅ⁵⁵pʰiŋ²⁴kuə²¹
花牛苹果 χua²¹niəu²⁴pʰiŋ²⁴kuə²¹
黄苹果 χuaŋ²⁴pʰiŋ²⁴kuə²¹
红苹果 χuŋ²⁴pʰiŋ²⁴kuə²¹
红元帅 χuŋ²⁴yæ²⁴ʃᵛuɛ⁵⁵
黄元帅 χuaŋ²⁴yæ²⁴ʃᵛuɛ⁵⁵
□□ liŋ²⁴tɕʰiəu²¹
　□子 tɕʰiəu²¹tsʅ²⁴

沙果 sa²¹kuə²¹ 新
枣儿 tsɔ:⁵²
梨儿 li:²¹
香蕉梨 ɕiaŋ²¹tɕiɔ²¹li²¹
酸梨 ʃʵuæ²¹li²¹
沙梨 sa²¹li²¹
早酥梨 tsɔ²¹ʃʵu²¹li²¹
八盘梨 pa²¹pʰæ²⁴li²¹
冬果梨 tuŋ²¹kuə²¹li²¹
麦梨 mei²¹li²¹
苹果梨 pʰiŋ²⁴kuə²¹li²¹
批把 pʰi²⁴pa²¹
柿子 sʅ⁵⁵tsʅ²¹
柿饼 sʅ⁵⁵piŋ²¹
石榴 ʂʅ²⁴liəu²¹
海石榴 χɛ⁵²ʂʅ²⁴liəu²¹ 只开花不结果的石榴树
结石榴 tɕiɛ²¹ʂʅ²⁴liəu²¹ 开花并结果实的石榴树
柚子 iəu⁵⁵tsʅ²¹
橘子 tɕy²¹tsʅ²¹
砂糖橘 sa²¹tʰaŋ²⁴tɕy²¹
青桔 tɕʰiŋ²¹tɕy²¹
橘子丝丝 tɕy²¹tsʅ²¹sʅ²¹sʅ²¹ 橘瓣上的丝儿
金橘 tɕiŋ²¹tɕy²¹
橙子 tʂəŋ²⁴tsʅ²¹
木瓜 mu²¹kua²¹
桂圆 kuɛ⁵⁵yæ²¹
龙眼 luŋ²⁴ȵiæ²¹
龙眼肉 luŋ²⁴ȵiæ²¹zəu⁵⁵ 去壳去核的龙眼干
荔枝 li⁵⁵tsʅ²¹
芒果 maŋ²⁴kuə²¹
菠萝 pə²¹luə²⁴
橄榄 kæ²¹læ⁵²

白果 pʰei²⁴kuə²¹
银杏 iŋ²⁴ɕiŋ⁵²
毛栗子 mɔ²⁴li²¹tsʅ²¹
核桃 kʰə²⁴tʰɔ²¹
西瓜 ɕi²¹kua²¹
瓜子儿 kua²¹tsʅ:⁵²
黑瓜子 χei²¹kua²¹tsʅ⁵²
白瓜子 pʰei²⁴kua²¹tsʅ⁵²
榛子 tʂəŋ²¹tsʅ²¹
甜瓜 tʰiæ²⁴kua²¹
脆瓜 tʃʰʵuei⁵⁵kua²¹
甘蔗 kæ²¹tʂə⁵⁵
拐枣 kuɛ²¹tsɔ²¹
沙棘 sa²¹tɕi²¹
山楂 sæ²¹tsʰa²⁴
樱桃儿 iŋ²¹tʰɔ:²¹
大樱桃 ta⁵⁵iŋ²¹tʰɔ²¹
洋樱桃 iaŋ²⁴iŋ²¹tʰɔ²¹
老樱桃 lɔ⁵²iŋ²¹tʰɔ²¹
草莓 tsʰɔ⁵²mei²⁴
□子 pʰiɔ²⁴tsʅ²¹ 野生草莓
□子 mei⁵²tsʅ²¹ 一种野生水果
葡萄 pʰu²¹tʰɔ²¹
猕猴桃 mi²⁴χəu²⁴tʰɔ²¹
橙子 tʂʰəŋ²⁴tsʅ²¹
柑子 kæ²¹tsʅ²⁴
花生 χua²¹səŋ²¹
花生米 χua²¹səŋ²¹mi⁵²
花生皮皮 χua²¹səŋ²¹pʰi²⁴pʰi²¹ 花生米外面的红皮

（五）花草、菌类

桂花 kuei⁵⁵χua²¹

菊花 tɕy²⁴χua²¹

九月菊 tɕiəu⁵²yɛ²¹tɕy²¹

梅花 mei²⁴χua²¹

干股梅 kæ²¹ku²¹mei²⁴

迎春梅 iŋ²⁴tʃʰᵛuŋ²¹mei²⁴

    迎春花 iŋ²⁴tʃʰᵛuŋ²¹χua²¹

墙刺梅 tɕʰiaŋ²⁴tsɿ⁵⁵mei²¹

□叶梅 ʒᵛu⁵²iɛ²¹mei²⁴ 梅花的一种

海蜡花 χɛ⁵²la²¹χua²¹

    指甲花 tsɿ²¹tɕia²⁴χua²¹⁴

夹竹桃 tɕia²¹tʃᵛu²¹tʰɔ²⁴

吊金钟 tiɔ⁵⁵tɕiŋ²¹tʃᵛuŋ²¹

大锤 ta⁵⁵tʃʰᵛuei²⁴ 吊金钟的种类，花苞较大

小锤 tɕʰiɔ⁵²tʃʰᵛuei²⁴ 吊金钟的种类，花苞较小

美人蕉 mei⁵²zən²⁴tɕiɔ²¹

鸡冠花 tɕi²¹kuæ²¹χua²¹

七叶花 tɕʰi²¹iɛ²¹χua²¹

喇叭花 la⁵²pa²¹χua²¹

玫瑰花 mei²⁴kuei⁵⁵χua²¹

月季 yɛ²¹tɕi²¹

    月季花 yɛ²¹tɕi²¹χua²¹

牡丹 mu⁵²tæ²¹

芍药 ʂə²⁴iɔ²¹

杜鹃花 tu⁵⁵ɕyæ⁵⁵χua²¹

荷花 χə²⁴χua²¹

荷叶 χə²⁴iɛ²¹

莲蓬 liæ²⁴pʰəŋ²⁴

水仙（花）ʃᵛuei⁵²ɕiæ²¹

茉莉花儿 mə²¹li⁵⁵χua:²¹

含羞草 χæ²⁴ɕiəu²¹tsʰɔ⁵²

牵牛花 tɕʰiæ²¹niəu²⁴χua²¹

芙蓉花 fu²⁴ʒᵛuŋ²⁴χua²¹

万年青 væ⁵⁵ȵiæ²⁴tɕʰiŋ²¹

仙人掌 tɕiæ²¹zəŋ²⁴tʂaŋ⁵²

仙人球 tɕiæ²¹zəŋ²⁴tɕiəu²⁴

川草 tʃʰᵛuæ²¹tsɔ⁵²

石竹子 ʂɿ²⁴tʃᵛu²⁴tsɿ²¹

洋瓦塔 iaŋ²⁴va⁵²tʰa²¹

绊碗花 pæ⁵⁵væ⁵²χua²⁴

夜来香 iɛ⁵⁵lɛ²⁴ɕiaŋ²¹

冬青 tuŋ⁵⁵tɕʰiŋ²¹

车前子 tʂʰə²¹tɕʰiæ²⁴tsɿ²¹

蒲公英 pʰu²⁴kuŋ²¹iŋ²¹

艾蒿 ŋɛ⁵⁵χɔ²¹

狗尾巴草 kɔ⁵²i⁵²pʰa²¹tsʰɔ⁵²

通草 tʰuŋ²¹tsʰɔ⁵²

做饭花 tʃᵛu⁵⁵fæ⁵⁵χua²⁴

紫金花 tsɿ²¹tɕiŋ²¹χua²¹

山丹花 sæ²¹tæ²¹χua²¹

花苞苞 χua²¹pɔ²¹pɔ²¹ 没有开放的花

    花骨朵 χua²¹ku²¹tuə²¹/tu²¹

花瓣瓣儿 χua²¹pæ⁵⁵pæ²⁴

花心心 χua²⁴ɕiŋ²¹ɕiŋ²¹

    花蕊 χua²¹ʒᵛuei⁵²

芦苇 lu²⁴vei²¹

香菇 ɕiaŋ²¹ku²¹

蘑菇 mə²⁴ku²¹

冬菇 tuŋ²¹ku²¹

青苔 tɕʰiŋ²¹tʰɛ²⁴

六 动物

（一）牲畜

牲口 səŋ²¹kʰəu²¹
儿马 ɔʅ²⁴ma⁵²
　公马 kuŋ²¹ma⁵²
骒马 kʰuə⁵⁵ma⁵²
　母马 mu⁵²ma⁵²
骟马 ʂæ̃⁵⁵ma⁵² 骟过的马
狍牛 pʰɔ²¹niəu²⁴
　公牛 kuŋ²¹niəu²⁴
犍牛 tɕiæ̃²¹niəu²⁴ 阉过的公牛
　骟牛 ʂæ̃⁵⁵niəu²⁴
次牛 tsʰʅ⁵⁵niəu²⁴
　母牛 mu⁵²niəu²⁴
牛娃儿 niəu²⁴va:²¹ 小牛
黄牛 χuaŋ²⁴niəu²⁴
水牛 ʃʵuei²niəu²⁴
牛犊 niəu²⁴tʰu²⁴
驴 ȵy²⁴
叫驴 tɕiɔ⁵⁵ȵy²⁴ 公驴
草驴 tsʰɔ⁵²ȵy²⁴ 母驴
骡子 luə²⁴tsʅ²¹
骡驹 luə²⁴tɕy²¹ 刚出生的小骡子
驴骡 ȵy²⁴luə²⁴ 马父驴母
马骡 ma⁵²luə²⁴ 驴父马母
骆驼 luə²¹tʰuə⁵²
绵羊 miæ̃²⁴iaŋ²⁴
山羊 sæ̃²¹iaŋ²⁴
羊羔 iaŋ²⁴kɔ²¹
公羊 kuŋ²¹iaŋ²⁴

奶羊 nɛ²¹iaŋ²¹
狗 kəu⁵²
公狗 kuŋ²¹kəu⁵²
母狗 mu⁵²kəu⁵²
碎狗娃儿 ʃʵuei⁵⁵kəu⁵²va:²¹ 脱奶后的幼犬
　小狗儿 ɕiɔ²¹kə:u⁵²
哈巴狗 ka⁵²pa²¹kəu⁵²
土狗 tʰu⁵²kəu⁵² 本地普通狗
狼狗 laŋ²⁴kəu⁵²
狮子狗 sʅ²¹tsʅ²⁴kəu⁵²
疯狗 fəŋ²¹kəu⁵²
猫儿 mɔ:²¹
公猫 kuŋ²¹mɔ²¹
母猫 mu⁵²mɔ²¹
伢猪 ȵia²⁴tʃʵu²¹ 公猪
奶劁子 nɛ²¹tɕʰiɔ²¹tsʅ²¹ 母猪
母猪婆 mu⁵²tʃʵu²¹pʰə²⁴ 种猪
　老母猪 lɔ²⁴mu⁵²tʃʵu²¹
猪娃儿 tʃʵu²¹va:²¹
劁猪 tɕʰiɔ²⁴tʃʵu²¹ 动宾
兔儿 tʰu:⁵⁵
野兔 iɛ⁵²tʰu⁵⁵
鸡儿 tɕi:²⁴
鸡公 tɕi²¹kuŋ²⁴ 成年的打鸣的公鸡
鸡娃儿 tɕi²¹va:²¹ 未成年的小鸡
鸡婆 tɕi²¹pʰə²¹ 母鸡
燥窝鸡婆 tsɔ⁵⁵və²¹tɕi²¹pʰə²¹ 正在孵蛋的母鸡
鸡蛋 tɕi²¹tæ̃⁵⁵
下蛋 ɕia⁵⁵tæ̃⁵⁵

菢 pɔ⁵⁵ 孵，~鸡娃
鸡冠冠 tɕi²¹kuæ̃²¹kuæ̃²⁴
鸡爪爪 tɕi²¹tʃʵua⁵²tʃʵua²⁴
鸭子 ia²¹tsʅ²¹
公鸭 kuŋ²¹ia²¹
母鸭 mu⁵²ia²¹
鸭娃儿 ia²¹va:²¹
碎鸭娃儿 ʃʵuei⁵⁵ia²¹va:²¹ 小鸭子
鸭蛋 ia²¹tæ̃⁵⁵
鸭掌 ia²¹tʂaŋ⁵²
鹅 ŋə²⁴
鹅娃儿 ŋə²⁴va:²¹
鹅蛋 ŋə²⁴tæ̃⁵⁵

（二）鸟、兽

野兽 iɛ⁵²ʂəu⁵⁵
　豺狼虎豹 tsʰɛ²⁴laŋ²⁴χu⁵²pɔ⁵⁵
狮子 sʅ²¹tsʅ²⁴
老虎 lɔ²¹χu⁵²
母老虎 mu⁵²lɔ²¹χu⁵² 雌虎
猴儿 χə:u²¹
　猴子 χəu²¹tsʅ²¹
　金丝猴 tɕiŋ²¹sʅ²⁴χəu²¹
猴娃子 χəu²⁴va²¹tsʅ²¹ 小猴子
熊 ɕyŋ²⁴
狗熊 kəu⁵²ɕyŋ²⁴
黑熊 χei²¹ɕyŋ²⁴
瞎瞎 χa²¹χa²⁴ 熊的一种
豹子 pɔ⁵⁵tsʅ²¹
狼 laŋ²⁴
狐狸 χu²⁴li²¹
野狐 iɛ⁵²χu²⁴
野猪 iɛ⁵²tʃʵu²¹

黄鼠狼 χuaŋ²⁴ʃʵu⁵²laŋ²⁴
老鼠 lɔ²¹tʃʰʵu⁵²/ lɔ²¹ʃʵu⁵²
野兔 iɛ⁵²tʰu⁵⁵
刺猬 tsʰʅ⁵⁵vei²¹
长虫 tʂʰaŋ²⁴tʃʰʵuŋ²¹
　蛇 ʂə²⁴ 新
绿菜花 liəu²¹tsʰɛ⁵⁵χua²¹ 一种无毒的小花蛇
麻线杆 ma²⁴ɕiæ̃⁵⁵kæ̃²¹ 蛇名
眼镜蛇 niæ̃²¹tɕiŋ⁵⁵ʂə²⁴
大蟒蛇 ta⁵⁵maŋ²¹ʂə²⁴
雀儿 tɕʰiɔ:²¹ 鸟的总称
　雀娃 tɕʰiɔ²¹va²¹
　雀雀儿 tɕʰiɔ²¹tɕʰiɔ:²¹
老鸹 lɔ⁵²va²¹ 乌鸦
老鸹窝 lɔ⁵²va²¹və²¹ 乌鸦窝
野鹊 iɛ⁵²tɕʰiɔ²¹ 喜鹊
麻雀 ma²⁴tɕʰyɛ²¹
燕儿 iæ̃:²¹ 燕子
雁 iæ̃²¹
斑斑 pæ̃²¹pæ̃²¹ 鸽子
□鸽 pʰu²⁴kə²¹
鸹老哇 kua²¹lɔ²¹va²¹
鹌鹑 ŋæ̃²¹tʃʰʵuŋ²⁴
仙鹤 ɕiæ̃²¹χə⁵⁵
旋黄割 ɕyæ̃⁵⁵χuaŋ²⁴kə²¹ 布谷鸟
　旋黄旋割 ɕyæ̃⁵⁵χuaŋ²⁴ɕyæ̃⁵⁵kə²¹
□□□ tuə²¹məŋ²¹tsʅ²¹ 啄木鸟
夜鸽子 iɛ⁵⁵kə²¹tsʅ²¹
□□ χəŋ⁵⁵χəŋ²¹ 猫头鹰
饿老报 ŋə²¹lɔ²⁴pɔ⁵⁵ 老鹰
鹦鹉 iŋ²¹vu²¹
八哥儿 pa²¹kə²¹
野鸡儿 iɛ²¹tɕi:²⁴
　锦鸡儿 tɕiŋ²¹tɕi:²⁴

野鸭 iɛ²¹ia²¹
元蝙蝠 yæ̃²⁴piɛ̃²¹fu²¹ 蝙蝠
翎膀 liŋ²⁴paŋ²¹ 翅膀
嘴 tʃʵuei²¹ 鸟类之嘴
雀娃窝 tɕʰiɔ²¹va²⁴və²¹

（三）虫类

蚕儿 tsʰæ̃:²¹
蚕茧 tsʰæ̃²⁴tɕiæ̃⁵²
蚕屎 tsʰæ̃²⁴sʅ⁵²
□□ tsəu²¹tsəu²⁴ 老
　蜘蛛 tʂʅ²¹tʃʵu²¹ 新
□□网 tsəu²¹tsəu²⁴vaŋ⁵² 蜘蛛网
蚍蜉蚂儿 pʰi⁵⁵fəŋ²⁴ma:⁵² 蚂蚁
　蚂蚂蚍蜉儿 ma⁵²ma²¹pʰi⁵⁵fəŋ²¹
土鳖 tʰu⁵²piɛ²¹ 可入药，又叫地鳖
蛆蟮 tɕʰy²¹ʂæ̃²⁴ 老
　蚯蚓 tɕʰiəu²¹iŋ⁵² 新
蜗蜗牛 kua⁵²kua²¹niəu²¹ 蜗牛
屎巴牛 sʅ²¹pʰa²¹niəu²⁴ 屎壳郎
磕头虫儿 kʰə²¹tʰəu²⁴tʃʵu:ŋ²¹
马北蛐 ma⁵²pei²¹tɕʰy²¹
蚴黏 iəu²⁴n̠ʲiʰæ̃²¹ 蜈蚣
　蚴黏子 iəu²⁴n̠ʲiʰæ̃²¹tsʅ²¹
毛毛虫儿 mɔ²⁴mɔ²⁴tʃʵu:ŋ²¹
蝎子 ɕiɛ²¹tsʅ²⁴
壁虎 pi²¹χu⁵²
米蛐 mi⁵²tɕʰy²¹ 米里的米色虫
面蛐 miæ̃⁵⁵tɕʰy²¹ 面里的虫
汗虫 χæ̃⁵⁵tʃʵuŋ²¹ 蚜虫
苍牛 tsʰaŋ²¹niəu²⁴ 老
　苍蝇 tsʰaŋ²¹iŋ²⁴ 新

绿苍牛 liəu²¹tsʰaŋ²¹niəu²¹ 绿头苍蝇
蚊子 vəŋ²⁴tsʅ²¹
水蚊子 ʃʵuei⁵²vəŋ²⁴tsʅ²¹
末子 mə²¹tsʅ²⁴ 蚊蚋
　萤末子 iŋ²⁴mə²¹tsʅ²¹
□ sei²¹ 虱子
□子 tɕi²¹tsʅ²¹ 虱子的卵
臭包虫 tɕəu⁵⁵pɔ²¹tʃʵuŋ²¹ 臭虫
虼蚤 kə²¹tsɔ²¹ 跳蚤
蛐蛐儿 tɕy²¹tɕy:²¹ 蟋蟀
　黑羊儿 χei²¹ia:ŋ²¹
暴君 pɔ⁵⁵tɕyŋ²¹ 蝗虫
蝉 tʂæ̃²¹
蚂蚱 ma²¹tsa²⁴
铁牛 tʰiɛ²¹niəu²¹
蜂儿 fə:ŋ²⁴ 蜜蜂
　尿尿蜂 niɔ⁵⁵niɔ⁵⁵fəŋ²⁴ 不采蜜在厕所
　　飞舞的一种蜂儿
马蜂 ma²¹fəŋ²⁴
土蜂 tʰu²¹fəŋ²⁴
洋蜂 iaŋ²⁴fəŋ²⁴
（马蜂）蜇人 tsə²¹zəŋ²⁴
蜂窝 fəŋ²⁴və²¹
蜂蜜 fəŋ²¹mi²¹
明火虫 miŋ²⁴χuə²¹tʃʵuŋ²¹ 萤火虫
新新妇儿 ɕin²¹ɕin²⁴fu:²¹ 七星瓢虫
臭包虫 tɕəu⁵⁵pɔ²¹tʃʵuŋ²¹ 臭虫
放屁虫 faŋ⁵⁵pʰi⁵⁵tʃʵuŋ²¹
打灯蛾儿 ta⁵²təŋ²¹ŋə:²¹
蛾儿 ŋə:²¹
蝴蝶 χu²⁴ti²¹
蜻蜓 tɕiŋ²¹tʰiŋ²¹

(四) 鱼虾类

鱼儿 y:²¹
鲤鱼 li⁵²y²¹
鲫鱼 tɕi²¹y²⁴
草鱼 tsʰɔ⁵²y²⁴
黄鱼 χuaŋ²⁴y²⁴
带鱼 tɛ⁵⁵y²¹
金鱼 tɕiŋ²¹y²¹
麻怪鱼 ma²⁴kuɛ⁵⁵y²¹
黑鱼 χei²¹y²¹
鱿鱼 iəu²⁴y²¹
胖头鱼 pʰaŋ⁵⁵tʰəu²⁴y²¹
泥鳅 ɲi²⁴tɕʰiəu²¹
娃娃鱼 va²⁴va²¹y²¹
鱼鳞 y²¹liŋ²⁴
鱼签 y²¹tɕʰiæ²¹ 鱼刺
鱼泡 y²¹pʰɔ⁵⁵
鱼尾巴 y²¹i⁵²pʰa²¹
鱼鳃 y²¹sɛ²¹

鱼卵 y²¹luæ̃⁵²
鱼苗儿 y²¹miɔ:²⁴
钓鱼 tiɔ⁵⁵y²¹
钓鱼竿竿儿 tiɔ⁵⁵y²¹kæ²¹kæ:²¹
钓鱼钩儿 tiɔ⁵⁵y²¹kə:u²¹
渔网 y²¹vaŋ⁵²
虾 ɕia²⁴
(鲜) 虾仁儿 ɕia²⁴zə:ŋ²¹
(干) 虾米 ɕia²⁴mi⁵²
龟 kuei²¹
鳖 piɛ²¹
  王八 vaŋ²⁴pa²¹
螃蟹 pʰaŋ²⁴ɕiɛ²¹
蟹黄 ɕiɛ⁵⁵χuaŋ²⁴
青蛙 ɕiŋ²¹va²⁴
□□□ iɔ⁵²iɔ²¹ʂə²⁴sʅ²¹ 蝌蚪
癞蛤蟆 lɛ⁵⁵χə²⁴ma²¹ 新
  瘌子 tɕʰyɛ²⁴tsʅ²¹ 老
水蛙 ʃʷuei²¹va²⁴
螺蛳 luə²⁴sʅ²¹

七 房舍

(一) 房子

盖房子 kɛ⁵⁵faŋ²⁴tsʅ²¹
  盖房 kɛ⁵⁵faŋ²⁴
(整座) 房子 faŋ²⁴tsʅ²¹
庄基 tʃʷuaŋ²¹tɕi²¹
庄廊 tʃʷuaŋ²¹kʰuə²⁴
院儿 yæ̃:⁵⁵
  院子 yæ̃⁵⁵tsʅ²¹
院墙 yæ̃⁵⁵tɕʰiaŋ²¹

(单间) 屋子 vu²¹tsʅ²⁴
外间 vɛ⁵⁵tɕiæ̃²¹
里间 li⁵²tɕiæ̃²¹
上房 ʂaŋ⁵⁵faŋ²¹
  主房 tʃʷu⁵²faŋ²⁴
斜房 ɕyɛ²⁴faŋ²¹
  偏房 pʰiæ̃²¹faŋ²⁴
马安胛房 ma⁵²ŋæ̃²¹tɕia⁵⁵faŋ²⁴
偏厦房 pʰiæ̃²¹sa²¹faŋ²⁴
客厅 kʰə²¹tʰiŋ²¹

卧室 və^{55}ʂʅ^{21}

耳房子 ɔɻ^{52}faŋ^{24}tsʅ^{24}

   窝阁 və^{21}kə^{21}

平房 pʰiŋ^{24}faŋ^{24}

楼房 lu^{24}faŋ^{24}

土房 tʰu^{52}faŋ^{24}

洋房 iaŋ^{24}faŋ^{24} 旧指新式楼房

一砖到顶 i^{55}tʃʵuæ̃^{21}tɔ^{55}tiŋ^{52}

楼上 lu^{24}ʂaŋ^{55}

楼下 lu^{24}χa^{55}

楼道儿 lu^{24}tɔ:^{24}

楼梯 lu^{24}tʰi^{21}

梯子 tʰi^{21}tsʅ^{24}

阳台 iaŋ^{24}tʰɛ^{24}

   凉台 liaŋ^{24}tʰɛ^{24}

茅草房 mɔ^{24}tsʰɔ^{52}faŋ^{21} 草搭起的房子

暗房 ŋæ^{21}faŋ^{21} 临时搭建看果园田地的小房子

积子 tɕi^{21}tsʅ^{24} 压成用来砌墙的土坯子

砖坯子 tʃʵuæ̃^{21}pʰei^{21}tsʅ^{24}

（二）房屋结构

房脊 faŋ^{24}ɕi^{21}

房顶 faŋ^{24}tiŋ^{52}

房檐儿 faŋ^{24}iæ̃:^{24}

檩子 liŋ^{52}tsʅ^{21}

梁 liaŋ^{24}

椽儿 tʃʵuæ̃:^{24}

柱子 tʃʵu^{55}tsʅ^{21}

柱□石 tʃʵu^{55}tei^{21}ʂʅ^{21} 柱下石

台阶儿 tʰɛ^{24}tɕiɛ:^{21}

天花板 tʰiæ̃^{21}χua^{21}pæ̃^{52}

   顶棚 tiŋ^{52}pʰəŋ^{24}

正门 tʂəŋ^{55}məŋ^{21}

后门 χəu^{55}məŋ^{21}

边门儿 piæ̃^{21}mə:ŋ^{24}

门杠 məŋ^{24}kʰaŋ^{21} 门槛

门背后 məŋ^{24}pei^{55}χəu^{21}

门弹 məŋ^{24}tæ̃^{55} 门栓

顶门弹 tiŋ^{52}məŋ^{24}tæ̃^{55}

门环 məŋ^{24}χuæ̃^{21}

门扇 məŋ^{24}ʂæ̃^{55}

门帘子 məŋ^{24}liæ̃^{24}tsʅ^{21}

竹门帘子 tʃʵu^{21}məŋ^{24}liæ̃^{24}tsʅ^{21}

门转 məŋ^{24}tʃʵuæ̃^{52}

□地 tɕʰyɛ^{24}tʰi^{21} 房屋里的地板

锁子 ʃʵua^{52}tsʅ^{21}

钥匙 yɛ^{21}sʅ^{24}

窗子 tʃʰʵuaŋ^{21}tsʅ^{24}

窗台 tʃʰʵuaŋ^{21}tʰɛ^{24}

窗纱 tʃʰʵuaŋ^{21}sa^{21}

窗框子 tʃʰʵuaŋ^{21}kʰaŋ^{21}tsʅ^{24}

走廊 tsəu^{52}laŋ^{24}

过道 kuə^{55}tʰɔ^{55}

楼道 ləu^{24}tɔ^{55}

楼板 ləu^{24}pæ̃^{21}

（三）其他设施

厨房 tʃʰʵu^{24}faŋ^{52}

   灶房 tsɔ^{55}faŋ^{24}

灶 tsɔ^{55}

   灶头 tsɔ^{55}tʰəu^{21}

   灶台 tsɔ^{55}tʰɛ^{21}

茅子 mɔ^{24}tsʅ^{21}

后头 χəu^{55}tʰəu^{24}

厕所 tsʰɛ^{21}ʃʵuə^{52} 新

茅坑 mɔ²⁴kʰəŋ²¹
磨房 mə⁵⁵faŋ²¹
马棚 ma⁵²pʰəŋ²⁴
狗窝 kəu⁵²və²¹

牛圈 niəu²⁴tɕʰyæ̃⁵⁵
猪圈 tʃᵛu²¹tɕʰyæ̃⁵⁵
鸡窝 tɕi²¹və²¹
猪槽 tʃᵛu²¹tsʰɔ²⁴

八　器具、用品

（一）一般家具

家具 tɕia²¹tɕy⁵⁵
柜柜儿 kʰuei⁵⁵kʰue:i²⁴
　柜子 kʰuei⁵⁵tsʅ²¹
大衣柜 ta⁵⁵i²¹kʰuei⁵⁵
组合柜 tʃᵛu⁵²χə²⁴kʰuei⁵⁵
高低柜 kɔ²¹ti²¹kʰuei⁵⁵
五斗橱 vu²⁴təu⁵²tʃʰu²⁴
碗柜 væ̃⁵²kʰuei⁵⁵
电视柜 tiæ̃⁵⁵sʅ⁵⁵kʰuei⁵⁵
床头柜 tʃʰᵛuaŋ²⁴tʰəu²⁴kʰuei⁵⁵
面柜 miæ̃⁵⁵kʰuei⁵⁵
桌子 tʃᵛuə²¹tsʅ²⁴
　桌桌儿 tʃᵛuə²¹tʃᵛuə:²¹
方桌 faŋ²¹tʃᵛuə²¹
圆桌 yæ̃²⁴tʃᵛuə²¹
卷桌 tɕyæ̃⁵²tʃᵛuə²¹
团桌 tʰuæ̃²⁴tʃᵛuə²¹
办公桌 pæ̃⁵⁵kuŋ²¹tʃᵛuə²¹
吃饭桌 tsʅ²¹fæ̃⁵⁵tʃᵛuə²¹
写字台 ɕiɛ⁵²tsʅ⁵⁵tʰɛ²⁴
茶几 tsʰa²⁴tɕi²¹
桌布 tʃᵛuə²¹pu⁵⁵tsʅ²¹
抽匣 tʂʰəu²¹ɕia²⁴
　抽屉 tʂʰəu²¹tʰi²¹

椅子 i⁵²tsʅ²¹
躺椅 tʰaŋ²¹i²¹
椅子背背 i⁵²tsʅ²¹pei⁵⁵pei²¹
　椅子靠背 i⁵²tsʅ²¹kʰɔ⁵⁵pei⁵⁵
板凳 pæ̃⁵²təu²⁴
碎板凳 ʃuei⁵⁵pæ̃⁵²təu²⁴
圆凳子 yæ̃²⁴təŋ⁵⁵tsʅ²¹
方凳子 faŋ²¹təŋ⁵⁵tsʅ²¹
马扎子 ma⁵²tsa²⁴tsʅ²¹

（二）卧室用品

床 tʃʰᵛuaŋ²⁴
双人床 ʃᵛuaŋ²¹zəŋ²⁴tʃʰᵛuaŋ²⁴
单人床 tæ̃²¹zəŋ²⁴tʃʰᵛuaŋ²⁴
床头 tʃʰᵛuaŋ²⁴tʰəu²¹
床垫子 tʃʰᵛuaŋ²⁴tʰiæ̃⁵⁵tsʅ²¹
炕 kʰaŋ⁵⁵
炕棱 kʰaŋ⁵⁵ləŋ²¹
炕棱边子 kʰaŋ⁵⁵ləŋ²¹piæ̃²¹tsʅ²⁴
　炕棱边哩 kʰaŋ⁵⁵ləŋ²¹piæ̃²¹li²⁴
床板 tʃᵛʰuaŋ²⁴pæ̃²¹ 炕边上的木板，用来
　放柜子
炕柜 kʰaŋ⁵⁵kʰuei⁵⁵
炕仡佬 kʰaŋ⁵⁵kə²¹lɔ²¹ 炕的犄角旮旯
炕帘子 kʰaŋ⁵⁵liæ̃²¹tsʅ²¹ 炕边的帘子

蚊帐 vəŋ²⁴tʂaŋ⁵⁵
炕围子 kʰaŋ⁵⁵vei²⁴tsʅ²¹ 炕墙上围的布
　墙围子 tɕʰiaŋ²⁴vei²⁴tsʅ²¹
炕眼 kʰaŋ⁵⁵ɲiæ̃²¹ 烧炕的洞儿
焰炕 iæ̃⁵⁵kʰaŋ⁵⁵ 点炕
填炕 tiæ̃²⁴kʰaŋ⁵⁵ 烧炕
埋炕 mɛ²⁴kʰaŋ⁵⁵ 炕烧得太旺将火压一压
炕烙哩 kʰaŋ⁵⁵luə²¹li²⁴ 炕烧得太热了，烫
炕温的 kʰaŋ⁵⁵vəŋ²¹tɛ²⁴ 炕烧的不热
扫炕笤帚 so⁵²kʰaŋ⁵⁵tʰiɔ²⁴tʃʰᵛu²¹
炕胚子 kʰaŋ⁵⁵pʰei²¹tsʅ²⁴ 炕胚模子
炕面子 kʰaŋ⁵⁵miæ̃⁵⁵tsʅ²¹
盘炕 pʰæ̃²⁴kʰaŋ⁵⁵
　打炕 ta²¹kʰaŋ⁵⁵
火炕 χuə⁵²kʰaŋ⁵⁵ 炕的一种类型
盘火炕 pʰæ̃²⁴χuə⁵²kʰaŋ⁵⁵
铺炕 pʰu²¹kʰaŋ⁵⁵
　暖炕 nuæ̃⁵²kʰaŋ⁵⁵
上炕 ʂaŋ⁵⁵kʰaŋ⁵⁵
毡 tʂæ̃²¹
席天 ɕi²⁴tʰiæ̃²¹ 竹条编的席子
尿炕 ɲiɔ⁵⁵kʰaŋ⁵⁵ 旧
　尿床 ɲiɔ⁵⁵tʃʰᵛuaŋ²⁴ 新
铺盖 pu²¹kɛ⁵⁵
　被褥 pi⁵⁵ʒᵛu²¹
被儿 pi:⁵⁵
棉花被 miæ̃²⁴χua²⁴pi⁵⁵
丝绵被 sʅ²¹miæ̃²⁴pi⁵⁵
被面儿 pi⁵⁵miæ̃:²⁴
　被面子 pi⁵⁵miæ̃²¹tsʅ²¹
被当头 pi⁵⁵taŋ⁵⁵tʰəu²¹ 被头
被里子 pi⁵⁵li⁵²tsʅ²¹
被套儿 pi⁵⁵tʰɔ:⁵⁵
褥子 ʒᵛu²¹tsʅ²⁴

凉席 liaŋ²⁴ɕi²⁴
草席 tsʰɔ⁵²ɕi²⁴
竹席子 tʃᵛu²¹ɕi²⁴tsʅ²¹
枕头 tʂəŋ²¹tʰəu²⁴
枕套 tʂəŋ²¹tʰɔ⁵⁵
枕头心心 tʂəŋ²¹tʰəu²⁴ɕiŋ²¹ɕiŋ²¹
毛毯 mɔ²⁴tʰæ̃⁵²
　毯子 tʰæ̃⁵²tsʅ²¹
单子 tæ̃²¹tsʅ²¹
　床单 tʃʰᵛuan²⁴tæ̃²¹
梳妆台 ʃᵛu²¹tʃᵛuan²¹tʰɛ²⁴
镜儿 tɕi:ŋ⁵⁵
　镜子 tɕiŋ⁵⁵tsʅ²¹
手提箱 ʂəu⁵²tʰi²⁴ɕiaŋ⁵⁵
衣架子 i²¹tɕia⁵⁵tsʅ²¹
　衣裳架子 i²¹ʂaŋ²⁴tɕia⁵⁵tsʅ²¹
晾衣架 liaŋ⁵⁵i²¹tɕia⁵⁵
马桶 ma⁵²tʰuŋ⁵²
抽水马桶 tʂʰəu²¹ʃᵛuei⁵²ma⁵²tʰuŋ⁵²
尿盆 ɲiɔ⁵⁵pʰəŋ²¹
　尿壶 ɲiɔ⁵⁵χu²¹
火盆儿 χuə⁵²pʰə:ŋ²⁴
暖水壶 nuæ̃⁵²ʃᵛuei⁵²χu²⁴ 盛热水后放到
　被中取暖
暖壶 nuæ̃⁵²χu²⁴
电壶 tiæ̃⁵⁵χu²⁴
　暖水瓶 nuæ̃⁵²ʃᵛuei⁵²pʰiŋ²¹
烧水壶 ʂɔ²¹ʃᵛuei⁵²χu²⁴
　壶儿 χu:²⁴
电壶盖盖儿 tiæ̃⁵⁵χu²⁴kɛ⁵⁵kɛ:²⁴
出水 tʃʰᵛu²¹ʃᵛuei⁵² 灌热水
　灌水 kuæ̃⁵⁵ʃᵛuei⁵²
水□了 ʃᵛuei⁵²ŋæ̃²⁴lə²¹ 水开了
烙铁 luə²¹tʰiɛ²¹ 老

熨斗 yŋ⁵⁵təu²¹
电熨斗 tiæ̃⁵⁵yŋ⁵⁵təu²¹

(三) 炊事用具

风箱 fəŋ²¹ɕiaŋ²¹
鼓风机 ku⁵²fəŋ²¹tɕi²¹
烟筒眼儿 iæ̃²¹tʰuŋ²⁴ȵiæ̃:²¹ 烟囱
火钳子 χuə⁵²tɕʰiæ̃²⁴tsɿ²¹
火锄 χuə⁵²tʃʰu²⁴
火夹子 χuə⁵²tɕia²⁴tsɿ²¹
铲铲儿 tsʰæ̃⁵²tsʰæ̃:²⁴ 铲炉灰的铲儿
除灰 tʃʰu²⁴χuei²¹ 把炉子里的灰铲出来
柴火 tsʰɛ²⁴χuə²¹
麦秆儿 mei⁵²kæ̃:²⁴
高粱秆儿 kɔ⁵²liaŋ²⁴kæ̃:⁵²
锯末 tɕy⁵⁵mə²¹
刨花 pʰɔ⁵⁵χua²¹
洋火 iaŋ²⁴χuə⁵² 老
　火柴 χuə⁵²tsʰɛ²⁴ 新
锅 kuə²¹
铝锅 ȵy⁵²kuə²¹
铁锅 tʰie²¹kuə²¹
砂锅 sa²¹kuə²¹
大锅 ta⁵⁵kuə²¹
碎锅 ʃʷuei⁵⁵kuə²¹
鏊锅 ŋɔ⁵⁵kuə²¹ 烙饼子的平底锅
钢精锅 kaŋ²⁴tɕiŋ²⁴kuə²¹
蒸锅 tʂəŋ²¹kuə²¹
炒锅 tsʰɔ⁵²kuə²¹
铁马勺 tʰie²¹ma⁵²tʂʰə²⁴ 单把的炒锅
奶锅 nɛ⁵²kuə²¹
　奶锅锅儿 nɛ⁵²kuə²¹kuə²¹
案子 ŋæ̃⁵⁵tsɿ²¹ 案板

平底锅 pʰiŋ²⁴ti⁵²kuə²¹
砂條 sa²¹tʰiɔ⁵² 煎药的砂锅
　药砂條 yɛ²¹sa²¹tʰiɔ⁵²
笼窗 luŋ²⁴tʃʰuaŋ²¹ 蒸笼，一~馍
蒸巴 tsəŋ⁵⁵pa²¹
铲铲儿 tsʰæ̃⁵²tsʰæ̃:²⁴ 炒菜的铲子
勺儿 ʂə:²⁴
　勺勺儿 ʂə²⁴ʂə:²¹
碎勺勺儿 ʃʷuei⁵⁵ʂə²⁴ʂə:²¹ 汤勺
铁勺勺儿 tʰie²¹ʂə²⁴ʂə:²¹
石头勺勺儿 ʂʅ²⁴tʰəu²¹ʂə²⁴ʂə:²¹ 瓷汤勺
锅边边儿 kuə²¹piæ̃²¹piæ̃:²¹
锅盖儿 kuə²¹kɛ:⁵⁵
锅盖盖儿 kuə²¹ kɛ⁵⁵kɛ:²⁴
锅耳子 kuə²¹ɔʅ²⁴tsɿ²¹
锅刷刷儿 kuə²¹ʃʷua²¹ʃʷua:²¹
叉子 tsʰa²¹tsɿ²⁴
炉子 lu²⁴tsɿ²¹
蜂窝煤炉子 fəŋ²⁴və²¹mei²⁴lu²⁴tsɿ²¹
火炉儿 χuə⁵²lu:²⁴
火凿子 χuə²¹tsɔ²⁴tsɿ²¹
炭儿 tʰæ̃:⁵⁵
□火 luŋ²⁴χuə²¹ 生火
碗 væ̃⁵² 总称
洋瓷碗 iaŋ²⁴tsʰʅ²⁴væ̃⁵²
土巴子碗 tʰu⁵²pa²¹tsɿ²⁴væ̃⁵² 烧得较粗的碗
馒馒儿 mæ̃²¹mæ̃:²¹
　木头碗 mu²¹tʰəu²⁴væ̃⁵²
塑料碗 ʃʷu⁵⁵liɔ⁵⁵væ̃⁵²
茶碗 tsʰa²⁴væ̃⁵²
盖碗 kɛ⁵⁵væ̃⁵²
茶罐儿 tsʰa²⁴kuæ̃:⁵⁵
茶盅儿 tsʰa²⁴tʃʰu:ŋ²¹

汤碗 tʰaŋ²¹væ⁵²
碟碟儿 tʰiɛ²⁴tʰiɛ:²¹
酒盅儿 tɕiəu²¹tʃʵuŋ:²⁴
酒壶 tɕiəu²¹χu²¹
盘子 pʰæ̃²⁴tsʅ²¹
　　盘盘儿 pʰæ̃²⁴pʰæ̃:²¹
坛坛儿 tʰæ²⁴tʰæ:²¹
酒坛坛儿 tɕiəu²¹tʰæ²⁴tʰæ:²¹
罐罐儿 kuæ⁵⁵kuæ:²⁴
缸缸儿 χaŋ²⁴χa:ŋ²¹ 缸
马勺 ma⁵²ʂə²⁴ 舀水的瓢
筷子 kʰuɛ⁵⁵tsʅ²¹
筷子罐儿 kʰuɛ⁵⁵tsʅ²¹kuæ:²¹
箩儿 luə:²¹
筛筛儿 sɛ²¹sɛ:²⁴
瓶瓶儿 pʰiŋ²⁴pʰi:ŋ²¹
瓶瓶盖盖儿 pʰiŋ²⁴pʰiŋ²¹kɛ⁵⁵kɛ:²⁴
瓶瓶塞塞儿 pʰiŋ²⁴pʰiŋ²¹sɛ²¹sɛ:²¹
擦子 tsʰa²¹tsʅ²⁴ 把萝卜擦成丝的用具
案子 ŋæ̃⁵⁵tsʅ²¹
　　案板 ŋæ̃⁵⁵pæ̃²¹
切刀 tɕʰiɛ²¹tɔ²⁴ 菜刀
砍刀 kʰæ̃⁵²tɔ²¹
桶桶儿 tʰuŋ⁵²tʰu:ŋ²⁴
　　下井儿 ɕia⁵⁵tɕi:ŋ²¹ 老
　　桶子 tʰuŋ⁵²tsʅ²¹
铁桶桶儿 tʰiɛ²¹tʰuŋ⁵²tʰu:ŋ²⁴
塑料桶桶儿 ʃʵu⁵⁵liɔ⁵⁵tʰuŋ⁵²tʰu:ŋ²⁴
缸 kaŋ²¹
面缸 miæ̃⁵⁵kaŋ²¹
米缸 mi⁵²kaŋ²¹
水缸 ʃʵuei⁵²kaŋ²¹
恶水 ŋ²¹ʃʵuei²¹ 泔水
恶水桶 ŋə²¹ʃʵuei²¹tʰuŋ⁵²

抹布 ma²¹pu⁵⁵
铁抹布 tʰiɛ²¹ma²¹pu⁵⁵ 钢丝球
拖把 tʰuə²¹pa²¹
盆盆儿 pʰəŋ²⁴pʰə:ŋ²¹
面盆 miæ̃⁵⁵pʰəŋ²¹
脸盆 ȵiæ̃⁵²pʰəŋ²¹
　　洗脸盆 ɕi⁵²ȵiæ̃⁵²pʰəŋ²¹
洋瓷盆 iaŋ²⁴tsʰʅ²⁴pʰəŋ²¹
塑料盆 ʃʵu⁵⁵liɔ⁵⁵pʰəŋ²¹
大盆 ta⁵⁵pʰəŋ²⁴
洗衣盆 ɕi⁵²i²¹pʰəŋ²⁴
洗澡盆 ɕi⁵²tsɔ⁵²pʰəŋ²¹
洗脚盆 ɕi⁵²tɕyɛ²¹pʰəŋ²¹ 洗脚用
蒜婆 ʃʵuæ̃⁵⁵pʰə²¹ 捣蒜的器皿
蒜把 ʃʵuæ̃⁵⁵pa⁵² 蒜杵
踏窝 tʰa²⁴və²¹ 捣辣椒的窝窝
踏 tʰa²⁴ 捣，~ 蒜
墩墩儿 tuŋ²¹tu:ŋ²¹ 剁肉的木墩

（四）工匠用具

推刨 tʰuei²¹pʰɔ⁵² 刨子
斧头 fu⁵²tʰəu²⁴
　　斧子 fu⁵²tsʅ²¹
锯儿 tɕy:⁵⁵
钢锯儿 kaŋ²¹tɕy:⁵⁵ 小的钢条锯
电锯 tiæ̃⁵⁵tɕy⁵⁵
凿子 tsɔ²⁴tsʅ²¹
锉子 tʃʰʵuə²⁴tsʅ²¹
卷尺 tɕyæ̃⁵²tʂʰʅ²¹
曲尺 tɕy²¹tʂʰʅ²¹
墨斗 mei²⁴təu²¹
墨斗线 mei²⁴təu²¹ɕiæ̃⁵⁵
钉子 tiŋ²¹tsʅ²¹

钉钉儿 tiŋ²¹ti:ŋ²¹
钳子 tɕʰiæ²⁴tsʅ²¹ 总称
老虎钳子 lɔ²¹χu²¹tɕʰiæ²⁴tsʅ²¹
尖嘴钳子 tɕiæ²¹tʃʵuei²¹tɕʰiæ²⁴tsʅ²¹
镊子 ȵiɛ²¹tsʅ²⁴
锤锤儿 tʃʰʵuei²¹tʃʰʵue:i²¹
　掌锤儿 tʂaŋ⁵²tʃʰʵue:i²¹
铁锤 tʰiɛ²¹tʃʰʵuei²⁴
起子 tɕʰi⁵²tsʅ²¹
绳子 ʂəŋ²⁴tsʅ²¹
　绳绳儿 ʂəŋ²⁴ʂəŋ:²¹
合页 χə²⁴iɛ²¹
瓦刀 va⁵⁵tɔ²¹
泥□ ȵi⁵⁵bi²¹ 抹子
□□ miŋ⁵²sʅ²⁴ 小型的抹子
灰板儿 χuei²¹pæ:²¹ 瓦工用来盛抹墙物
　的木板
麻包 ma²⁴pɔ²¹ 麻袋
灰斗子 χuei²¹təu²¹tsʅ²¹
錾子 tsʰæ⁵⁵tsʅ²¹
剃头刀儿 tʰi⁵⁵tʰəu²⁴tɔ:²⁴
　推子 tʰuei²¹tsʅ²¹
绞头剪子 tɕiɔ⁵¹tʰəu²⁴tɕiæ⁵²tsʅ²¹
梳子 ʃʵu²¹tsʅ²⁴
鐾刀 pi⁵⁵tɔ²¹ 动宾
磨刀石 mə²⁴tɔ²¹sʅ²⁴
鐾刀布 pi⁵⁵tɔ²¹pu⁵⁵
理发椅 li⁵²fa²¹i⁵²
缝纫机 fəŋ²⁴zəŋ⁵⁵tɕi²¹
剪子 tɕiæ⁵²tsʅ²¹
尺子 tsʅ²¹tsʅ²¹
熨斗 yŋ⁵⁵təu²¹
烙铁 luə²¹tʰiɛ²¹
弓 kuŋ²¹ 弹棉花用

纺车 faŋ⁵²tʂə²¹
织布机 tsʅ²¹pu⁵⁵tɕi²¹
梭子 ʃʵuə²¹tsʅ²⁴
纺锤 faŋ⁵²tʃʰʵuei²⁴

（五）其他生活用品

东西 tuŋ²¹tɕi²⁴
　物件 və²¹tɕʰiæ⁵⁵
洗脸水 ɕi⁵²ȵiæ⁵²ʃʵuei⁵²
脸盆架子 ȵiæ⁵²pʰəŋ²¹tɕia⁵⁵tsʅ²¹
香皂 ɕiaŋ²¹tsɔ⁵⁵
洋碱 iaŋ²¹tɕiæ⁵²
　胰子 i⁵⁵tsʅ²¹ 老
肥皂 fei²⁴tsɔ⁵⁵
肥皂粉 fei²⁴tsɔ⁵⁵fəŋ⁵² 老
　洗衣粉 ɕi⁵²i²¹fəŋ⁵² 新
手巾 ʂəu⁵²tɕiŋ²⁴ 老
　毛巾 mɔ²⁴tɕiŋ²¹ 新
洗脸手巾 ɕi⁵²ȵiæ⁵²ʂəu⁵²tɕiŋ²⁴
擦脚布 tsʰa²¹tɕyɛ²¹pu⁵⁵ 老
　擦脚毛巾 tsʰa²¹tɕyɛ²¹mɔ²⁴tɕiŋ²¹ 新
蜡儿 la:²¹ 蜡烛
煤油灯盏 mei²⁴iəu²⁴təŋ²¹tsæ²⁴ 有玻璃
　罩的
灯芯儿 təŋ²¹ɕi:ŋ²¹
灯罩 təŋ²¹tsɔ⁵⁵
灯盏 təŋ²¹tsæ²⁴
清油灯盏 tɕʰiŋ²¹iəu²⁴təŋ²¹tsæ²⁴
灯草 təŋ²¹tsʰɔ²¹
灯油 təŋ²¹iəu²⁴
灯笼 təŋ²¹ləu²¹
手提包 ʂəu⁵²tʰi²⁴pɔ²¹
背包 pei⁵⁵pɔ²¹

钱包 tɕʰiæ²⁴pɔ²⁴
章子 tʂaŋ²¹tsʅ²⁴ 私人用的图章
望远镜 vaŋ⁵⁵yæ⁵²tɕiŋ⁵⁵
放大镜 faŋ⁵⁵ta⁵²tɕiŋ⁵⁵
浆糊 tɕiaŋ⁵⁵χu²¹
针线 tʂəŋ²¹ɕiæ⁵⁵
顶针儿 tiŋ⁵²tʂə:ŋ²⁴
线桄桄儿 ɕiæ⁵⁵kuaŋ⁵⁵kuaŋ²⁴
一桄线 i²¹kuaŋ⁵⁵ɕiæ⁵⁵
线疙瘩 ɕiæ⁵⁵kə²¹ta²¹ 缠成的线团
针鼻瓜 tʂəŋ²¹pʰi²⁴kua²¹ 针上引线的孔
针尖尖儿 tʂəŋ²¹tɕiæ²¹tɕiæ:²¹
针脚 tʂəŋ²¹tɕyɛ²¹
穿针 tʃʰʋuæ²¹tʂəŋ²¹ 动宾
锥子 tʃʋuei²¹tsʅ²⁴
改锥 kɛ⁵²tʃʋuei²⁴ 很细小的锥子

挖耳子 va²¹ɔɿ²¹tsʅ²¹
搓板子 tʃʰʋuə²¹pæ²¹tsʅ²¹
　搓板 tʃʰʋuə²¹pæ²¹
　洗衣裳板儿 ɕi⁵²i²⁴ʂaŋ²⁴pæ:²¹
棒槌 paŋ⁵⁵tʃʰʋuei²¹ 洗衣服用的
摆设 pɛ⁵²ʂə²¹
鸡毛掸子 tɕi²¹mɔ²⁴tæ⁵²tsʅ²¹
扇子 ʂæ⁵⁵tsʅ²¹
蒲扇 pʰu²¹ʂæ⁵⁵
拐拐 kuɛ⁵²kuɛ²¹ 中式的
　拐棍 kuɛ⁵²kuŋ⁵⁵
拐杖 kuɛ⁵²tʂaŋ⁵⁵ 西式的
揩屁眼的纸 kʰɛ²¹pʰi⁵⁵n̡iæ²¹tɛ²¹tsʅ⁵²
　揩屁眼纸纸儿 kʰɛ²¹pʰi⁵⁵n̡iæ²¹tsʅ⁵²tsʅ:²⁴
卫生纸 vei⁵⁵səŋ²¹tsʅ⁵²

九　称谓

（一）

男的 næ²⁴tɛ²¹
　男人 næ²⁴zəŋ²¹
妇人 fu⁵⁵zəŋ²¹
　女的 n̡y⁵²tɛ²¹
　女人 n̡y⁵²zəŋ²⁴
　婆娘 pə²⁴niaŋ²¹ 贬义
月娃 yɛ²¹va²¹ 婴儿
　月娃子 yɛ²¹va²⁴tsʅ²¹
　奶憨 nɛ⁵²χæ²¹
碎娃娃儿 ʃʋuei⁵⁵va²¹va:²¹
　小孩儿 ɕiɔ⁵²χɛ:²¹ 新
儿子娃 ɔɿ²⁴tsʅ²¹va²¹ 男孩儿

儿子 ɔɿ²⁴tsʅ²¹
　男娃娃儿 næ²⁴va²¹va:²¹
女子 n̡y⁵²tsʅ²¹
　女子娃 n̡y⁵²tsʅ²¹va²¹
老汉家 lɔ⁵²χæ²¹tɕia²¹ 老人家，不分男女
　老汉 lɔ⁵²χæ²¹
　老阿家 laŋ⁵²tɕia²¹
老汉 lɔ⁵²χæ²¹ 老头子
老阿婆 laŋ⁵²pʰə²⁴
少年 ʂɔ⁵⁵niæ²¹
　小伙子 ɕiɔ²¹χuə⁵²tsʅ²¹ 新
　城里人 tʂʰəŋ²⁴li²¹zəŋ²¹
　街上人 kɛ²¹ʂaŋ⁵⁵zəŋ²¹
乡棒 ɕiaŋ²¹pʰaŋ⁵⁵ 带贬义

土包子 tʰu⁵²pɔ²¹tsʅ²⁴
乡里人 ɕiaŋ²¹li²⁴zəŋ²¹
一家子 i⁵⁵tɕia²¹tsʅ²⁴ 同宗同姓的人
外面人 vɛ⁵⁵miæ̃²¹zəŋ²¹
 外地人 vɛ⁵⁵ti²¹zəŋ²¹
老外 lɔ⁵² vɛ⁵⁵
 外国人 vɛ⁵⁵kuei²¹zəŋ²¹
个家人 kə²¹tɕia²¹zəŋ²¹
 自己人 tsʰʅ⁵⁵tɕi²¹zəŋ²¹
外人 vɛ⁵⁵zəŋ²¹ 不是自己人
客 kʰɛ²¹
 客人 kʰɛ²¹zəŋ²¹
同岁 tʰuŋ²⁴ʃᵛuei²¹ 同庚
行家 χaŋ²⁴tɕia²¹
外行 vɛ⁵⁵χaŋ²⁴
半瓶子水 pæ̃²¹pʰiŋ²⁴tsʅ²¹ʃᵛuei⁵²
光棍儿 kuaŋ²¹ku:ŋ⁵⁵
老女子 lɔ²¹ȵy⁵²tsʅ²¹ 老姑娘
童养媳 tʰuŋ²⁴iaŋ⁵²ɕi²¹
二婚 ɚ⁵⁵χuŋ²¹
婊子 piɔ⁵²tsʅ²¹
 破鞋 pʰə⁵⁵χɛ²⁴
野男人/女人 iɛ⁵²næ̃²⁴zəŋ²¹/nv⁵²zəŋ²¹ 姘头
私娃 sʅ²¹va²⁴ 私生子
犯人 fæ̃⁵⁵zəŋ²¹
 劳改犯 lɔ²⁴kɛ⁵²fæ̃⁵⁵
暴发户 pɔ⁵⁵fa²¹χu²¹
细死猫 ɕi⁵⁵sʅ⁵²mɔ²¹ 吝啬鬼
 私心鬼 sʅ²¹ɕiŋ²¹kuei⁵²
 铁公鸡 tʰiɛ²¹kuŋ²¹tɕi²¹
败家子 pʰɛ⁵⁵tɕia²¹tsʅ²¹
要着吃的 iɔ⁵⁵tʂɔ²¹tʂʰʅ²¹dɛ²¹ 乞丐
 要馍馍 iɔ⁵⁵mə²⁴mə²¹dɛ²¹

混江湖的 χuŋ⁵⁵tɕiaŋ²¹χu²⁴dɛ²¹
骗子 piæ̃⁵⁵tsʅ²¹
土匪 tʰu²¹fei⁵²
抢贼 tɕʰiaŋ⁵²tsʰei²⁴ 强盗
贼娃子 tsʰei²⁴va²¹tsʅ²¹
 三只手 sæ̃²¹tʂʅ²⁴ʂou⁵²
 贼 tsʰei²⁴
窑婆 iɔ²⁴pə²¹ 很花哨的女人
扭头妖精 niəu⁵²tʰəu²⁴iɔ²¹tɕiŋ²¹ 指女人
豪女子 χɔ²⁴ȵy⁵²tsʅ²¹ 爱打扮的女子
二流子 ɚ⁵⁵liəu⁵⁵tsʅ²¹
二杆子 ɚ⁵⁵kæ̃²¹tsʅ²¹
二货 ɚ⁵⁵χuə⁵⁵
二球 ɚ⁵⁵tɕʰiəu²⁴
二百五 ɚ⁵⁵pɛ²¹vu⁵²
二气 ɚ⁵⁵tɕʰi⁵⁵
死嘴溜 sʅ²¹tʃᵛuei²¹liəu⁵⁵ 贫嘴的人
犟板筋 tɕʰiaŋ⁵⁵pæ̃⁵²tɕiŋ²¹ 脾气很倔强的人
犟怂 tɕʰiaŋ⁵⁵ʃᵛuŋ²⁴ 贬义
骗子手 pʰiæ̃⁵⁵tsʅ²¹ʂou⁵²
脓包 nuŋ²⁴pɔ²¹ 无用的人
街溜子 kɛ²¹liəu⁵⁵tsʅ²¹
 街痞 kɛ²¹pʰi²⁴
蔫驴 ȵiæ̃²¹ȵy²⁴ 性格内向的人
滑头 χua²⁴təu²¹ 奸猾的人
瞎眼鬼 χa²¹ȵiæ̃²¹kuei⁵² 做事马虎的人
糊涂虫 χu²⁴tʰu²¹tʃʰᵛuŋ²¹
谝瓜子 pʰiæ̃⁵²kua²¹tsʅ²⁴ 好自吹自擂的人
受气包 ʂou⁵⁵tɕi⁵⁵pɔ²⁴
实诚人 ʂʅ²⁴tʂʰəŋ²¹zəŋ²¹ 实在人
楞争子 ləŋ²¹tsəŋ²⁴tsʅ²¹ 愣头愣脑的人
瓜蛋子 kua²¹tæ̃⁵⁵tsʅ²¹
粗人 tʃʰᵛu²¹zəŋ²¹

细人 tɕi⁵⁵zən²¹ 办事细心认真的人
慌慌 χuaŋ⁵²χuaŋ²¹ 办事不认真的人
见面熟 tɕiæ⁵⁵miæ⁵⁵ʃʼu²¹ 见了生人、熟
　　人就能搭话的人
□□儿 tɕyɛ⁵²kɔ:²⁴ 调皮的男孩子
　　□□子 tɕyɛ⁵²kɔ²⁴tsʅ²⁴
□货 væ²⁴χuə⁵⁵ 孬种
逛鬼 kuaŋ⁵⁵kuei⁵²
　　逛大爷 kuaŋ⁵⁵ta²¹iɛ²¹

（二）职业称谓

工作 kuŋ²¹tʃʼuə²¹
　　公事 kuŋ²¹sʅ⁵⁵
　　活节 χuə²⁴tɕiɛ²¹
　　营生 iŋ²⁴səŋ²¹
做活的 tʃʼu⁵⁵χuə²⁴dɛ²¹
长工 tʂʰaŋ²⁴kuŋ²¹
短工 tuæ⁵²kuŋ²¹
零工 liŋ²⁴kuŋ²¹
做零碎 tʃʼu⁵⁵liŋ²⁴ʃʼuei²¹
　　打零工 ta⁵²liŋ²⁴kuŋ²¹
临时工 liŋ²⁴sʅ²⁴kuŋ²¹
庄农户 tʃʼuaŋ²¹lɔ²⁴χu²¹
　　农民 nuŋ²⁴miŋ²¹ 新
做庄稼 tʃʼu⁵⁵tʃʼuaŋ²¹tɕia²⁴
做生意 tʃʼu⁵⁵səŋ²¹i⁵⁵tɛ²¹
　　开铺子 kʰɛ²¹pʰu⁵⁵tsʅ²¹tɛ²¹
老板 lɔ²¹pæ⁵²
东家 tuŋ²¹tɕia²¹
老板娘 lɔ²¹pæ⁵²niaŋ²⁴
帮忙的 paŋ²¹maŋ²⁴tɛ²¹ 店员或长工
　　跑堂 pʰɔ⁵²tʰaŋ²¹tɛ²¹
　　打工的 ta²¹kuŋ²¹tɛ²¹

徒弟娃 tʰu²⁴tʰi²¹va²¹
　　学徒 ɕyɛ²⁴tʰu²⁴
　　学手艺的 ɕyɛ²⁴ʂəu⁵²i⁵⁵tɛ²⁴
　　学手子 ɕyɛ²⁴ʂəu⁵²tsʅ²¹
顾客 ku⁵⁵kɛ²¹
　　买货的 mɛ⁵²χuə⁵⁵tɛ²¹
　　买东西的 mɛ⁵²tuŋ²¹tɕi²⁴tɛ²¹
做小生意的 tʃʼu⁵⁵ɕiɔ⁵²səŋ²¹i⁵⁵tɛ²¹ 小贩
　　二道贩子 ɔɻ⁵⁵tɔ⁵²fæ⁵⁵tsʅ²¹
摆摊摊的 pɛ⁵²tʰæ̃²¹tʰæ̃²¹tɛ²¹ 摊贩
　　摆地摊的 pɛ⁵²ti⁵⁵tʰæ²⁴tɛ²¹
老师 lɔ⁵²sʅ²¹
　　教书匠 tɕiɔ²¹ʃʼu²¹tɕʰiaŋ⁵⁵ 贬义
　　教书的 tɕiɔ²¹ʃʼu²¹tɛ²¹
学生 ɕyɛ²⁴səŋ²¹
　　学生娃 ɕyɛ²⁴səŋ²¹va²¹
　　念书娃 ȵiæ²⁴ʃʼu²¹va²¹
同学 tʰuŋ²⁴ɕyɛ²⁴
朋友 pʰəŋ²⁴iəu²¹
　　哥们儿 kə²¹mə:ŋ²¹
　　姐们儿 tɕiɛ²⁴mə:ŋ²¹
当兵的 taŋ⁵²piŋ²¹tɛ²¹ 相对百姓而言
公安局的 kuŋ²¹ŋæ²¹tɕʰy²⁴tɛ²¹
　　派出所的 pʰɛ⁵⁵tʃʰu²¹ʃʼuə⁵²tɛ²¹
　　警察 tɕiŋ²¹tsʰa²⁴
大夫 tɛ⁵⁵fu²¹
　　医生 i²¹səŋ²¹
　　先生 ɕiæ²¹səŋ²¹ 老
　　看病的 kʰæ⁵⁵pʰiŋ⁵⁵tɛ²¹
开车的 kɛ²¹tʂɔ²¹tɛ²¹
　　司机 sʅ²¹tɕi²¹
　　师傅 sʅ²¹fu²⁴
手艺人 ʂəu⁵²i⁵⁵zəŋ²⁴
看门的 kʰæ⁵⁵məŋ²⁴tɛ²¹ 门卫

看大门的 kʰæ̃⁵⁵ta⁵⁵məŋ²⁴tɛ²¹
木匠 mu²¹tɕʰiaŋ⁵⁵
　　做木活的 tʃʵu⁵⁵mu²¹χuə²⁴tɛ²¹
泥瓦匠 n̩i²⁴va⁵²tɕʰiaŋ⁵⁵ 砌墙、抹墙的
锡匠 ɕi²¹tɕʰiaŋ⁵⁵
铜匠 tʰuŋ²⁴tɕʰiaŋ⁵⁵
铁匠 tʰiɛ²¹tɕʰiaŋ⁵⁵
补锅的 pu⁵²kuə²¹tɛ²¹
焊洋铁壶的 χæ̃⁵⁵iaŋ²⁴tʰiɛ²¹χu²⁴tɛ²¹
裁缝 tsʰɛ²⁴fəŋ²¹
　　做衣裳的 tʃʵu⁵⁵i²¹ʂaŋ²⁴tɛ²¹
剃头的 tʰi⁵⁵təu²⁴tɛ²¹ 老
　　铰头的 tɕiɔ⁵²tʰəu²⁴tɛ²¹
　　剃头匠 tʰi⁵⁵tʰəu²⁴tɕʰiaŋ⁵⁵
　　理发的 li⁵²fa²¹tɛ²¹
　　理发师 li⁵²fa²¹sɿ²¹ 新
杀猪的 sa²¹tʃʵu²¹tɛ²¹
　　猪开 tʃʵu²¹kʰɛ²¹

杀猪匠 sa²¹tʃʵu²¹tɕʰiaŋ⁵⁵
脚户 tɕyɛ²¹χu⁵⁵ 搬运夫的旧称
轿夫 tɕʰiɔ⁵⁵fu²¹
管家 kuæ̃⁵²tɕia²¹
厨子 tʃʰʵu²⁴tsɿ²¹
厨师 tʃʰʵu²⁴sɿ²¹ 新
饲养员 sɿ²¹iaŋ²¹yæ̃²⁴
奶妈 nɛ⁵²ma²¹
仆人 pʰu²⁴zəŋ²¹
　下人 ɕia⁵⁵zəŋ²⁴
　佣人 yŋ⁵⁵zəŋ²⁴
丫环 ia²¹χuæ̃²⁴
接生婆 tɕiɛ²¹səŋ²¹pə²⁴
　拾娃的 ʂɿ²⁴va²⁴tɛ²¹
　助产士 tʃʵu⁵⁵tsʰæ̃⁵²sɿ²¹ 新
和尚 χə²⁴ʂaŋ²¹
尼姑 n̩i²⁴ku²¹
道人 tɔ⁵⁵zəŋ²¹ 道士

十　亲属

(一) 长辈

长辈 tʂaŋ⁵²pei⁵⁵
太爷 tʰɛ⁵⁵iɛ²¹ 曾祖父
太太 tʰɛ⁵⁵tʰɛ²¹ 曾祖母
爷爷 iɛ²⁴iɛ²¹
　祖父 tʃʵu²¹fu⁵⁵ 背称
　爷 iɛ²¹ 直呼
婆婆 pʰə²⁴pʰə²¹
　奶奶 nɛ⁵²nɛ²¹ 新
　婆 pʰə²¹ 直呼
　祖母 tʃʵu²¹mu²¹ 背称

爷爷 iɛ²⁴iɛ²¹
　姥爷 lɔ⁵²iɛ²¹ 新
外祖父 vɛ⁵⁵tʃʵu²¹fu⁵⁵ 背称
婆婆 pʰə²⁴pʰə²¹
　婆 pʰə²¹ 直呼
　姥姥 lɔ⁵²lɔ²¹ 新
外祖母 vɛ⁵⁵tʃʵu²¹mu⁵² 背称
爸爸 pa²⁴pa²¹
大大 ta²⁴ta²¹
　爸 pa²¹ 直呼
　大 ta²¹ 直呼
爹爹 tiɛ²¹tiɛ²⁴

老爸 lɔ⁵²pa²¹
父亲 fu⁵⁵tɕʰiŋ²¹ 背称
妈妈 ma²⁴ma²¹
　妈 ma²¹ 直呼
　娘 n̠ia²¹ 直呼
　老妈 lɔ⁵²ma²¹
　母亲 mu⁵²tɕʰiŋ²¹ 背称
爸 pa²¹ 面称
　丈人 tʂʰaŋ⁵⁵zəŋ²¹ 背称
　岳父 yɛ²¹fu⁵⁵ 背称
妈 ma²¹ 面称
　丈母娘 tʂʰaŋ⁵⁵mu²⁴n̠ia²¹
　岳母 yɛ²¹mu⁵² 背称
爸 pa²¹ 夫之父，面称
　阿公 a²¹kuŋ²¹ 背称
　公公 kuŋ²¹kuŋ²¹ 新，背称
妈 ma²¹ 夫之母，面称
　阿家 a²¹tɕia²¹ 背称
　婆婆 pʰə²⁴pʰə²¹ 新，背称
后爸 χəu⁵⁵pa²¹ 继父
后妈 χəu⁵⁵ma²¹ 继母
伯伯 pɛ²⁴pɛ²¹ 伯父
大娘 ta⁵⁵niaŋ²¹ 伯母
叔叔 ʃʱu²⁴ʃʱu²¹
丫丫 ia²¹ia²⁴ 阿姨
　姨姨 i²⁴i²¹
大大 ta⁵⁵ta²¹ 父的哥哥
　大伯 ta⁵⁵pɛ²¹
大娘 ta⁵⁵n̠ia²¹ 伯母
　大妈 ta⁵⁵ma²¹
二大 ɔʵ⁵⁵ta²¹ 父亲的弟弟
　二爸 ɔʵ⁵⁵pa²¹
二娘 ɔʵ⁵⁵niaŋ²¹ 叔母
　二妈 ɔʵ⁵⁵ma²¹

舅舅 tɕiəu⁵⁵tɕiəu²¹
妗子 tɕʰiŋ⁵⁵tsʅ²¹ 舅母
姑姑 ku²¹ku²⁴
　爸爸 pa²⁴pa²¹ 老
丫丫 ia²¹ia²⁴ 姨妈
　大丫丫 ta⁵⁵ia²¹ia²⁴ 大姨
　碎丫丫 ʃʱuei⁵⁵ia²¹ia²⁴ 小姨
姑夫 ku²¹fu²⁴
姨夫 i²⁴fu²¹
舅爷 tɕiəu⁵⁵iɛ²¹
舅婆 tɕiəu⁵⁵pʰə²¹
姑婆 ku²¹pʰə²¹
　姑阿婆 kua²¹pʰə²¹ 老
丫婆 ia²¹pʰə²¹ 姨奶奶

（二）平辈

平辈 pʰiŋ²⁴pei⁵⁵
　同辈 tʰuŋ²⁴pei⁵⁵
两口子 liaŋ²¹kʰəu²⁴tsʅ²¹ 夫妻
　两口儿 liaŋ²¹kʰə:u²¹
　老两口 lɔ⁵²liaŋ²¹kʰəu²⁴
男的 næ²⁴tɛ²¹ 夫
　男人 næ²⁴zəŋ²¹
　爱人 ŋɛ⁵⁵zəŋ²¹ 新
　掌柜的 tʂaŋ⁵²kʰuei⁵⁵ti²¹
　老汉 lɔ⁵²χæ²¹
　娃他爸 va²⁴tʰa²¹pa²¹
妇人 fu⁵⁵zəŋ²¹ 妻
　妇儿 fu:⁵⁵
　老婆 lɔ⁵²pʰə²⁴
　媳妇 ɕi²¹fu²¹
　屋里人 vu²¹li²⁴zəŋ²¹
　掌柜的 tʂaŋ⁵²kʰuei⁵⁵ti²¹

娃他妈 va²⁴tʰa²¹ma²¹/ɲia²¹
小 ɕiɔ⁵² 小老婆
　碎妇人 ʃᵛuei⁵⁵fu⁵⁵zəŋ²¹
大伯子 ta⁵⁵pei²⁴tsɿ²¹ 父之兄
小叔子 ɕiɔ⁵²ʃᵛu²¹tsɿ²¹
大姑子 ta⁵⁵ku²¹tsɿ²¹ 夫之姐
小姑子 ɕiɔ⁵²ku²¹tsɿ²¹ 夫之妹
妻弟 ɕi²¹ti⁵⁵ 妻之兄弟
　妻哥 ɕi²¹kə²¹
大姨子 ta⁵⁵i²⁴tsɿ²¹
小姨子 ɕiɔ⁵²i²⁴tsɿ²¹
弟兄 tʰi⁵⁵ɕyŋ²¹
姊妹 tsɿ⁵²mei²¹
哥哥 kə²⁴kə²¹
　哥 kə²¹ 直呼
嫂子 sɔ⁵²tsɿ²¹ 背称
　姐 tɕiɛ²¹ 面称
弟弟 ti⁵⁵ti²¹
弟媳妇 tʰi⁵⁵ɕi²¹fu²¹
　弟媳 tʰi⁵⁵ɕi²¹
姐姐 tɕiɛ²⁴tɕiɛ²¹
姐夫 tɕiɛ⁵²fu²¹ 背称
　姐夫哥 tɕiɛ⁵²fu²¹kə²¹ 背称
　哥 kə²¹ 面称
妹妹 mei⁵⁵mei²¹
妹夫 mei⁵⁵fu²¹ 背称
堂弟兄 tʰaŋ²⁴ti⁵⁵ɕyŋ²¹
阿伯子 a²¹pei²⁴tsɿ²¹ 背称，女人称自己丈夫的兄长
　哥 kə²¹ 面称
堂哥 tʰaŋ²⁴kə²¹ 背称
堂弟 tʰaŋ²⁴ti⁵⁵
堂姊妹 tʰaŋ²⁴tsɿ⁵²mei²¹
　姐 tɕiɛ²¹ 面称

堂姐 tʰaŋ²⁴tɕiɛ²¹ 背称
堂妹 tʰaŋ²⁴mei⁵⁵ 背称
表弟兄 piɔ⁵²tʰi⁵⁵ɕyŋ²¹
哥 kə²¹ 面称
　表哥 piɔ⁵²kə²¹ 背称
姐 tɕiɛ²¹ 面称
　表嫂 piɔ⁵²sɔ⁵² 背称
表弟 piɔ⁵²ti⁵⁵ 背称
表姊妹 piɔ⁵²tsɿ⁵²mei²¹
姐 tɕiɛ²¹ 面称
　表姐 piɔ⁵²tɕiɛ²¹ 背称
表妹 piɔ⁵²mei⁵⁵ 背称
干爸 kæ̃²¹pa²¹
干妈 kæ̃²¹ma²¹

（三）晚辈

晚辈 væ̃⁵²pei²¹
　小辈 ɕiɔ⁵²pei²¹
儿女 ɔʅ²⁴ɲy²¹ 儿子和女儿的总称
　子女 tsɿ²⁴ɲy²¹
儿子 ɔʅ²⁴ tsɿ²¹
　儿 tsɿ²⁴
　后人 χəu⁵⁵zəŋ²¹
大儿子 ta⁵⁵ɔʅ²⁴tsɿ²¹
　大儿 ta⁵⁵ɔʅ²⁴
　大后人 ta⁵⁵χəu⁵⁵zəŋ²¹
碎儿子 ʃᵛuei⁵⁵ɔʅ²⁴tsɿ²¹
　碎儿 ʃᵛuei⁵⁵ɔʅ²⁴
　碎后人 ʃᵛuei⁵⁵χəu⁵⁵zəŋ²¹
要的儿子 iɔ⁵⁵tɛ²¹ɔʅ²⁴tsɿ²¹ 养子
媳妇 ɕi²¹fu²¹ 儿之妻
　儿媳妇 ɔʅ²⁴ɕi²¹fu²¹
女子 ɲy⁵²tsɿ²¹

女儿 nʑy⁵²ɕɹ²⁴
女□ nʑy⁵²χɔ⁵
女婿 nʑy⁵²ɕi²¹
孙子 ʃʵuŋ²¹tsɿ²⁴
孙子媳妇 ʃʵuŋ²¹tsɿ²⁴ɕi²¹fu²¹
孙女 ʃʵuŋ²¹nʑy⁵²
孙女婿 ʃʵuŋ²¹nʑy⁵²ɕi²¹
重孙 tʃʰʵuŋ²⁴ʃʵuŋ²¹
重孙女 tʃʰʵuŋ²⁴ ʃʵuŋ²¹nʑy⁵²
外孙子 ve⁵⁵ʃʵuŋ²¹tsɿ²⁴ 女之子
外孙女 ve⁵⁵ʃʵuŋ²¹nʑy²¹ 女之女
外甥 ve⁵⁵səŋ²¹ 姐妹之子
外甥女 ve⁵⁵səŋ²¹nʑy²¹ 姐妹之女
侄儿 tʂʰɿː²¹
    侄子 tʂʰɿ²⁴tsɿ²¹
    侄娃子 tʂʰɿ²⁴va²¹tsɿ²¹
侄女 tʂʰɿ²⁴nʑy²¹
内侄妻 nei⁵⁵tʂʰɿ²⁴tɕʰi²¹ 的兄弟之子
内侄女 nei⁵⁵tʂʰɿ²¹nʑy²¹ 妻的兄弟之女
末末孙 mə²¹mə²⁴ʃʵuŋ²¹ 玄孙
末末孙女 mə²¹mə²⁴ʃʵuŋ²¹nʑy²¹ 玄孙女

（四）其他

挑担 tʰiɔ⁵²tæ⁵⁵ 连襟
先后 ɕie⁵⁵χəu²¹ 妯娌

亲家 tɕʰiŋ²¹tɕia²¹
亲家母 tɕʰiŋ²¹tɕia²¹mu⁵²
亲家公 tɕʰiŋ²¹tɕia²¹kuŋ²¹
亲亲 tɕʰiŋ²¹tɕʰiŋ²⁴ 亲戚
走亲亲 tsəu⁵²tɕʰiŋ²¹tɕʰiŋ²⁴ 走亲戚
男人家 næ²⁴zəŋ²¹tɕia²¹ 爷儿们，男子通称
妇人家 fu⁵⁵zəŋ²¹tɕia²¹ 娘儿们，妇女通称
    妇人家 fuː⁵tɕia²¹
娘家 niaŋ²⁴tɕia²¹
婆家 pʰə²⁴tɕia²¹
男方 næ²⁴faŋ²¹ 从外人角度说，婚姻关系中的男方
女方 nv²¹faŋ²¹ 从外人角度说，婚姻关系中的女方
□婆家 vei⁵⁵pʰə²¹tɕia²¹ 姥姥家，外婆家
丈人家 tʂaŋ⁵⁵zəŋ²¹tɕia²¹
老大 lɔ⁵²ta⁵⁵
老碎 lɔ⁵²ʃʵuei⁵⁵ 老小
老生胎 lɔ⁵²səŋ²¹tʰɛ²⁴
老孙胎 lɔ⁵²ʃʵuŋ²¹tʰɛ²⁴
结拜 tɕie²¹pɛ⁵⁵
拜儿子 pɛ⁵⁵ɚ²⁴tsɿ²¹
拜大 pɛ⁵⁵ta²¹ 与父亲结拜的兄弟
拜娘 pɛ⁵⁵nia²¹ 与父亲结拜的兄弟的妻子

十一 身体

（一）五官

身体 ʂəŋ²¹tʰi⁵²
    身子 ʂəŋ²¹tsɿ²⁴

上半身 ʂaŋ⁵⁵pæ̃⁵⁵ʂəŋ²¹
下半身 χa⁵⁵pæ̃⁵⁵ʂəŋ²¹
身材 səŋ²¹tsɛ²⁴
    模样儿 mu²⁴iaːŋ⁵⁵

头 $t^həu^{24}$
　□了 $tuə^{21}lɔ^{24}$
　□脑袋 $tuə^{21}lɔ^{24}tɛ^{55}$
　脑瓜子 $lɔ^{52}kua^{21}tsʅ^{24}$
额 $ŋɛ^{24}$ 前额
秃头 $t^hu^{21}t^həu^{24}$ 头发掉光了的头
　秃子 $t^hu^{21}tsʅ^{24}$
　光光头 $kuaŋ^{21}kuaŋ^{24}t^həu^{24}$
谢顶 $ɕiɛ^{24}tiŋ^{52}$ 掉了大量头发的头
　秃顶 $t^hu^{21}tiŋ^{52}$
头顶 $t^həu^{24}tiŋ^{52}$
后巴巴 $χəu^{55}pa^{55}pa^{24}$ 后脑勺子
脖子 $p^hə^{24}tsʅ^{21}$
死夹子窝窝 $sʅ^{52}tɕia^{21}tsʅ^{21}və^{21}və^{21}$ 后脑窝子，颈后凹处
头发 $t^həu^{24}fa^{21}$
少白头 $ʂɔ^{55}p^hei^{24}t^həu^{24}$
脱头发 $t^huə^{21}t^həu^{24}fa^{21}$ 动宾
细眉口 $ɕi^{55}mi^{24}k^həu^{52}$ 囟门
鬓角 $piŋ^{55}tɕyɛ^{21}$
帽□ $mɔ^{55}kə^{21}$
　辫子 $p^hiæ̃^{55}tsʅ^{21}$
纂纂 $tʂˇuæ̃^{52}tʂˇuæ̃^{21}$ 髻，中老年盘在脑后的鬏
盘纂纂 $p^hæ̃^{24}tʂˇuæ̃^{52}tʂˇuæ̃^{21}$ 动宾
□眉 $va^{55}mi^{21}$ 刘海儿
　碎碎儿 $ʃˇuei^{55}ʃˇue:i^{24}$
脸 $ȵiæ̃^{52}$
脸蛋儿 $ȵiæ̃^{52}tæ:^{55}$
胭脂骨 $iæ̃^{52}tsʅ^{24}ku^{21}$ 颧骨
笑窝 $ɕiɔ^{55}və^{21}$
　酒窝 $tɕiəu^{52}və^{24}$
人中 $zəŋ^{24}tʂˇuŋ^{21}$
骺腮 $k^hu^{52}sɛ^{21}$ 腮帮子

眼 $ȵiæ̃^{52}$
眼睛 $ȵiæ̃^{52}tɕiŋ^{21}$
眼娃 $ȵiæ̃^{52}va^{21}$ 贬义
眼眶 $ȵiæ̃^{52}k^hua^{21}$
眼窝 $ȵiæ̃^{52}və^{24}$
眼仁儿 $ȵiæ̃^{52}zə:ŋ^{21}$
眼珠儿 $ȵiæ̃^{52}tʂˇu:^{24}$
白眼仁儿 $p^hei^{24}ȵiæ̃^{52}zə:ŋ^{21}$
白眼娃儿 $p^hei^{24}ȵiæ̃^{52}va:^{21}$
白眼珠儿 $p^hei^{24}ȵiæ̃^{52}tʂˇu:^{24}$
黑眼仁儿 $χei^{21}ȵiæ̃^{52}zə:ŋ^{21}$
黑眼娃儿 $χei^{21}ȵiæ̃^{52}va:^{21}$
黑眼珠儿 $χei^{21}ȵiæ̃^{52}tʂˇu:^{24}$
眼角角儿 $ȵiæ̃^{52}kə^{21}kə:^{21}$ 眼睑的接合处
眼圈儿 $ȵiæ̃^{52}tɕ^hyæ̃:^{24}$
黑眼圈儿 $χei^{21}ȵiæ̃^{52}tɕ^hyæ̃:^{24}$
眼泪 $ȵiæ̃^{52}ȵy^{21}$
眼屎枣 $ȵiæ̃^{52}sʅ^{21}tsɔ^{52}$
眼角屎 $ȵiæ̃^{52}tɕyɛ^{21}sʅ^{21}$
眼屎 $ȵiæ̃^{52}sʅ^{21}$
眼皮儿 $ȵiæ̃^{52}p^hi^{24}$
眼皮子 $ȵiæ̃^{52}p^hi^{24}tsʅ^{21}$
单眼皮儿 $tæ̃^{21}ȵiæ̃^{52}p^hi:^{21}$
双眼皮儿 $ʃˇuaŋ^{52}ȵiæ̃^{52}p^hi:^{21}$
重重眼皮儿 $tʂ^hˇuŋ^{24}tʂ^hˇuŋ^{21}ȵiæ̃^{52}p^hi:^{21}$
眼眨毛 $ȵiæ̃^{52}tsa^{21}mɔ^{24}$ 眼睫毛
眉毛 $mi^{24}mɔ^{21}$
皱眉 $tsəu^{55}mi^{24}$ 动宾
鼻子 $p^hi^{24}tsʅ^{21}$ 五官之一
鼻 p^hi^{24} 鼻涕，总称
　鼻脑水 $p^hi^{24}lɔ^{21}ʃˇuei^{21}$ 贬义
清鼻 $tɕ^hiŋ^{21}p^hi^{24}$ 鼻涕，液体
稠鼻 $tʂʰəu^{24}p^hi^{24}$
黄鼻 $χuaŋ^{24}p^hi^{24}$

鼻痂子 pʰi²⁴tɕia²¹tsʅ²¹ 干鼻涕，鼻垢
鼻子窟窿 pʰi²⁴tsʅ²¹kʰu²¹lɔ²¹ 鼻孔
鼻毛 pʰi²⁴mɔ²⁴
鼻子尖尖儿 pʰi²⁴tsʅ²¹tɕiæ²¹tɕiæ:²¹ 鼻子顶端
鼻子尖 pʰi²⁴tsʅ²¹tɕiæ²¹ 嗅觉灵敏
鼻子梁梁儿 pʰi²⁴tsʅ²¹liaŋ²⁴lia:ŋ²¹ 鼻梁
酒糟鼻子 tɕiəu⁵²tsɔ²¹pʰi²⁴tsʅ²¹
齉齉鼻子 naŋ²¹naŋ²⁴pʰi²⁴tsʅ²¹
塌塌鼻子 tʰa²¹tʰa²⁴pʰi²⁴tsʅ²¹ 塌鼻子
棱鼻子 nəŋ²⁴pʰi²⁴tsʅ²¹ 挺鼻子
鼻掉 pʰi²⁴tiɔ⁵⁵ 经常流鼻涕的人
口 kʰəu⁵²
　嘴 tʃᵛuei⁵²
口皮儿 kʰəu⁵²pʰi:²¹
　嘴皮儿 tʃᵛuei⁵²pʰi:²¹
　嘴唇儿 tʃᵛuei⁵²tʃʰᵛu:ŋ²⁴ 新
唾唾儿 tʰuə⁵⁵tʰuə:²¹
　唾沫 tʰuə⁵⁵mə²¹ 新
唾沫星子 tʰuə⁵⁵mə²¹ɕiŋ²¹tsʅ²¹
涎水 χæ²¹ʃᵛuei²¹
舌头 ʂə²⁴tʰəu²¹
舌苔 ʂə²⁴tʰe²¹
圆舌子 yæ²⁴ʂə²⁴tsʅ²¹ 大舌头，口齿不清
　牵舌的 tɕʰiæ²¹ʂə²⁴tɛ²¹
牙子 ɳia²⁴tsʅ²¹
　牙 ɳia²⁴
门牙 məŋ²⁴ɳia²⁴
大牙 ta⁵⁵ɳia²⁴
虎牙 χu⁵²ɳia²⁴
乳牙 ʐᵛu⁵²ɳia²⁴
恒牙 χəŋ²⁴ɳia²⁴
牙□ ɳia²⁴zæ²¹
　牙垢 ɳia²⁴kəu⁵²

牙花子 ɳia²⁴χua²¹tsʅ²¹
牙床 ɳia²⁴tʃʰᵛuaŋ²⁴
蛐牙 tɕʰy²¹ɳia²⁴
虫牙 tʃʰᵛuŋ²⁴ɳia²⁴
牙根 ɳia²⁴kəŋ²¹
牙茬骨 ɳia²⁴tsʰa²¹ku²¹ 牙骨
天花板 tʰiæ²¹χua²¹pæ⁵² 上颚
耳刮儿 ɚ⁵²kua:²¹
　耳刮子 ɚ⁵²kua²¹tsʅ²⁴
　耳朵 ɚ⁵²tuə²¹ 新
耳朵眼儿 ɚ⁵²tuə²¹ɳiæ:⁵²
耳屎 ɚ²⁴sʅ⁵²
耳朵背的 ɚ⁵²tuə²¹pʰei⁵⁵tɛ²¹ 听不清
耳朵垂垂儿 ɚ⁵²tuə²¹tʃʰᵛuei⁵⁵tʃʰᵛue:i²⁴
耳刮子 ɚ⁵²kua²¹tsʅ²⁴ 耳光
扇耳刮子 ʂæ²¹ɚ⁵²kua²¹tsʅ²⁴ 动宾
下巴 χa⁵⁵pa²¹
喉咙 χu²⁴lu²¹
喉结 χəu²⁴tɕiɛ²⁴
□ taŋ⁵²
胡子 χu²⁴tsʅ²¹
旋脸胡 ɕyæ⁵⁵ɳiæ⁵²χu²⁴ 络腮胡子
八字胡 pa²¹tsʰʅ⁵⁵χu²⁴ 八字胡子

（二）手、脚、胸、背

肩膀 tɕiæ²¹paŋ²¹
肩胛骨 tɕiæ²¹tɕia²⁴ku²¹
溜肩儿 liəu⁵⁵tɕiæ:²¹
　溜肩子 liəu⁵⁵tɕiæ²¹tsʅ²¹
胳膊 kə²¹pei²⁴
胳肘子 kə²¹tsəu²⁴tsʅ²¹ 胳膊肘儿
胳肘洼里 kə²¹tsəu²⁴va⁵⁵li²¹ 胳肢窝
手腕 ʂəu⁵²væ⁵⁵

左手 tʃʵuə⁵⁵ʂəu²¹
右手 iəu⁵⁵ʂəu²¹
指纹 tsʅ⁵²vəŋ²¹
手指头 ʂəu⁵²tsʅ²¹tʰəu²¹
指头节节 tsʅ²¹tʰəu²⁴tɕiɛ²¹tɕiɛ²¹ 关节，
　　指头
手指头缝缝儿 ʂəu⁵²tsʅ²¹tʰəu²⁴fəŋ⁵⁵fəŋ²⁴
疔痂 tiŋ²¹tɕia²¹ 手老茧
大拇指头 ta⁵⁵mu²⁴tsʅ²¹tʰəu²¹
食指 sʅ²⁴tsʅ²¹
中指 tʃʵuŋ²¹tsʅ²¹
无名指 vu²⁴miŋ²⁴tsʅ²¹
小拇指头 ɕiɔ⁵²mu²⁴tsʅ²¹tʰəu²¹
　　小拇尕尕 ɕiɔ⁵²mu²⁴ka²⁴ka²¹
指甲 tɕi²¹tɕia²¹
指甲皮 tɕi²¹tɕia²¹pʰi²⁴
指头肚肚儿 tsʅ²¹tʰəu²¹tʰu⁵⁵tʰu:²⁴ 手指末
　　端有指纹的略微隆起的部分
左拉瓜 tʃʵuə⁵⁵la²¹kua²¹
　　左撇子 tʃʵuə⁵⁵pʰiɛ²¹tsʅ²¹
锤头 tʃʰʵuei²⁴tʰəu²¹
　　拳头 tɕʰyæ²⁴tʰəu²¹
巴掌 pa²¹tʂaŋ²¹
　　手掌 ʂəu⁵²tʂaŋ²¹
扇了一巴掌 ʂæ²¹lɔ²⁴i²¹pa²¹tʂaŋ²¹
手心 ʂəu⁵²ɕiŋ²¹
手背 ʂəu⁵²pei⁵⁵
腿 tʰuei⁵² 整条腿
大腿 ta⁵⁵tʰuei⁵²
腿□里 tʰuei⁵²pæ²¹li²⁴ 大腿根儿
腿猪娃 tʰuei⁵²tʃʵu²¹va²¹ 腿肚子
腿节节 tʰuei⁵²tɕiɛ²¹tɕiɛ²¹
磕膝盖 kʰə²¹ɕi²⁴kɛ⁵⁵ 膝盖
胯骨 kʰua⁵²ku²¹

裆 taŋ²¹ 两条腿的中间
屁眼 pʰi⁵⁵ȵiæ̃²¹
□子 kəu²¹tsʅ²¹
屁股 pʰi⁵⁵ku²¹ 新
屁眼门 pʰi⁵⁵ȵiæ̃²¹məŋ²⁴
□子门 kəu²¹tsʅ²¹məŋ²⁴
肛门 kaŋ²¹məŋ²¹ 新
屁眼蛋蛋儿 pʰi⁵⁵ȵiæ̃²¹tæ̃⁵⁵tæ̃:²⁴
□蛋子 kəu²¹tæ̃⁵⁵tsʅ²¹
屁股蛋儿 pʰi⁵⁵ku²¹tæ̃:⁵⁵
屁眼沟沟儿 pʰi⁵⁵ȵiæ̃²¹kəu²¹kə:u²¹
尾巴骨 i⁵²pʰa²⁴ku²¹ 尾骨
□巴子 ia²¹pa⁵⁵tsʅ²¹ 男阴
尿巴子 tɕʰiəu²⁴pa⁵⁵tsʅ²¹
垂子 tʃʰʵuei²⁴tsʅ²¹
牛牛 niəu²⁴niəu²¹ 男阴，指小男孩
鸡鸡 tɕi²¹tɕi²¹
屄 pʰi²¹ 女阴
阴毛 iŋ²¹mɔ²⁴
日屄 zʅ²¹pʰi⁵⁵ 交合
㞞 ʃʵuŋ²⁴ 精液
脬子 pʰɔ²¹tsʅ²¹ 阴囊
脚 tɕyɛ²¹
脚腕子 tɕyɛ²¹væ̃⁵⁵tsʅ²¹
脚踝骨 tɕyɛ²¹χuɛ²⁴ku²¹
精脚 tɕiŋ²¹tɕyɛ²¹
　　光脚 kuaŋ²¹tɕyɛ²¹
精脚片儿 tɕiŋ²¹tɕyɛ²¹pʰiæ̃:⁵²
脚背 tɕyɛ²¹pei⁵⁵
脚掌 tɕyɛ²¹tʂaŋ⁵²
脚心 tɕyɛ²¹ɕiŋ²¹
脚尖尖 tɕyɛ²¹tɕiæ̃²¹tɕiæ̃²¹
脚趾头 tɕyɛ²¹tsʅ²¹tʰəu²¹
大拇指头 ta⁵⁵mu²⁴tsʅ²¹tʰəu²¹

大舅 ta⁵⁵tɕiəu⁵⁵ 谑称
脚趾甲 tɕye²¹tsʅ²¹tɕia²¹
脚后跟 tɕye²¹χəu⁵⁵kəŋ²¹
脚印儿 tɕye²¹i:ŋ⁵⁵
疔痂 tiŋ²¹tɕia²¹ 鸡眼，一种脚病
脚汗 tɕye²¹χæ̃⁵⁵
脚气 tɕye²¹tɕʰi⁵⁵
心上 ɕiŋ²¹ʂaŋ⁵⁵
腔子 kʰaŋ²¹tsʅ²⁴ 胸脯
肋子骨 lɛ²¹tsʅ²⁴ku²¹
　肋条 lɛ²¹tʰiɔ²¹
□□ȵiɛ²¹ȵiɛ²⁴ 乳房
□□ȵiɛ²¹ȵiɛ²⁴ 奶汁
肚子 tʰu⁵⁵tsʅ²¹ 腹部
小肚子 ɕiɔ⁵²tʰu⁵⁵tsʅ²¹ 小腹
□脐眼 pʰə²⁴tɕi²¹ȵiæ̃²¹ 肚脐眼
腰 iɔ²¹
脊背 tɕi²¹pei²⁴
脊梁骨 tɕi²¹liaŋ²⁴ku²¹

（三）其他

头发旋儿 tʰəu²⁴fa²¹ɕyæ̃:⁵⁵
双旋儿 ʃˬuaŋ²¹ɕyæ̃:⁵⁵
单旋儿 tæ̃²¹ɕyæ̃:⁵⁵
□□kʰə²¹lɔ²¹ 斗，圆形的指纹
簸箕 pə⁵²tɕi²¹ 箕，簸箕形的指纹
汗毛 χæ̃⁵⁵mɔ²⁴

汗眼子 χæ̃⁵⁵ȵiæ̃⁵²tsʅ²¹ 汗毛眼
眼子 iæ̃⁵²tsʅ²¹
痣 tsʅ⁵⁵
记 tɕi⁵⁵
胎记 tʰɛ²¹tɕi⁵⁵
明记 miŋ²⁴tɕi⁵⁵
暗记 ŋæ̃⁵²tɕi⁵⁵
红记 χuŋ²⁴tɕi⁵⁵
黑记 χei²¹tɕi⁵⁵
骨头 ku²¹tʰəu²⁴
筋 tɕi²¹
血 ɕiɛ²¹
血管 ɕiɛ²¹kuæ̃⁵²
脉 mei²¹
五脏 vu⁵²tsaŋ⁵⁵
心 ɕiŋ²¹
肝 kæ̃²¹
肺 fei⁵⁵
胆 tæ̃⁵²
脾 pʰi²⁴
胃 vei⁵⁵
肾 ʂəŋ⁵⁵
肠子 tʂʰaŋ²⁴tsʅ²¹
大肠 ta⁵⁵tʂʰaŋ²⁴
小肠 ɕiɔ⁵²tʂʰaŋ²⁴
盲肠 maŋ²¹tʂʰaŋ²⁴
尿脬 ȵiɔ⁵⁵pʰɔ²¹ 膀胱

十二　疾病、医疗

（一）一般用语

有病了 iəu⁵²pʰiŋ⁵⁵lɔ²¹

害病 χɛ⁵⁵pʰiŋ⁵⁵
不合适 mu²¹χə²⁴ʂʅ²¹
不舒服 mu⁵⁵ʃˬu⁵²fu²⁴

不乖 mu⁵⁵kuæ̃²¹
　变狗 piæ̃⁵⁵kəu⁵² 专指小孩生病
小病 ɕiɔ⁵²pʰiŋ⁵⁵
　碎病 ʃʷuei⁵⁵pʰiŋ⁵⁵
病劲大得很 pʰiŋ⁵⁵tɕiŋ⁵⁵ta⁵⁵tə²¹χəŋ⁵²
　不行了 mu²¹ɕiŋ²⁴lɔ²¹
　重病 tʃʰʷuŋ⁵⁵pʰiŋ⁵⁵
病松活了 pʰiŋ⁵⁵ʃʷuŋ²¹χuə²⁴lɔ²⁴
　病轻了 pʰiŋ⁵⁵tɕiŋ²¹lɔ²⁴
　松了 ʃʷuŋ²¹lɔ²⁴
　好些了 χɔ⁵²ɕie²¹lɔ²⁴
病好了 pʰiŋ⁵⁵χɔ⁵²lɔ²⁴
　好了 χɔ⁵²lɔ²⁴
请大夫 tɕʰiŋ⁵²tɛ⁵⁵fu²¹
　请医生 tɕʰiŋ⁵²i²¹səŋ²¹
　请先生 tɕʰiŋ⁵²ɕiæ̃²¹səŋ²¹ 老
看 kʰæ̃⁵⁵pʰiŋ⁵⁵
□脉 la²¹mei²¹ 动宾，号脉
　摸脉 mə⁵²mei²¹
开方子 kʰɛ²¹faŋ²¹tsɿ²⁴
偏方儿 piæ̃²¹fa:ŋ²¹
抓药 tʃʷua²¹yɛ²¹ 中药
买药 mɛ⁵²yɛ²¹ 西药
　配药 pʰei⁵⁵yɛ²¹
药铺 yɛ²¹pʰu⁵⁵ 多指中药店
　药店 yɛ²¹tiæ̃⁵⁵ 多指西药店
药引子 yɛ²¹iŋ⁵²tsɿ²¹
药砂條 yɛ²¹sa²¹tʰiɔ⁵⁵ 药罐子
□药 ŋæ̃²⁴yɛ²¹ 动宾
头绽 tʰəu²⁴tsʰæ̃⁵⁵ 中药熬第一遍
二绽 ɔɻ⁵⁵tsʰæ̃⁵⁵
三绽 sæ̃²¹tsʰæ̃⁵⁵
膏药 kɔ⁵²yɛ²¹
药面面儿 yɛ²¹miæ̃⁵⁵miæ̃:²⁴ 药粉

药渣渣儿 yɛ²¹tsa²¹tsa:²¹
　药渣子 yɛ²¹tsa²¹tsɿ²¹
搽膏药 tsʰa²⁴kɔ⁵²yɛ²¹
上药 ʂaŋ⁵⁵yɛ²¹ 动宾
抹药 mɔ⁵²yɛ²¹
吃药 tʂʰɿ⁵²yɛ²¹
　喝药 χə⁵²yɛ²¹
片片药 pʰiæ̃⁵²pʰiæ̃²⁴yɛ²¹ 片剂药
　颗颗药 kʰuə²⁴kʰuə²¹yɛ²¹
丸药 væ̃²⁴yɛ²¹
面面药 miæ̃⁵⁵miæ̃²⁴yɛ²¹
水水药 ʃʷuei⁵²ʃʷuei²⁴yɛ²¹
去风 tɕʰy⁵⁵fəŋ²¹
清火 tɕʰiŋ²¹χuə⁵²
　去火 tɕʰy⁵⁵χuə⁵²
去湿 tɕʰy⁵⁵ʂɿ²¹
去毒 tɕʰy⁵⁵tʰu²⁴
消毒 ɕiɔ⁵²tʰu²⁴
消食 ɕiɔ⁵²ʂɿ²⁴
打针 ta⁵²tʂəŋ²¹
拔火罐儿 pʰa²⁴χuə⁵²kuæ̃:⁵⁵

（二）内科

跑肚子 pʰɔ⁵²tʰu⁵⁵tsɿ²¹
　拉肚子 la²¹tʰu⁵⁵tsɿ²¹
　拉稀屎 la²¹ɕi²¹ʂɿ²¹
感冒 kæ̃⁵²mɔ⁵⁵
重感 tʃʰʷuŋ²⁴kæ̃⁵² 病刚好，又二次感冒
　复感 fu²¹kæ̃⁵²
发烧 fa²¹ʂɔ²¹
　烧哩 ʂɔ²¹li²⁴
发冷 fa²¹ləŋ⁵²
起鸡皮疙瘩 tɕʰi⁵²tɕi²¹pʰi²⁴kə²¹ta²⁴

伤风 ʂaŋ²¹fəŋ²¹
 凉了 liaŋ²⁴lɔ²¹
 迎风了 iŋ²⁴fəŋ²¹lɔ²¹
惊了 tɕiŋ²¹lɔ²⁴ 因动冷水而受凉了
咳嗽 kə²¹səu⁵⁵
齁齁 χəu²¹χəu²¹
 气喘 tɕʰi⁵⁵tʃʰuæ̃⁵²
气管炎 tɕʰi⁵⁵kuæ̃⁵²iæ̃⁵⁵
中暑 tʃᵛuŋ⁵⁵ʂʅᵛu⁵²
上火 ʂaŋ⁵⁵χuɔ⁵²
积食 tɕi²¹ʂʅ²⁴
 积下食了 tɕi²¹χa⁵⁵ʂʅ²⁴lɔ²¹
肚子疼 tʰu⁵⁵tsʅ²¹tʰəŋ²¹
腔子疼 kʰaŋ²¹tsʅ²⁴tʰəŋ²¹
头昏 tʰəu²⁴χuŋ²¹
 头晕 tʰəu²⁴yŋ⁵⁵
 晕人 yŋ²¹zəŋ²¹
晕车 yŋ⁵⁵tʂʰə⁵²
晕船 yŋ⁵⁵ʃᵛuæ̃²¹
头疼 tʰəu²⁴tʰəŋ²¹
疗人 tiŋ²⁴zəŋ²¹ 吃的东西难消化
发□ fa²¹liɔ²⁴ 要呕吐
 往上返哩 vaŋ⁵²ʂaŋ⁵⁵fæ̃²¹li²⁴
 恶心 ŋə²¹ɕiŋ²¹ 新
吐了 tʰu⁵²lɔ²¹ 呕吐
干呕 kæ̃²¹ŋəu⁵²
疝气 ʃᵛuæ̃⁵⁵tɕʰi⁵⁵
脱肛 tʰuə²¹kaŋ²¹
子宫脱垂 tsʅ⁵²kuŋ²¹tʰuə²¹tʃᵛuei²⁴
霍乱 χuə⁵⁵luæ̃⁵⁵
出麻疹 tʃʰᵛu²¹ma²⁴tʂəŋ²¹
出水痘 tʃʰᵛu²¹ʃᵛuei⁵²təu⁵⁵
当花 taŋ²¹χua²⁴
 出天花 tʃʰᵛu²¹tʰiæ̃²¹χua²¹

种牛痘 tʃᵛuŋ⁵⁵niəu²⁴təu⁵⁵
伤寒 tʂʰaŋ²¹χæ̃²⁴
肝炎 kæ̃²¹iæ̃⁵⁵
肺炎 fei⁵⁵iæ̃⁵⁵
肺气肿 fei⁵⁵tɕʰi⁵⁵tʃᵛuŋ⁵²
胃病 vei⁵⁵pʰiŋ²¹
冒酸水 mɔ⁵⁵ʃᵛuæ̃²¹ʃᵛuei⁵²
 反酸 fæ̃⁵²ʃᵛuæ̃²¹
生食气 səŋ²¹ʂʅ²⁴tʰɕi⁵⁵ 因饭吃得太多而口中发臭
盲肠炎 maŋ²⁴tʂʰaŋ²⁴iæ̃⁵⁵
癌症 ŋe²⁴tʂəŋ²¹
痨病 lɔ²⁴pʰiŋ²¹ 中医指结核病

（三）外科

跌倒了 pʰæ̃⁵⁵tɔ⁵²lɔ²⁴
 跌跤了 pæ̃⁵⁵tɕiɔ²¹
 跌伤了 pæ̃⁵⁵ʂaŋ²¹lɔ²⁴
碰烂了 pʰəŋ⁵⁵læ̃⁵⁵lɔ²⁴
 碰伤了 pʰəŋ⁵⁵ʂaŋ²¹lɔ²⁴
划了个口子 χua⁵⁵lɔ²¹kə²¹kʰəu⁵²tsʅ
擦烂了点皮 tsa²¹læ̃⁵⁵lɔ²⁴tiæ̃²¹pʰi²⁴
 刺破了点皮 la²¹pʰə⁵⁵lɔ²¹tiæ̃²¹pʰi²⁴
淌血 tʰaŋ⁵²ɕie²¹
出血 tʃʰᵛu²¹ɕie²¹
淤血 y²⁴ɕie²¹
肿了 tʃᵛuŋ²¹lɔ²⁴
化脓 χua⁵⁵nuŋ²⁴
 熟脓 ʃᵛu²⁴nuŋ²⁴
 淌脓 tʰaŋ⁵²nuŋ²⁴
 流脓 liəu²⁴nuŋ²⁴
结疤疤了 tɕie²¹pa²¹pa²¹lɔ²¹
疤疤儿 pa²¹pa:²¹

开刀 $k^hε^{21}tɔ^{21}$ 做手术
□□子 $χu^{24}χu^{21}tsʅ^{21}$ 腮腺炎
长疮 $tṣaŋ^{52}tʃ^{hv}uaŋ^{21}$ 动宾
长疔痂 $tṣaŋ^{52}tiŋ^{21}tɕia^{21}$ 动宾
痔疮 $tsʅ^{55}tʃ^{hv}uaŋ^{21}$
癣 $ɕiæ̃^{52}$
牛皮癣 $niəu^{24}p^hi^{24}ɕiæ̃^{52}$
痱子 $fei^{52}tsʅ^{21}$
汗斑 $χæ̃^{55}pæ̃^{21}$
瘊子 $χəu^{24}tsʅ^{21}$
油点子 $iəu^{24}tiæ̃^{52}tsʅ^{21}$
    雀斑 $tɕ^hyε^{21}pæ̃^{21}$
    雀儿娃屎 $tɕ^hiɔ:^{21}va^{21}sʅ^{52}$ 谑称
疙瘩 $kə^{21}ta^{21}$
    粉刺 $fəŋ^{52}tsʰʅ^{55}$ 新
狐臭 $χu^{24}tṣʰəu^{55}$
口臭 $k^həu^{52}tṣʰəu^{55}$
瘿瓜瓜 $iŋ^{52}kua^{21}kua^{24}$ 大脖子，甲状腺肿大
鼻子不灵 $p^hi^{24}tsʅ^{21}mu^{21}liŋ^{24}$ 嗅觉不灵
齉齉鼻子 $naŋ^{21}naŋ^{24}p^hi^{24}tsʅ^{21}$ 鼻不通
    气，发音不清
鼻子严的 $p^hi^{24}tsʅ^{21}niæ̃^{24}tε^{21}$ 鼻塞
水蛇腰 $ʃ^vuei^{52}ʂə^{24}iɔ^{21}$
塞□□羊 $sε^{21}χu^{24}lu^{21}iaŋ^{24}$ 公鸭嗓儿，
    嗓音沙哑
独眼龙 $t^hu^{24}niæ̃^{52}luŋ^{24}$ 一只眼儿，一只
    眼睛是瞎的
近视眼 $tɕ^hiŋ^{55}sʅ^{55}niæ̃^{52}$
远视眼 $yæ̃^{52}sʅ^{55}niæ̃^{52}$
老花眼 $lɔ^{52}χua^{21}niæ̃^{52}$
害眼哩 $χε^{55}niæ̃^{52}li^{24}$ 眼睛发炎了
眼檽 $niæ̃^{52}tɕ^hyε^{24}$ 眼疗，眼脓包
泡泡子眼 $p^hɔ^{55}p^hɔ^{21}tsʅ^{21}niæ̃^{52}$
斜瞪眼 $ɕiε^{24}təŋ^{55}niæ̃^{52}$ 斗鸡眼儿，内斜视

对对眼 $tuei^{55}tuei^{21}niæ̃^{52}$
鸡暮眼 $tɕi^{21}mu^{55}niæ̃^{52}$ 指晚上看不清
眯缝子眼 $mi^{55}fəŋ^{24}tsʅ^{24}niæ̃^{52}$

（四）残疾等

羊羔疯 $iaŋ^{24}kɔ^{21}fəŋ^{21}$ 癫痫
惊风 $tɕiŋ^{21}fəŋ^{21}$ 小儿病
抽风 $tṣʰəu^{21}fəŋ^{21}$
中风 $tʃ^vuŋ^{55}fəŋ^{21}$
瘫痪 $t^hæ̃^{21}χuæ̃^{52}$
跛的 $pə^{52}tε^{21}$ 瘸子
背个儿 $pei^{21}kə^{21}$ 罗锅儿
    驼背 $t^huə^{24}pei^{55}$
聋的 $nuŋ^{24}tε^{21}$
    聋子 $nuŋ^{24}tsʅ^{21}$
瓜的 $kua^{21}tε^{21}$
    哑巴 $nia^{52}pa^{21}$ 新
结巴 $tɕiε^{21}pa^{21}$
瞎的 $χa^{21}tε^{21}$
瞎子 $χa^{21}tsʅ^{21}$
瓜的 $kua^{21}tε^{21}$
傻子 $ʂa^{52}tsʅ^{21}$
秃子 $t^hu^{21}tsʅ^{21}$ 头发脱光的人
麻子 $ma^{24}tsʅ^{21}$ ①人出天花后留下的疤
    痕；②脸上有麻子的人
豁豁 $χuə^{21}χuə^{21}$ 豁唇子
豁豁牙子 $χuə^{21}χuə^{21}nia^{24}tsʅ^{21}$ 缺牙的
    人，一般指小孩换牙时缺牙
老阿婆脸 $laŋ^{52}p^hə^{24}niæ̃^{52}$ 指男人成人
    不生胡须的
六指指儿 $liəu^{21}tsʅ^{21}tsʅ:^{21}$ 六指儿
白娃娃 $p^hei^{24}va^{21}va^{21}$ 生来皮肤、毛发
    皆白者

十三 衣服、穿戴

（一）服装

穿戴 tʃʰʋuæ²¹tɛ⁵⁵
打扮 ta⁵²pæ²¹
　收拾 ʂəu²¹ʂʅ²⁴
衣裳 i²¹ʂaŋ²⁴ 总称内外衣、内外裤
　衣服 i²¹fu²⁴
制服 tʂʅ⁵⁵fu²⁴
中山装 tʃʋuŋ²¹sæ²¹tʃʋuaŋ²¹
西装 ɕi²¹tʃʋuaŋ²¹
长袍 tʂʰaŋ²⁴pʰɔ²⁴ 长衫
　长袍子 tʂʰaŋ²⁴pʰɔ²⁴tsʅ²¹
褂子 kua⁵⁵tsʅ²¹
旗袍 tɕʰi²⁴pʰɔ²⁴ 女装
棉衣 miæ²⁴i²¹
滚身儿 kuŋ⁵²ʂə:ŋ²⁴
　滚身子 kuŋ⁵²ʂəŋ²¹tsʅ²¹
　棉袄 miæ²¹ŋɔ⁵²
皮袄 pʰi²⁴ŋɔ²¹
皮衣 pʰi²⁴i²¹
大衣 ta⁵⁵i²¹
短大衣 tuæ⁵²ta⁵⁵i²¹
衬衫 sən⁵⁵sæ²¹
外衣 vɛ⁵⁵i²¹
内衣 nei⁵⁵i²¹
架架 tɕia⁵⁵tɕia²⁴
　坎肩 kʰæ⁵²tɕiæ²⁴
套头衫 tʰɔ⁵⁵tʰəu²⁴sæ²¹ 圆领衫
汗口儿 χæ⁵⁵tʰa:ŋ²¹
背心 pei⁵⁵ɕiŋ²¹
夹衣裳 tɕia²¹i²¹ʂaŋ²⁴

马甲 ma⁵²tɕia⁵²
棉马甲 miæ²¹ma⁵²tɕia⁵²
衣裳襟襟儿 i²¹ʂaŋ²⁴tɕiŋ²¹tɕi:ŋ²¹
大襟 ta⁵⁵tɕiŋ²¹
对襟儿 tuei⁵⁵tɕi:ŋ²¹
外套 vɛ⁵⁵tʰɔ²¹
撩襟 liɔ²⁴tɕiŋ²¹ 下摆
领子 liŋ⁵²tsʅ²¹
领口 liŋ⁵²kʰəu⁵²
袖子 ɕiəu⁵⁵tsʅ²¹
袖口 ɕiəu⁵⁵kʰəu⁵²
长袖 tʂʰaŋ²⁴ɕiəu⁵⁵
半截袖 pæ̃⁵⁵tɕie²⁴ɕiəu⁵⁵
　短袖 tuæ⁵²ɕiəu⁵⁵
裙子 tɕʰyŋ²⁴sʅ²¹
衬裙 tsʰən⁵⁵tɕʰyŋ²¹
裤子 kʰu⁵⁵tsʅ²¹
单裤 tæ²¹kʰu⁵⁵
裤衩儿 kʰu⁵⁵tsʰa:⁵² 贴身穿的
短裤 tuæ⁵²kʰu⁵⁵ 穿在外面的
连脚裤 liæ²⁴ɕyɛ²¹kʰu⁵⁵
开裆裤 kʰɛ²¹taŋ²¹kʰu⁵⁵
严裆裤 ȵiæ²⁴taŋ²¹kʰu⁵⁵ 相对开裆裤而言
裤裆 kʰu⁵⁵taŋ²¹
裤腰 kʰu⁵⁵iɔ²¹
裤带 kʰu⁵⁵tɛ⁵⁵
　皮带 pʰi²⁴tɛ⁵⁵
裤腿子 kʰu⁵⁵tʰuei⁵²tsʅ²¹
背带裤儿 pei²¹tɛ⁵⁵kʰu:⁵⁵
棉裤 miæ²¹kʰu²¹
兜兜儿 təu²¹tə:u²¹ 衣服上的口袋

插插儿 tsʰa²¹tsʰa:²¹
纽门 niəu⁵²məŋ²¹ 纽扣，中式的
纽子 niəu⁵²tsʅ²¹ 西式的
扣眼儿 kʰəu⁵⁵ȵiæ:²¹ 西式的
裹肚儿 kuə⁵²tʰu:²¹
套袖儿 tʰɔ⁵⁵ɕiə:u⁵⁵
岔 tsʰa⁵⁵ 缺襟
开岔 kʰɛ²¹tsʰa⁵

（二）鞋帽

鞋 χɛ²⁴
拖鞋 tuə²¹χɛ²⁴
　撒鞋 sa²¹χɛ²⁴
　踏鞋 tʰa²¹χɛ²⁴
窝窝儿 və²¹və:²⁴
　棉鞋 miæ²¹χɛ²⁴
　棉窝窝儿 miæ²⁴və²¹və:²⁴
皮鞋 pʰi²⁴χɛ²⁴
毡鞋 tʂæ²¹χɛ²⁴
布鞋 pu⁵⁵χɛ²⁴
毛布底鞋 mɔ²⁴pu⁵⁵ti⁵²χɛ²⁴
鞋底儿 χɛ²⁴ti:⁵²
鞋帮帮儿 χɛ²⁴paŋ²¹pa:ŋ²¹
鞋楦头 χɛ²⁴ɕyæ⁵⁵tʰəu²¹
鞋拔子 χɛ²⁴pʰa²⁴tsʅ²¹
水鞋 ʃʮuei⁵²χɛ²⁴ 橡胶做的
　雨鞋 y⁵²χɛ²⁴ 新
鞋带儿 χɛ²⁴tɛ:⁵⁵
靴子 ɕyɛ²¹tsʅ²⁴
高勒靴子 kɔ²¹iɔ⁵²ɕyɛ²¹tsʅ²¹
低勒靴子 ti²¹iɔ⁵²ɕyɛ²¹tsʅ²¹
方口鞋 faŋ²¹kʰəu⁵²χɛ²⁴
圆口鞋 yæ²⁴kʰəu⁵²χɛ²⁴

袜子 va²¹tsʅ²⁴
线袜子 ɕiæ⁵⁵va²¹tsʅ²⁴
丝光袜 sʅ²¹kuaŋ²¹va²¹
长袜 tʂʰaŋ²⁴va²¹
　长筒袜 tʂʰaŋ²⁴tʰuŋ⁵²va²¹
　长腿袜子 tʂʰaŋ²⁴tʰuei⁵²va²¹tsʅ²¹
短勒袜子 tuæ⁵²iɔ⁵²va²¹tsʅ²⁴
碎脚鞋 ʃʮuei⁵⁵tɕyɛ²¹χɛ²⁴ 旧时裹脚妇女穿的鞋
裹脚 kuə⁵²tɕyɛ²¹ 旧时妇女裹脚的布
绑腿 paŋ²⁴tʰuei²¹ 军人用的
帽子 mɔ⁵⁵tsʅ²¹
皮帽子 pʰi²⁴mɔ⁵⁵tsʅ²¹
太阳帽 tʰɛ⁵⁵iaŋ²⁴mɔ⁵⁵
簇簇帽 tʃʮu²¹tʃʮu²⁴mɔ⁵⁵ 婴儿戴的布帽子
礼帽 li⁵²mɔ⁵⁵
瓜皮帽 kua²¹pʰi²⁴mɔ⁵⁵
扇扇帽 ʂæ²¹ʂæ²⁴mɔ⁵⁵ 有帽檐儿的帽子
大檐帽 ta⁵⁵iæ²¹mɔ⁵⁵ 军帽
草帽儿 tsʰɔ⁵²mɔ:²⁴
　草帽子 tsʰɔ⁵²mɔ²¹tsʅ²¹
帽系系儿 mɔ⁵⁵ɕi⁵⁵ɕi:²⁴
帽扇扇 mɔ⁵⁵ʂæ²¹ʂæ²¹ 帽檐儿

（三）装饰品

首饰 ʂəu⁵²sʅ²¹
镯子 tʃʮuə²⁴tsʅ²¹
戒指 tɕiɛ⁵⁵tsʅ²¹
项链 ɕiaŋ⁵⁵liæ⁵⁵
项圈 χaŋ⁵⁵tɕʰyæ²¹
百岁锁 pei²¹ʃʮuei⁵⁵ʃʮuə⁵² 百家锁，小儿佩戴的
别针儿 pʰiɛ²⁴tʂəŋ²¹

簪子 tsæ²¹tsʅ²⁴
耳环 ɔɿ⁵²χuæ²⁴
胭脂 iæ²¹tsʅ²⁴
粉 fəŋ⁵²

（四）其他穿戴用品

护巾 χu⁵⁵tɕiŋ²¹
 围裙 vei²⁴tɕʰyŋ²¹
围脖子 vei²⁴pʰə²⁴tsʅ²¹ 围嘴儿
尿褯子 ȵiɔ⁵⁵tɕʰiɛ⁵⁵tsʅ²¹
 尿布 ȵiɔ⁵⁵pu²¹
 尿布子 ȵiɔ⁵⁵pu²⁴tsʅ²¹

手巾儿 ʂəu⁵²tɕi:ŋ²⁴
 手绢儿 ʂəu⁵²tɕyæ:⁵⁵ 新
围巾 vei²⁴tɕiŋ²⁴ 长条的
方巾 faŋ²¹tɕiŋ²¹
手套 ʂəu⁵²tʰɔ⁵⁵
眼镜 ȵiæ⁵²tɕiŋ⁵⁵
伞 sæ⁵²
太阳伞 tɛ⁵⁵iaŋ²⁴sæ⁵²
雨衣 y⁵²i²¹ 新式的
表 piɔ⁵²
 手表 ʂəu²⁴piɔ⁵²

十四 饮食

（一）伙食

吃饭 tʂʰʅ²¹fæ⁵⁵
 装饭 tʃʷuaŋ⁵⁵fæ⁵⁵ 带贬义
 哐饭 tiɛ²⁴fæ⁵⁵ 带贬义
 吞冷饭 tʰəŋ²¹ləŋ⁵²fæ⁵⁵ 带贬义
茶饭 tsa²⁴fæ²¹ 总称
早饭 tsɔ⁵²fæ⁵⁵
 早点 tsɔ⁵²tiæ⁵²
午饭 vu⁵²fæ⁵⁵
 中午饭 tʃʷuŋ²¹vu²⁴fæ⁵⁵
 晌午饭 ʂaŋ²¹vu²⁴fæ⁵⁵
黑饭 χei²¹fæ⁵⁵
 黑了饭 χei²¹lɔ²⁴fæ⁵⁵
 晚饭 væ⁵²fæ⁵⁵
下菜 ɕia²¹tsʰɛ²¹
 下饭菜 ɕia²¹fæ⁵⁵tsʰɛ²¹

家常饭 tɕia²¹tʂʰaŋ²⁴fæ⁵⁵
大锅饭 ta⁵⁵kuə²¹fæ⁵⁵
压给下 ȵia⁵²kei²¹χa²¹ 途中吃点东西
吃的 tʂʰʅ²¹te²¹
 食物 sʅ²⁴və²¹
 吃食 tʂʰʅ²¹sʅ²⁴
零嘴儿 liŋ²⁴tʃʷue:i²¹
 零食 liŋ²⁴sʅ²⁴
点心 tiæ⁵²ɕiŋ²¹
夜宵 iɛ⁵⁵ɕiɔ²¹ 新

（二）米食

米饭 mi⁵²fæ²¹
 米 mi⁵²
剩饭 ʂəŋ⁵⁵fæ⁵⁵
将做的饭 tɕiaŋ²¹tʃʷu⁵⁵tɛ²¹fæ⁵⁵ 现饭
饭□了 fæ⁵⁵tʂʰə²⁴lɔ²¹ 饭糊了

撕气了 sʅ²¹tɕʰi⁵⁵lɔ²¹ 饭馊了
刮刮儿 kua²¹kua:²⁴ 锅巴
米汤 mi⁵²tʰaŋ²¹ 粥
米谷水 mi⁵²ku²¹ʃᵛuei²¹ 煮饭溢出来的
米糊糊儿 mi⁵²χu⁵⁵χu:²⁴
粽子 tsəŋ⁵⁵ʅ¹
渐生子饭 tɕiɛ̃⁵⁵səŋ²¹tsʅ²¹fæ̃⁵⁵ 夹生饭
蒸 tʂəŋ²¹（米饭）
　□ tɕʰyŋ⁵²
抄 sa⁵⁵ 把米里的沙子弄出来
淘米 tʰɔ²⁴mi⁵²

（三）面食

饭 fæ̃⁵⁵
　面 miæ̃⁵⁵
　面条 miæ̃⁵⁵tʰiɔ²¹
面 miæ̃⁵⁵ 面粉
挂面 kua⁵⁵miæ̃²¹
挂挂面 kua⁵⁵kua⁵⁵miæ̃²¹ 动宾
压面 nia⁵⁵miæ̃⁵⁵ 用机器压面条
擀饭 kæ̃⁵²fæ̃⁵⁵ 擀面条
宽饭 kʰuæ̃⁵²fæ̃⁵⁵
　宽面 kʰuæ̃⁵²miæ̃⁵⁵
细饭 ɕi⁵⁵fæ̃⁵⁵
　细面 ɕi⁵⁵miæ̃⁵⁵
韭叶饭 tɕiəu⁵²ie²⁴fæ̃⁵⁵
　韭叶面 tɕiəu⁵²ie²⁴miæ̃⁵⁵
机器饭 tɕi²¹tʰɕi⁵⁵fæ̃⁵⁵
　机器面 tɕi²¹tʰɕi⁵⁵miæ̃⁵⁵
面糊糊儿 miæ̃⁵⁵χu⁵⁵χu:²⁴
扯面 tʂʰɔ⁵²miæ̃²¹
拉面 la²¹miæ̃⁵⁵
一锅子饭 i⁵⁵kuə²¹tsʅ²¹fæ̃⁵⁵
一锅子面 i⁵⁵kuə²¹tsʅ²¹miæ̃⁵⁵
浆水饭 tɕiaŋ²¹ʃᵛuei²⁴fæ̃⁵⁵
　浆水面 tɕiaŋ²¹ʃᵛuei²⁴miæ̃⁵⁵
臊子饭 sɔ⁵⁵tsʅ²¹fæ̃⁵⁵
　臊子面 sɔ⁵⁵tsʅ²¹miæ̃⁵⁵
汤汤饭 tʰaŋ²¹tʰaŋ²¹fæ̃⁵⁵ 带汤的面条
拌汤 pʰæ̃⁵⁵tʰaŋ²¹ 面疙瘩汤
揪片子 tɕiəu²¹pʰiæ²¹tsʅ²¹ 烩面片
麻食 ma²⁴ʂʅ²⁴
　麻食子 ma²⁴ʂʅ²⁴tsʅ²¹
□麻食 tsʰʅ²¹ma²⁴ʂʅ²⁴ 动宾
面鱼儿 miæ̃⁵⁵y:²⁴
凉面 liaŋ²⁴miæ̃⁵⁵
打卤面 ta²¹nu⁵²miæ̃⁵⁵
做饭 tʃᵛu⁵⁵fæ̃⁵⁵
起面 tɕʰi⁵²miæ̃⁵⁵ 发面
馓饭 sæ̃⁵²fæ̃⁵⁵
搅团 tɕiɔ⁵²tʰuæ²⁴
碎面 ʃᵛuei⁵⁵miæ̃⁵⁵
水菁葵 ʃᵛuei⁵²ku²¹tu²¹
甜水面饭 tʰiæ̃²⁴ʃᵛuei⁵²miæ̃⁵⁵fæ̃⁵⁵ 不放
　碱面的面条
硬饭 ȵiŋ⁵⁵fæ̃⁵⁵ 硬面条
绵饭 miæ̃²⁴fæ̃⁵⁵ 软面条
馍 mə²⁴ 总称
　馍馍儿 mə²⁴mə:²¹
馒头 mæ̃²⁴tʰəu²¹ 新
蒸馍馍 tʂəŋ²¹mə²⁴mə²¹
血馍馍 ɕiɛ²¹mə²⁴mə²¹ 面粉和猪血做的
　馍馍
卷卷儿 tɕyæ̃⁵²tɕyæ̃:²⁴
　花卷儿 χua²¹tɕyæ̃:⁵²
饼饼儿 piŋ⁵²pi:ŋ²⁴
　饼子 piŋ⁵²tsʅ²¹

火烧 χuə⁵²ʂɔ²⁴
烧馍馍 ʂɔ²¹mə²⁴mə²¹ 火里烤出来的小饼
死面馍馍 sʅ²¹miæ²¹mə²⁴mə²¹
起面馍馍 tɕʰi⁵²miæ²¹mə²⁴mə²¹
锅盔 kuə²¹kʰuei²¹
鏊饼 ŋɔ⁵⁵piŋ²¹ 用鏊锅烙出来的饼
薄馍馍 pə²⁴mə²⁴mə²¹
烫面馍馍 taŋ²¹miæ⁵⁵mə²⁴mə²¹
油饼 iəu²⁴piŋ⁵²
猪油饼 tʃʷu²¹iəu²⁴piŋ⁵²
盒子 χə²⁴tsʅ²¹
锅塔塔 kuə²¹tʰa²¹tʰa²¹ 用发面蒸很大的馍，类似于馒头，但比馒头大得多
油塔 iəu²⁴tʰa²¹ 里面包有油面的小饼
烙油饼 luə²¹iəu²⁴piŋ⁵² 动宾
煎油饼 tɕiæ²¹iəu²⁴piŋ⁵² 炸油饼
烧饼 ʂɔ²⁴piŋ⁵²
面豌豆 miæ⁵⁵væ²¹təu⁵⁵ 炒的小面疙瘩
面皮 miæ⁵⁵pʰi²¹
热面皮 zə²¹miæ⁵⁵pʰi²¹
蒸面皮 tʂəŋ²¹miæ⁵⁵pʰi²¹ 动宾
□□ tɕʰyŋ⁵²tɕʰyŋ²⁴ 一种面食
荞面 tɕʰiɔ²⁴miæ²¹
□面 fæ²⁴miæ²¹ 玉米面
包子 pɔ²¹tsʅ²⁴
包包子 pɔ²¹pɔ²¹tsʅ²⁴
　捏包子 nie²¹pɔ²¹tsʅ²⁴
圆包子 yæ²⁴pɔ²¹tsʅ²⁴ 形状为圆形的包子
□包子 tiɔ⁵⁵pɔ²¹tsʅ²⁴ 形状较长的包子
糖包儿 tʰaŋ²⁴pɔː²¹ 糖馅儿的包子
菜包子 tsʰɛ⁵⁵pɔ²¹tsʅ²⁴
肉包子 zəu⁵⁵pɔ²¹tsʅ²⁴
饺子 tɕiɔ⁵²tsʅ²¹ 馅儿的
捏饺子 nie²¹tɕiɔ⁵²tsʅ²¹

包饺子 pɔ²¹tɕiɔ⁵²tsʅ²¹
（饺子）馅子 ɕyæ⁵⁵tsʅ²¹
馄饨 χuŋ²⁴tʰuŋ²¹
扁食 piæ⁵²ʂʅ²⁴ 素馅儿的馄饨
捏扁食 nie²¹piæ⁵²ʂʅ²⁴
　包扁食 pɔ²¹piæ⁵²ʂʅ²⁴
煮角子 tʃʷu⁵²tɕye²¹tsʅ²⁴ 素馅儿的饺子
凉粉 liaŋ²⁴fəŋ²¹
苶儿 tɕʰiæː⁵⁵ 淀粉做的凉粉
粉皮 fəŋ⁵²pʰi²¹
蛋糕 tæ⁵⁵kɔ⁵²
元宵 yæ²⁴ɕiɔ²¹ 汤圆
滚元宵 kuŋ⁵²yæ²⁴ɕiɔ²¹ 动宾
馃馃 kuə⁵²kuə²⁴ 油炸食品，类似于麻花
麻糖 ma²⁴tʰaŋ²¹ 麻花
搓麻糖 tʃʰʷuə²¹ma²⁴tʰaŋ²¹
馓子 sæ⁵²tsʅ²¹
月饼 ye²¹piŋ⁵²
饼干 piŋ⁵²kæ²⁴
糖油糕 tʰaŋ²¹iəu²⁴kɔ²¹

（四）肉、蛋

肉 zəu⁵⁵ 总称，多指大肉
猪肉 tʃʷu²¹zəu⁵⁵
　大肉 ta⁵⁵zəu⁵⁵
臊子 sɔ⁵⁵tsʅ²¹
切臊子 tɕʰie²¹sɔ⁵⁵tsʅ²¹ 动宾
肉片片儿 zəu⁵⁵pʰiæ²¹pʰiæː²⁴
肉丝丝儿 zəu⁵⁵sʅ²¹sʅː²¹
肉末末儿 zəu⁵⁵mə²¹məː²¹
肉皮 zəu⁵⁵pʰi²⁴
后坐墩 χəu⁵⁵tʃʰʷuə⁵⁵tuŋ²¹ 猪的后屁股肉
响皮 ɕiaŋ⁵²pʰi²⁴ 油炸的猪皮

肘把儿 tʂəu⁵²pa:⁵²
　　肘子 tʂəu⁵²tsʅ²¹
炒肉 tsʰɔ⁵²zəu⁵⁵
煮肉 tʃʵu⁵²zəu⁵⁵
肥肉 fei²⁴zəu⁵⁵
瘦肉 səu⁵⁵zəu⁵⁵
　　红肉 χuŋ²⁴zəu⁵⁵
肥夹瘦 fei²⁴tɕia²¹səu⁵⁵ 五花肉
肉冻子 zəu⁵⁵tuŋ⁵⁵tsʅ²¹
粉蒸肉 fəŋ⁵²tʂəŋ²¹zəu⁵⁵
焐肉 kʰɔ⁵⁵zəu⁵⁵
红肉条 χuŋ²⁴zəu⁵⁵tʰiɔ²⁴
酥肉 ʃʵu²¹zəu⁵⁵
肉丸子 zəu⁵⁵væ̃²⁴tsʅ²¹
夹板丸子 tɕia²¹pæ̃²¹væ̃²⁴tsʅ²¹
煎丸子 tɕiæ̃²¹væ̃²⁴tsʅ²¹ 炸丸子
蹄花 tʰi²⁴χua²¹ 猪蹄
里脊 li⁵²tɕi²¹
口条 kʰəu⁵²tʰiɔ²¹ 猪舌头
猪头 tʃʵu²¹tʰəu²⁴
下水 ɕia⁵⁵ʃʵuei²¹ 猪牛羊的内脏
肺 fei⁵⁵ 猪的
肠子 tʂʰaŋ²⁴tsʅ²¹ 猪的
肥肠 fei²⁴tʂʰaŋ²⁴ 猪的
大肠 ta⁵⁵tʂʰaŋ²⁴ 猪的
小肠 ɕiɔ⁵²tʂʰaŋ²⁴ 猪的
排骨 pʰɛ²⁴ku²¹ 猪的
大排 ta⁵⁵pʰɛ²⁴ 猪的
小排 ɕiɔ⁵²pʰɛ²⁴ 猪的
肚子 tu⁵²tsʅ²¹ 猪的
牛肚 niəu²⁴tu⁵²
肝子 kæ̃²¹tsʅ²¹ 猪的
仙板骨 ɕiæ̃²¹pæ̃²⁴ku²¹ 猪的
猪腰子 tʃʵu²¹iɔ²¹tsʅ²¹

鸡嗉子 tɕi²¹ʃʵu⁵⁵tsʅ²¹ 鸡胃
猪血 tʃʵu²¹ɕiɛ²¹
鸡血 tɕi²¹ɕiɛ²¹
炒鸡蛋 tʂʰɔ⁵²tɕi²¹tæ̃⁵⁵
荷包蛋 χə²⁴pɔ²⁴tæ̃⁵⁵
煮鸡蛋 tʃʵu⁵²tɕi²¹tæ̃⁵⁵
煎鸡蛋 tɕiæ̃²¹tɕi²¹tæ̃⁵⁵ 炸鸡蛋
蒸鸡蛋 tʂəŋ²¹tɕi²¹tæ̃⁵⁵ 蛋羹
变蛋 piæ̃⁵⁵tæ̃⁵⁵ 松花蛋
咸鸭蛋 χæ̃²⁴ia²¹tæ̃⁵⁵
香肠 ɕiaŋ²¹tʂʰaŋ²⁴
火腿肠 χuə²⁴tʰuei⁵²tʂʰaŋ²⁴
鸡蛋汤 tɕi²¹tæ̃⁵⁵tʰaŋ²¹

（五）菜

菜 tsʰɛ⁵⁵ 总称
素菜 ʃʵu⁵⁵tsʰɛ⁵⁵
荤菜 χuŋ²¹tsʰɛ⁵⁵
酒碟 tɕiəu⁵²tʰiɛ²¹ 喝酒小菜
淘菜 tʰɔ²⁴tsʰɛ⁵⁵
　　洗菜 ɕi⁵²tsʰɛ⁵⁵
豆腐 təu⁵⁵fu²¹
豆腐皮 təu⁵⁵fu²¹pʰi²⁴
腐竹 fu⁵²tʃʵu²⁴
豆干 təu⁵⁵kæ̃²⁴
豆腐脑儿 təu⁵⁵fu²⁴nɔ:⁵²
豆花儿 təu⁵⁵χua:²¹
豆浆 təu⁵⁵tɕiaŋ⁵⁵
糟豆腐 tsɔ²¹təu⁵⁵fu²¹ 豆腐乳
浆水 tɕiaŋ²¹ʃʵuei⁵²
炝浆水 tɕʰiaŋ⁵²tɕiaŋ²¹ʃʵuei⁵² 动宾
□菜 tʂʰə²¹tsʰɛ⁵⁵ 焯菜
腌菜 iæ̃²¹tsʰɛ⁵⁵

咸菜 χæ̃²⁴tsʰɛ⁵⁵
下菜 ɕia⁵⁵tsʰɛ⁵⁵ 下饭菜
粉丝 fəŋ⁵²sʅ²⁴
□粉 pʰiæ̃⁵⁵fəŋ⁵² 老
　粉条 fəŋ⁵²tʰiɔ²⁴ 新
面筋 miæ̃⁵⁵tɕiŋ²¹
豆豉 təu⁵⁵ʂʅ²⁴
木耳儿 mu:²¹
海带 χɛ⁵²tɛ⁵⁵
银耳 iŋ²⁴ɚ⁵²
金针菇 tɕiŋ²¹tʂəŋ²¹ku²¹
海参 χɛ⁵²səŋ²¹
海蜇皮 χɛ⁵²tʂəŋ⁵⁵pʰi²⁴
紫菜 tsʅ⁵²tsʰɛ⁵⁵

（六）油盐作料

□道 y⁵⁵tɔ²¹ 吃的滋味
　味道 vei⁵⁵tɔ²¹
　气味 tʰɕi⁵⁵vei⁵⁵
颜色 iæ̃²⁴sɛ²¹
猪油 tʂᵛu²¹iəu²⁴
　大油 ta⁵⁵iəu²⁴
清油 tɕʰiŋ²¹iəu²⁴ 素油
花生油 χua²¹səŋ²¹iəu²⁴
□子油 zəŋ⁵²tsʅ²¹iəu²⁴
葵花籽油 kʰuei²⁴χua²⁴tsʅ⁵²iəu²⁴
菜油 tsʰɛ⁵⁵iəu²⁴
　菜籽油 tsʰɛ⁵⁵tsʅ²⁴iəu²⁴
胡麻油 χu²⁴ma²¹iəu²⁴
香油 ɕiaŋ²¹iəu²⁴
小磨香油 ɕiɔ⁵²mə⁵⁵ɕiaŋ²¹iəu²⁴
调货儿 tʰiɔ²⁴χuə:²¹
调货面儿 tʰiɔ²⁴χuə²¹miæ̃:⁵⁵

花椒 χua²¹tɕiɔ²¹
花椒面儿 χua²¹tɕiɔ²¹miæ̃:⁵⁵
桂皮 kuei⁵⁵pʰi²⁴
草果 tsʰɔ²⁴kuə²¹
胡椒 χu²¹tɕiɔ²¹
胡椒面儿 χu²¹tɕiɔ²¹miæ̃:⁵⁵
姜片子 tɕiaŋ²¹pʰiæ̃²¹tsʅ²¹ 干生姜
蒜 ʃᵛuæ̃⁵⁵
黄花 χuaŋ²⁴χua²¹ 干的
粉面子 fəŋ⁵²miæ̃⁵⁵tsʅ²¹ 淀粉
八角 pa²¹tɕyɛ²¹
盐 iæ̃²⁴
土盐 tʰu⁵²iæ̃²⁴ 粗盐
细盐 ɕi⁵⁵iæ̃²⁴ 精盐
碘盐 tiæ̃⁵²iæ̃²⁴
醋 tʃʰᵛu⁵⁵
□醋 ȵiŋ⁵⁵tʃʰᵛu⁵⁵ 动宾
粮食醋 liaŋ²⁴ʂʅ²¹tʃʰᵛu⁵⁵
勾兑醋 kəu²¹tuei⁵⁵tʃʰᵛu⁵⁵
醋精 tʃʰᵛu⁵⁵tɕiŋ²¹
芝麻酱 tsʅ²¹ma²⁴tɕiaŋ⁵⁵
豆瓣酱 təu⁵⁵pæ̃²¹tɕiaŋ⁵⁵
辣子酱 la²¹tsʅ²⁴tɕiaŋ⁵⁵
料酒 liɔ⁵⁵tɕiəu⁵²
糖 tʰaŋ²⁴ 总称
白糖 pʰei²⁴tʰaŋ²⁴
　白砂糖 pʰei²⁴sa²¹tʰaŋ²⁴
黑糖 χei²¹tʰaŋ²⁴
　红糖 χuŋ²⁴tʰaŋ²⁴
洋糖 iaŋ²⁴tʰaŋ²⁴
　水果糖 ʃᵛuei²⁴kuə⁵²tʰaŋ²⁴
花生糖 χua²¹səŋ²¹tʰaŋ²⁴
死糖 sʅ⁵⁵tʰaŋ²⁴ 一种粮食糖
核桃糖 kʰə²⁴tʰɔ²¹tʰaŋ²⁴

祭灶糖 tɕi⁵⁵tsɔ⁵⁵tʰaŋ²⁴ 一种专门用来祭
　灶的粮食糖

（七）烟、茶、酒

烟 iæ̃²¹ 总称
纸烟 tsʅ⁵²iæ̃²¹ 香烟
旱烟 χæ̃⁵⁵iæ̃²¹
水烟 ʃʵuei⁵²iæ̃²¹
水烟袋 ʃʵuei⁵²iæ̃²¹te⁵⁵
烟锅子 iæ̃²¹kuə²⁴tsʅ²¹ 烟具
烟盒 iæ̃²¹χə²¹
烟灰 iæ̃²¹χuei²¹
烟烟子 iæ̃²¹iæ̃²¹tsʅ²¹ 干烟叶
烟丝 iæ̃²¹sʅ²¹

茶 tsa²⁴ 总称
茶叶 tsa²⁴iɛ²¹
茶 tsa²⁴ 沏好的茶水
泡茶 pʰɔ⁵⁵tsa²⁴
倒茶 tɔ⁵⁵tsa²⁴
辣酒 la²¹tɕiəu⁵²
　白酒 pʰei²⁴tɕiəu⁵²
红酒 χuŋ²⁴tɕiəu⁵²
黄酒 χuaŋ²⁴tɕiəu⁵²
啤酒 pʰi²⁴tɕiəu⁵²
烧酒 ʂɔ²¹tɕiəu⁵²
酒曲 tɕiəu⁵²tɕʰy²¹
甜醅 tʰiæ̃²⁴pʰei²¹
　甜醅子 tʰiæ̃²⁴pʰei²¹tsʅ²¹
醪糟 lɔ²⁴tsɔ²¹

十五　红白大事

（一）婚姻、生育

婚事 χuŋ²¹sʅ⁵⁵
　喜事 ɕi⁵²sʅ⁵⁵
　红事 χuŋ²⁴sʅ⁵⁵
当媒 taŋ⁵⁵mei²⁴ 老
　说媒 ɕyɛ²¹mei²⁴ 老
　介绍 tɕie⁵⁵ʂɔ²⁴ 新
媒人 mei²⁴zəŋ²¹
媒婆 mei²⁴pʰə²¹ 指女的
请媒人 tɕʰiŋ⁵²mei²⁴zəŋ²¹ 动宾
见面儿 tɕiæ̃⁵⁵miæ̃:⁵⁵ 相亲
样样儿 iaŋ⁵⁵ia:ŋ²⁴ 相貌
　样貌 iaŋ⁵⁵mɔ⁵⁵
　面相 miæ̃⁵⁵ɕiaŋ⁵⁵
　长相 tʂaŋ⁵²ɕiaŋ⁵⁵
年龄 ȵiæ̃²⁴liŋ²⁴
订婚 tiŋ⁵⁵χuŋ²¹
结婚日子 tɕiɛ²¹χuŋ²¹ʅʅ²¹tsʅ²⁴
席 ɕi²⁴ 喜酒
坐席 tʃʵuɑ⁵⁵ɕi²⁴ 吃喜酒
陪房 pʰei²⁴faŋ²¹ 嫁妆
陪陪房 pʰei²⁴pʰei²⁴faŋ²¹ 陪嫁妆
四色礼 sʅ⁵⁵sei²¹li⁵² 订婚时男方送给女
　方及亲戚的礼
礼钱 li⁵²tɕʰiæ̃²⁴
开箱钱 kʰɛ⁵⁵ɕiaŋ²¹tɕʰiæ̃²⁴
彩礼钱 tsʰɛ⁵²li⁵²tɕʰiæ̃²⁴
看日子 kʰæ̃⁵⁵ʅʅ²¹tsʅ²⁴
定日子 tiŋ⁵⁵ʅʅ²¹tsʅ²⁴

合八字 χə²⁴pa²¹tsʮ⁵⁵
追节 tʃʵuei²¹tɕiɛ²¹ 订婚时男方给女方及
　　亲戚的送礼
给 kei⁵⁵ 许配
问 vən⁵⁵ 男方家请的媒人去女方家提亲
　　搭提 ta²¹tʰi²⁴
（男子）娶亲 tɕʰy⁵²tɕʰiŋ²¹
发落 fa²¹luə²¹ 女子出嫁
　　出门 tʃʰvu²¹mən²⁴
梳头 ʃʵu²¹tʰəu²⁴ 女子结婚
成人 tʂʰən²⁴zən²⁴ 女子出嫁
发落女子 fa²¹luə²¹n̠y⁵²tsʮ²¹ 嫁闺女
结婚 tɕiɛ²⁴χuŋ²¹
花轿 χua²¹tɕʰiɔ⁵⁵
拜堂 pe⁵⁵tʰaŋ²⁴
新郎 ɕiŋ²¹laŋ²⁴
新新妇 ɕiŋ²¹ɕiŋ²⁴fu²¹ 新娘
新房 ɕiŋ²¹faŋ²⁴
交杯酒 tɕiɔ²¹pei²¹tɕiəu⁵²
暖炕 nuæ̃⁵²kʰaŋ⁵⁵ 暖房子，依风俗，结
　　婚前的晚上要找未成家的男孩子暖
　　房子
送亲 ʃʵuŋ⁵⁵tɕʰiŋ²¹
迎亲 iŋ²⁴tɕʰiŋ²¹
扫炕 sɔ⁵²kʰaŋ⁵⁵ 习俗，祝愿早生贵子，
　　一般得请贵人来扫，边扫边说
扫炕的 sɔ⁵²kʰaŋ⁵⁵tɛ²¹
贵人 kuei⁵⁵zən²¹
礼单 li⁵²tæ̃²¹
礼铺 li⁵²pʰu²¹ 亲朋随礼的地方
总管 tʃʵuŋ²⁴kuæ̃⁵² 婚礼的总负责人
司仪 sʮ²¹i²⁴
红包 χuŋ²⁴pɔ²¹
开席 kʰɛ²¹ɕi²⁴ 宴席开始

恭席 kuŋ²¹ɕi²⁴
恭席的 kuŋ²¹ɕi²⁴tɛ²¹ 负责具体宴席招待
　　亲朋的人
效劳的 ɕiɔ⁵⁵lɔ²⁴tɛ²¹ 帮忙招待客人的亲
　　朋好友
搭情 ta²¹tɕʰiŋ²⁴ 随礼金
试刀面 sʮ⁵⁵tɔ²¹miæ̃⁵⁵ 新媳妇在婆家做
　　的第一顿饭，试试做饭的手艺
回门 χuei²⁴mən²⁴
谢煤 ɕiɛ⁵⁵mei²⁴ 婚礼结束后再次感谢媒人
上门 ʂaŋ⁵⁵mən²⁴ 入赘
上门女婿 ʂaŋ⁵⁵mən²⁴n̠y⁵²ɕi²¹
新女婿 ɕiŋ²¹n̠y⁵²ɕi²¹
圆房 yæ̃²⁴faŋ²⁴
有啥了 iəu⁵²sa⁵⁵lɔ²¹
有了 iəu⁵²lɔ²⁴
怀孕了 χuɛ²⁴yŋ⁵⁵lɔ²¹ 新
害娃哩 χɛ⁵⁵va²⁴li²¹ 孕妇怀孕后喜欢吃
　　酸的
孕妇 yŋ⁵⁵fu²¹
跌下了 tiɛ²¹χa⁵⁵lɔ²¹ 小产
养娃 iaŋ⁵²va²⁴ 生孩子
接生 tɕiɛ²¹sən²¹
衣包子 i²¹pɔ²¹tsʮ²¹
　　胎盘 tʰɛ²¹pæ̃²⁴
脐带子 n̠i²¹tɛ⁵⁵tsʮ²¹
坐月 tʃʵuə⁵⁵yɛ²¹
月婆子 yɛ²¹pʰə²⁴tsʮ²¹ 坐月子的女人
出月 tʃʰvu²¹yɛ²¹ 满月
头身子 tʰəu²⁴ʂən²¹tsʮ²⁴ 老
　　头胎 tʰəu²⁴tʰɛ²¹ 新
双生 ʃʵuan⁵⁵sən²¹
　　双胞胎 ʃʵuan²¹pɔ²⁴tʰɛ²¹ 新
打胎 ta⁵²tʰɛ²¹

引产 iŋ⁵²tsʰæ̃⁵²
遗腹子 i²⁴fu⁵⁵tsʅ²¹ 父亲死后才出生的
咂□□ tsa²¹ȵiɛ²¹ȵiɛ²⁴ 吃奶
喂□□ vei⁵⁵ȵiɛ²¹ȵiɛ²⁴ 喂奶
□□疙瘩 ȵiɛ²¹ȵiɛ²⁴kɔ²¹ta²¹ 奶头（小孩子）尿炕 ȵiɔ⁵⁵kʰaŋ⁵⁵
　　尿床 ȵiɔ⁵⁵tʃʰʋuaŋ²⁴

（二）寿辰、丧葬

生儿 sə:ŋ²¹
　　生日 sə:ŋ²¹ʐʅ²¹ 新
过生儿 kuə⁵⁵sə:ŋ²¹
祝寿 tʃʋu⁵⁵ʂəu⁵⁵
寿星 ʂəu⁵⁵ɕiŋ²¹
白事 pei²⁴sʅ⁵⁵
　　丧事 saŋ²¹sʅ⁵⁵
奔丧 pəŋ²¹saŋ²¹
过世了 kuə⁵⁵sʅ⁵⁵lɔ²¹
　　死了 sʅ⁵²lɔ²⁴
　　莫了 mə²¹lɔ²⁴
　　升天了 ʂəŋ²¹tʰiæ̃²¹lɔ²⁴
落头 luə²¹tʰəu²⁴ 人去世时的方式
凑份子 tsʰəu⁵⁵fəŋ⁵⁵tsʅ²¹
灵堂 liŋ²⁴tʰaŋ²¹
枋 faŋ²¹ 棺材
枋板 faŋ²¹pæ̃²¹ 生前预制的棺材
枋底 faŋ²¹ti⁵²
枋盖 faŋ²¹kɛ⁵⁵
做枋 tʃʋu⁵⁵faŋ²¹ 做棺材
灵牌 liŋ²⁴pɛʰ²¹
　　牌位 pʰɛ²¹vei⁵⁵
入殓 ʐʋu²¹liæ̃²¹
咽气 iæ̃⁵⁵tɕʰi⁵⁵

老衣 lɔ⁵²i²¹ 寿衣
穿老衣 tʃʰʋuæ̃²¹lɔ⁵²i²¹ 人快去世前穿寿衣
　　穿衣裳 tʃʰʋuæ̃²¹i²¹ʂaŋ²⁴
倒头 tɔ⁵²tʰəu²⁴
倒头纸 tɔ⁵²tʰəu²⁴tsʅ⁵² 人刚死后烧的冥币
烧倒头纸 ʂɔ²¹tɔ⁵²tʰəu²⁴tsʅ⁵²
烧马 ʂɔ²¹ma⁵²
遮脸纸 tʂə²¹ȵiæ̃⁵² tsʅ⁵² 人死后在未入殓之前脸上要盖一张纸
坐夜 tʃʰʋuə⁵⁵iɛ⁵⁵
守灵 tʂʰəu⁵²liŋ²⁴
守孝 tʂʰəu⁵²ɕiɔ⁵⁵
戴孝 tɛ⁵⁵ɕiɔ⁵⁵
孝子 ɕiɔ⁵⁵tsʅ²¹
孝帽 ɕiɔ⁵⁵mɔ⁵⁵
孝衫 ɕiɔ⁵⁵sæ̃²¹
长孝衫 tʂʰaŋ²⁴ɕiɔ⁵⁵sæ̃²¹
短孝衫 tuæ̃⁵²ɕiɔ⁵⁵sæ̃²¹
生孝 səŋ²¹ɕiɔ⁵⁵ 长子长孙戴的孝
棉孝 miæ̃²⁴ɕiɔ⁵⁵ 非长子长孙戴的孝
草铺 tsʰɔ⁵²pʰu²¹ 孝子守灵的地方
坐草铺 tʃʰʋuə⁵⁵tsʰɔ⁵²pʰu⁵⁵
出殃 tʃʰʋu²¹iaŋ²¹ 人死后门口要插殃，男左女右
成孝 tʂʰəŋ²⁴ɕiɔ⁵⁵ 亲朋好友来奔丧的日子
献饭 ɕiæ̃⁵⁵fæ̃²¹
上献饭 ʂaŋ⁵⁵ɕiæ̃⁵⁵fæ̃²¹ 端献饭
冒献饭 mɔ⁵⁵ɕiæ̃⁵⁵fæ̃²¹ 行礼前要在献饭上浇一些热汤
接纸 tɕiɛ²¹tsʅ⁵² 行礼，接亡人回家
送纸 ʃʋuŋ⁵⁵tsʅ⁵² 行礼，送走亡人
送哩 ʃʋuŋ⁵⁵li²¹ 出殡
　　送丧 ʃʋuŋ⁵⁵saŋ²¹
行礼 ɕiŋ²⁴li⁵²

效劳 ɕiɔ⁵⁵lɔ²⁴ 亲朋好友来帮忙
□杆儿 ʒᵛu⁵²kæː²⁴ 哭丧棒
纸活 tsʅ²¹χuə²¹ 用纸扎的人、马、房子等
引魂幡 iŋ⁵²kʰuŋ²⁴fæ²⁴
纸钱 tsʅ⁵²tɕʰiæ²⁴
金□ tɕiŋ²¹kʰuə⁵² 纸糊的金元宝
银□ iŋ²⁴kʰuə⁵² 纸糊的银元宝
丧罩 saŋ²¹tsɔ⁵⁵ 出殡时罩棺材的罩子
扯纤 tʂʰɔ⁵²tɕʰiæ⁵⁵ 出殡时"八抬"上系一
　条白布,由男女孝子左右拉着往前走
头七 tʰəu²⁴tɕʰi²¹
过头七 kuə⁵⁵tʰəu²⁴tɕʰi²¹
尽七 tɕʰiŋ⁵⁵tɕʰi²¹ 满七七四十九天
烧纸 ʂɔ²¹tsʅ⁵²
　化纸 χua⁵⁵tsʅ⁵²
下葬 ɕia⁵⁵tsaŋ⁵⁵
坟 fəŋ²⁴ 坟墓所在的地方
墓堆 mu⁵⁵tuei²¹
碑 pi²¹
打坟 ta⁵²fəŋ²⁴ 动宾,人死后要请人掘
　坟,准备安葬
穿堂儿 tʃʰvuæ²¹tʰaːŋ²¹ 崖边掘的洞,用
　来寄放棺木,依风俗,日子不合适是
　不能进坟地的
进坟了 tɕiŋ⁵⁵fəŋ²⁴lɔ²¹
寄丧 tɕi⁵⁵saŋ²¹ 依风俗,日子不合适是
　不能进坟地,只能寄在别处
上坟 ʂaŋ⁵⁵fəŋ²⁴ 扫墓
自杀 tsʅ⁵⁵sa²¹
跳河了 tʰiɔ²⁴χə²⁴lɔ²¹ 自尽
上吊 ʂaŋ⁵⁵tiɔ⁵⁵
　吊死 tiɔ⁵⁵sʅ²¹
寻短见 ɕiŋ²⁴tuæ⁵²tɕiæ⁵⁵
亡人 vaŋ²⁴zəŋ²¹ 死去的人

尸骨 sʅ²¹ku²¹
尸身 sʅ²¹ʂəŋ²¹
骨灰盒 ku²¹χuei²¹χə²¹
白喜事 pʰei²⁴ɕi⁵²sʅ⁵⁵ 年岁很大的老人去世

(三) 迷信

天爷 tʰiɛ²¹iɛ²⁴
　老天爷 lɔ⁵²tʰiɛ²¹iɛ²⁴
灶爷 tsɔ⁵⁵iɛ²¹
佛爷 fə²⁴iɛ²¹
菩萨 pʰu²⁴sa²¹
观世音菩萨 kuæ²¹ʂʅ⁵⁵iŋ²¹pʰu²⁴sa²¹
　观音菩萨 kuæ²¹iŋ²¹pʰu²⁴sa²¹
　观世音 kuæ²¹ʂʅ⁵⁵iŋ²¹
土地庙 tʰu²¹tʰi⁵⁵miɔ⁵⁵
土天爷 tʰu²¹tʰiɛ²¹iɛ²⁴ 土地神
关爷庙 kuæ²¹iɛ²⁴miɔ⁵⁵
　财神庙 tsʰɛ²⁴ʂəŋ²¹miɔ⁵⁵
城隍庙 tʂʰəŋ²⁴χuaŋ²¹miɔ⁵⁵
冤柱爷 yæ²⁴vaŋ²¹iɛ²¹ 阎王
祠堂 tsʰʅ²¹tʰaŋ²¹
佛堂 fə²⁴tʰaŋ²¹
布施 pu⁵⁵sʅ²¹
化缘 χua⁵⁵yæ²⁴
出家 tʃʰvu²¹tɕia²¹
鬼 kuei⁵²
饿死鬼 ŋə⁵⁵sʅ²¹kuei⁵²
□神恶鬼 pʰə²¹ʂəŋ²⁴ŋə⁵⁵kuei⁵²
屈死鬼 tɕʰy²¹sʅ²¹kuei⁵²
鬼缠出了 kuei⁵²tʂʰæ²⁴tʃʰvu²¹lɔ²¹
魂□了 χuŋ²⁴i²⁴lɔ²¹ 魂丢了
□魂 tsʅ⁵⁵χuŋ²⁴ 受到惊吓,安慰人的一
　种迷信方式,多用于小孩

作揖 tʃʋuə²¹i⁵²
磕头 kʰə²¹tʰəu²⁴
香炉儿 ɕiaŋ²¹lu:²¹
上香 ʂaŋ⁵⁵ɕiaŋ²¹
敬神 tɕiŋ⁵⁵ʂəŋ²⁴
蜡 la²¹ 敬神的那种
□纸 piɔ²¹tsʅ²¹ 敬神烧的纸
黄蜡□纸 χuaŋ²⁴la²¹piɔ²¹tsʅ²¹
香 ɕiaŋ²¹ 敬神的那种
烧香 ʂɔ²¹ɕiaŋ²¹ 动宾
请蜡 tɕiŋ⁵²la²¹ 买蜡
请香 tɕiŋ⁵²ɕiaŋ²¹ 买香
求签 tɕʰiəu²⁴tɕiæ̃²¹
　　摇签 iɔ²⁴tɕiæ̃²¹
庙会 miɔ⁵⁵χuei⁵⁵

安土 ŋæ̃²¹tʰu⁵² 请阴阳在家念经，以保
　　一家平安，每年年前都要做
念经 niæ̃⁵⁵tɕiŋ²¹
□阳 i²¹iaŋ²⁴ 以看风水、看日子和念经
　　为职业的人
风水 fəŋ²¹ʃʋuei²¹
测字 tsʰɛ²¹tsʰʅ⁵⁵
看风水 kʰæ̃⁵⁵fəŋ²¹ʃʋuei²¹
算命 ʃʋuæ̃⁵⁵miŋ⁵⁵
算命先生 ʃʋuæ̃⁵⁵miŋ⁵⁵ɕiæ̃²¹səŋ²¹
看相的 kʰæ̃⁵⁵ɕiaŋ⁵⁵tɛ²¹
巫婆 və²¹pʰə²⁴
跳神 tʰiɔ²⁴ʂəŋ²⁴
许愿 ɕy⁵²yæ̃⁵⁵
还愿 χuæ̃²⁴yæ̃⁵⁵

十六　日常生活

（一）衣

穿衣裳 tʃʰʋuæ̃²¹i²¹ʂaŋ²⁴
脱衣裳 tʰuə²¹i²¹ʂaŋ²⁴
脱鞋 tʰuə²¹χɛ²⁴
换鞋 χuæ̃⁵⁵χɛ²⁴
量衣裳 liaŋ⁵⁵i²¹ʂaŋ²⁴
缝衣裳 fəŋ²⁴i²¹ʂaŋ²⁴
　　做衣裳 tʃʋu⁵⁵i²¹ʂaŋ²⁴
网边 va⁵²piæ̃²⁴ 缝在衣服里子边上的窄条
滚边 kuŋ⁵⁵piæ̃²¹ 在衣服、布鞋等的边缘
　　特别缝制的一种圆棱的边毛
毛边儿 mɔ²⁴piæ̃:²¹
上鞋 ʂaŋ⁵⁵χɛ²⁴ 鞔鞋帮儿
纳鞋底儿 na²¹χɛ²⁴ti:²¹

纳鞋底子 na²¹χɛ²⁴ti²¹tsʅ²¹
□纽子 tsæ̃⁵⁵niəu⁵²tsʅ²¹ 钉扣子
绣花儿 tɕʰiəu⁵⁵χua:²⁴
补补丁 pu⁵²pu⁵²tiŋ²¹
缝被褥 fəŋ²⁴pi⁵⁵ʒʋu²¹
装被儿 tʃʋuaŋ⁵⁵pi:⁵⁵ 缝棉花被子
装褥子 tʃʋuaŋ⁵⁵ʒʋu²¹tsʅ²⁴ 缝棉花褥子
洗衣裳 ɕi⁵²i²¹ʂaŋ²⁴
洗一水 ɕi⁵²i²¹ʃʋuei⁵² 洗一次
投 tʰəu²⁴ 用清水漂洗
　　摆 pɛ⁵²
晒衣裳 sɛ⁵⁵i²¹ʂaŋ²⁴
晾衣裳 liaŋ⁵⁵i²¹ʂaŋ²⁴
熨衣裳 yŋ⁵⁵i²¹ʂaŋ²⁴

（二）食

□火 luŋ²⁴χuə⁵² 生火
做饭 tʃˠu⁵⁵fæ̃⁵⁵ 总称
淘米 tʰɔ²⁴mi⁵²
□面 nuei²⁴miæ̃⁵⁵ 发面
　起面 tɕʰi⁵²miæ̃⁵⁵
调面 tʰiɔ²⁴miæ̃⁵⁵
　和面 χuə⁵⁵miæ̃⁵⁵
□面 tsʅ²¹miæ̃⁵⁵
　揉面 zəu²⁴miæ̃⁵⁵
切饭 tɕʰiɛ²¹fæ̃⁵⁵
　切面 tɕʰiɛ²¹miæ̃⁵⁵
下饭 ɕia⁵⁵fæ̃⁵⁵ 下面条
捞饭 lɔ²⁴fæ̃⁵⁵ 捞面条
饭□住了 fæ̃⁵⁵tʰuə²⁴tʃˠu²¹lɔ²¹ 面条结在一块了
擀饭 kæ̃⁵²fæ̃⁵⁵ 擀面条
蒸馍馍 tʂəŋ²¹mə²⁴mə²¹ 蒸馒头，动宾
择菜 tsʰei²⁴tsʰɛ⁵⁵
烧汤 ʂɔ²¹tʰaŋ²¹ 做汤
搭汤汤儿 ta²¹tʰaŋ²¹tʰa:ŋ²¹ 做卤子
饭熟了 fæ̃⁵⁵ʃˠu²⁴lɔ²¹ 包括饭菜
　饭好了 fæ̃⁵⁵χɔ⁵²lɔ²⁴
吃饭了 tʂʰʅ²¹fæ̃⁵⁵lɔ²⁴ 开饭
舀饭 iɔ⁵²fæ̃⁵⁵ 盛饭
吃饭 tʂʰʅ²¹fæ̃⁵⁵
剖饭 pʰɔ²⁴fæ̃⁵⁵ 从盛好的盘子里往其他盘子或锅里分饭
菜碟儿 tsʰei²⁴tʰiɛ:²¹ 下饭菜
剖菜碟儿 pʰɔ²⁴tsʰei²⁴tʰiɛ:²¹ 将菜盛盘子里
添饭 tʰiæ̃²¹fæ̃⁵⁵
取饭 tɕʰy⁵²fæ̃⁵⁵ 舀饭
捏筷子 ȵiɛ²¹kʰuæ̃⁵⁵tsʅ²¹ 使筷子

捉筷子 tʃˠuɛ²¹kʰuæ̃⁵⁵tsʅ²¹
□筷子 χa⁵²kʰuæ̃⁵⁵tsʅ²¹
汤 tʰaŋ²¹
喝汤 χə²¹tʰaŋ²¹
吃早饭 tʂʰʅ²¹tsɔ⁵²fæ̃⁵⁵
吃晌午 tʂʰʅ²¹ʂaŋ²¹vu²⁴
　吃午饭 tʂʰʅ²¹vu⁵²fæ̃⁵⁵
吃黑饭 tʂʰʅ²¹χei²¹fæ̃⁵⁵ 老
吃晚饭 tʂʰʅ²¹væ̃⁵²fæ̃⁵⁵ 新
吃零嘴 tʂʰʅ²¹liŋ²⁴tʃˠuei²¹
莫煮烂 mə²¹tʃˠu⁵²læ̃⁵⁵ 没煮熟
咬不烂 ȵiɔ⁵²mu²¹læ̃⁵⁵ 嚼不动
　咬不□ ȵiɔ⁵²mu²⁴ʒˠu⁵²
　嚼不烂 tʃʰˠuə²¹mu²⁴læ̃⁵⁵
（吃饭）噎住了 iɛ²¹tʃʰˠu⁵⁵lɔ²¹
打饱□ ta⁵²pɔ⁵²ŋɛ²⁴fu²¹ 打嗝儿，吃饭后
（吃得太多了）胀着 tʂaŋ⁵⁵tʂɔ²¹
莫□道 mə²¹y⁵⁵tɔ²¹ 没味道
□tiəu²¹ 留下，把饭～下
□tuŋ⁵² 剩下，把饭～下了
喝茶 χə²¹tsʰa²⁴
喝酒 χə²¹tɕiəu⁵²
吃烟 tʂʰʅ²¹iæ̃⁵²
　抽烟 tʂʰəu²¹iæ̃⁵²
饿了 ŋə⁵⁵lɔ²¹

（三）住

起来 tɕʰi⁵²lɛ²⁴ 起床
洗手 ɕi²⁴ʂəu⁵²
洗脸 ɕi²⁴ȵiæ̃⁵²
涮口 ʃˠuæ̃⁵⁵kʰəu⁵² 漱口
刷牙 ʃˠua²¹ȵia²⁴
梳头 ʃˠu²¹tʰəu²⁴

扎头 tsa²¹tʰəu²⁴ 扎马尾巴
　　扎冒□tsa²¹mɔ⁵⁵kə²¹
辫辫子 pʰiæ⁵⁵pʰiæ⁵⁵tsʅ²¹
盘转转 pʰæ²⁴tʃᵛuæ⁵²tʃᵛuæ²¹ 梳髻
铰指甲 tɕiɔ⁵²tsʅ²¹tɕia²¹
掏耳朵 tʰɔ²¹ɚ⁵²tuə²¹
洗身上 ɕi⁵²ʂəŋ²¹ʂaŋ⁵⁵
　　洗澡 ɕi⁵²tsɔ⁵²
搓背 tʃʰᵛuə²¹pei⁵⁵
解手 tɕiɛ⁵²ʂəu⁵²
　　上厕所 ʂaŋ⁵⁵tsʰɛ²¹suə⁵²
尿尿 ȵiɔ⁵⁵ȵiɔ⁵⁵ 小便，动词
屙屎 pa²¹sʅ⁵² 大便，动词
　　拉屎 la²¹sʅ⁵²
　　拉粑粑 la²¹pa⁵²pa²⁴ 多用于小孩
乘凉 tʂʰəŋ⁵⁵liaŋ²¹
晒热头 sɛ⁵⁵zə²¹tʰəu²⁴
　　晒太阳 sɛ⁵⁵tʰɛ⁵⁵iaŋ²¹
烤火 kɔ⁵²χuə⁵² 取暖
点灯 tiæ⁵²təŋ²¹
关灯 kuæ²¹təŋ²¹
　　熄灯 ɕi²¹təŋ²¹
歇给一下 ɕiɛ²¹kei⁵⁵i²¹χa⁵⁵ 歇歇，休息
　　一会儿
丢盹儿 tiəu²¹tu:ŋ⁵² 打盹儿
打哈欠 ta⁵²χə²⁴ɕiæ²¹
乏了 fa²⁴lɔ²¹ 困了
　　瞌睡了 kʰə²¹ʃᵛuei⁵⁵lɔ²¹
暖炕 nuæ⁵²kʰaŋ⁵⁵ 拉开被子准备睡觉
　　铺炕 pʰu²¹kʰaŋ⁵⁵
　　铺床 pʰu²¹tʃʰᵛuaŋ²⁴ 新
扫炕 sɔ⁵²kʰaŋ⁵⁵
　　扫床 sɔ⁵²tʃʰᵛuaŋ²⁴

躺下 tʰaŋ⁵²χa²⁴
睡□了 ʃᵛuei⁵⁵tʂʰə²⁴lɔ²¹ 睡着了
拉鼾睡 la²¹χæ⁵⁵ʃᵛuei²¹ 打呼
睡不着 ʃᵛuei⁵⁵mu²⁴tʂʰə²⁴
睡午觉 ʃᵛuei⁵⁵vu⁵²tɕiɔ⁵⁵
平身子睡 pʰiŋ²⁴ʂəŋ²¹tsʅ²⁴ʃᵛuei⁵⁵
　　平躺下睡 pʰiŋ²⁴tʰaŋ⁵²χa²⁴ʃᵛuei⁵⁵
□棱子睡 tsəŋ²¹ləŋ²¹tsʅ²¹ʃᵛuei⁵⁵
　　侧身睡 tsʰɛ²¹ʂəŋ²¹ʃᵛuei⁵⁵ 新
趴着睡 pʰa²⁴tʂɔ²¹ʃᵛuei⁵⁵
脖子□了 pʰə²⁴tsʅ²¹və²¹lɔ²¹ 落枕
抽筋了 tɕʰəu²¹tɕiŋ⁵²lɔ²¹
梦睡梦 məŋ⁵⁵ʃᵛuei⁵⁵məŋ²¹ 做梦
说梦话 ɕyɛ²¹məŋ²¹χua²¹
魔住了 iæ⁵²tʃʰᵛu²⁴lɔ²¹
熬夜 ŋɔ²⁴iɛ⁵⁵
开夜车 kʰɛ²¹iɛ⁵⁵tʂʰə²¹
睡下 ʃᵛuei⁵⁵χa²¹
失睡了 sʅ²¹ʃᵛuei⁵⁵lɔ²¹
　　睡过时了 ʃᵛuei⁵⁵kuə⁵⁵sʅ²⁴lɔ²¹
睡实了 ʃᵛuei⁵⁵sʅ²⁴lɔ²¹ 睡踏实了

（四）行

下地 ɕia⁵⁵tʰi⁵⁵ 去地里干活
做活 tʃᵛu⁵⁵χuə²⁴ 上工
　　做活节 tʃᵛu⁵⁵χuə²⁴tɕiɛ²¹
上班 ʂaŋ⁵⁵pæ⁵⁵
收工 ʂəu²¹kuŋ²¹
出去了 tʃʰᵛu²¹tɕʰi⁵⁵lɔ²¹
回家了 χuei²⁴tɕia²¹lɔ²¹
逛街道 kuaŋ⁵⁵kɛ²¹tʰɔ⁵⁵
　　逛街 kuaŋ⁵⁵kɛ²¹

转街道 tʃʮuæ⁵⁵kɛ²¹tʰɔ⁵⁵　　　　转 tʃʮuæ⁵⁵
闲转 ɕiæ²⁴tʃʮuæ⁵⁵　　　　　　溜达 liəu⁵⁵ta²¹
　散步 sæ⁵⁵pʰu⁵⁵

十七　讼事

打官司 ta⁵²kuæ²¹sʅ²¹　　　　　按手印 ŋæ⁵⁵ʂəu⁵²iŋ⁵⁵
告状 kɔ⁵⁵tʃʮuaŋ⁵⁵ 动宾　　　 招认 tʂɔ²¹zəŋ⁵⁵
原告 yæ²⁴kɔ⁵⁵　　　　　　　 上税 ʂaŋ⁵⁵ʃʮuei⁵⁵
被告 pi⁵⁵kɔ⁵⁵　　　　　　　　口供 kʰəu⁵²kuŋ⁵⁵
状子 tʃʮuaŋ⁵⁵tsʅ²¹　　　　　 地租 tʰi⁵⁵tʃʮu²⁴
升堂 ʂəŋ²¹tʰaŋ²⁴　　　　　　 供 kuŋ⁵⁵ ~出同谋
退堂 tʰuei⁵⁵tʰaŋ²⁴　　　　　 约 yɛ²¹
问案 vəŋ⁵⁵ŋæ⁵⁵　　　　　　　地契 tʰi⁵⁵tɕʰi⁵⁵
过堂 kuə⁵⁵tʰaŋ²⁴　　　　　　 同伙儿 tʰuŋ²⁴χuə:⁵²
证人 tʂəŋ⁵⁵zəŋ²¹　　　　　　 同谋 tʰuŋ²⁴mu²⁴
人证 zəŋ²⁴tʂəŋ⁵⁵　　　　　　 犯罪 fæ⁵⁵tʃʮuei⁵⁵
物证 və²¹tʂəŋ⁵⁵　　　　　　　执照 tʂʅ²⁴tʂɔ⁵⁵
刑事 ɕiŋ²⁴sʅ⁵⁵　　　　　　　 诬告 vu²¹kɔ⁵⁵
民事 miŋ²⁴sʅ⁵⁵　　　　　　　 违法 vei²⁴fa²¹
家务事 tɕia²¹vu⁵⁵sʅ⁵⁵　　　　起诉 tɕʰi⁵²ʃʮu⁵⁵
绑了 paŋ²¹lɔ²⁴　　　　　　　 诬陷 vu²¹ɕiæ⁵⁵
律师 ȵy²¹sʅ²¹　　　　　　　　牵连 tɕʰiæ²¹liæ²⁴
关起来 kuæ²¹tɕʰi⁵²lɛ²⁴ 囚禁起来　抓了 tʃʮua²¹lɔ²⁴
代写 te⁵⁵ɕiɛ²¹ 代人写状子的　 逮捕 te²¹pu⁵²
探监 tʰæ⁵⁵tɕiæ²¹　　　　　　 走后门 tsəu⁵²χuei⁵⁵məŋ²¹
坐牢 tʃʰʮuə⁵⁵lɔ²⁴　　　　　　告示 kɔ⁵⁵sʅ⁵⁵
越狱 yɛ²¹y²¹　　　　　　　　 连坐 liæ²⁴tʃʰʮuə⁵⁵
不服 mu²¹fu²⁴　　　　　　　　通知 tʰuŋ²¹tsʅ⁵⁵
立字据 li²¹tsʰʅ⁵⁵tɕy⁵⁵　　　保释 pɔ⁵²sʅ²¹
上诉 ʂaŋ⁵⁵ʃʮu⁵⁵　　　　　　　取保命令 tɕʰy⁵²pɔ⁵²miŋ⁵⁵liŋ⁵⁵
画押 χua⁵⁵ia²¹　　　　　　　 逮捕印 te²¹pu⁵²iŋ⁵⁵ 官方图章
宣判 ɕyæ²¹pʰæ⁵⁵　　　　　　　押解 ia²¹tɕiɛ⁵²

私访 sʅ²¹faŋ⁵²
囚车 tɕʰiəu²⁴tʂʰə²¹
受贿 tʂʰəu⁵⁵χuei⁵⁵
上任 ʂaŋ⁵⁵zəŋ⁵⁵
行贿 ɕiŋ²⁴χuei⁵⁵
卸任 ɕiɛ⁵⁵zəŋ⁵⁵
罚款 fa²⁴kʰuæ⁵²
罢免 pa⁵⁵miæ⁵²
砍头 kʰæ̃⁵²tʰəu²⁴
 斩首 tsæ⁵²ʂəu⁵²
 杀了 sa²¹lɔ²⁴
案卷 ŋæ⁵⁵tɕyæ⁵⁵
枪毙 tɕʰiaŋ²¹pi⁵⁵

传票 tʃʰᵛuæ²⁴pʰiɔ⁵⁵
亡命旗 vaŋ²⁴miŋ⁵⁵tɕʰi²⁴ 斩条，插在死
 囚背后验明正身的
拷打 kʰɔ⁵²ta⁵²
逼供 pi²¹kuŋ⁵⁵
上刑 ʂaŋ⁵⁵ɕiŋ²⁴
移交 i²⁴tɕiɔ²¹
档案 taŋ⁵⁵ŋæ⁵⁵
手铐 ʂəu⁵²kʰɔ⁵⁵
脚镣 tɕye²¹liɔ⁵⁵
脚铐 tɕye²¹kʰɔ⁵⁵
脚链 tɕye²¹liæ⁵⁵

十八　交际

应酬 iŋ⁵⁵tʂʰəu²⁴
 招待 tʂɔ²¹tɛ⁵⁵
 招呼 tʂɔ²¹χu²¹
来往 lɛ²⁴vaŋ⁵²
看人 kʰæ̃⁵⁵zəŋ²⁴ 去看望人
 看一下 kʰæ̃⁵⁵i²¹χa⁵⁵
拜访 pɛ⁵⁵faŋ⁵²
还礼 χuæ²⁴li⁵² 回拜
客 kʰɛ²¹
 客人 kʰɛ²¹zəŋ²⁴
请客 tɕʰiŋ⁵²kʰɛ²¹
男客 næ²⁴kʰɛ²¹
女客 ɳy⁵²kʰɛ²¹
送情 ʃᵛuŋ⁵⁵tɕʰiŋ²⁴ 送礼
礼物 li⁵²və²¹
人情 zəŋ²⁴tɕʰiŋ²¹
做客 tʃᵛuŋ²¹kʰɛ²¹

待客 tɛ⁵⁵kʰɛ²¹
陪客 pʰei²⁴kʰɛ²¹ 动宾
送客 ʃᵛuŋ⁵⁵kʰɛ²¹
你忙着 ɳi⁵²maŋ²⁴tʂɔ²¹ 主人说的客气话
不送了 mu²¹ʃᵛuŋ⁵⁵lɔ²¹
莫招呼好 mə²¹tʂɔ²¹χu²¹χɔ⁵² 招待不周
没吃好 mə²¹tʂʰʅ²¹χɔ⁵²
麻烦了 ma²⁴fæ²¹lɔ²¹
谢谢 ɕiɛ⁵⁵ɕiɛ²¹
多谢 tuə²¹ɕiɛ⁵⁵
闲的 ɕiæ²⁴tɛ²¹
不客气 mu⁵⁵kʰə²¹tɕʰi⁵⁵
摆酒席 pɛ⁵²tɕiəu⁵²ɕi²⁴
一桌酒席 i⁵⁵tʃᵛuə²⁴tɕiəu⁵²ɕi²⁴
吃席 tʂʰʅ²¹ɕi²⁴
坐席 tʃʰᵛuə⁵⁵ɕi²⁴
请帖 tɕʰiŋ⁵²tʰiɛ²¹

下请帖 ɕia⁵⁵tɕʰiŋ⁵²tʰiɛ²¹
入席 ʒᵛu²¹ɕi²⁴
上席 ʂaŋ⁵⁵ɕi²⁴
下席 χa⁵⁵ɕi²⁴
上菜 ʂaŋ⁵⁵tsʰɛ⁵⁵
倒酒 tɔ⁵⁵tɕiəu⁵²
劝酒 tɕʰyæ̃⁵⁵tɕiəu⁵²
干杯 kæ̃⁵⁵pʰei²¹
划拳 χua²⁴tɕʰyæ̃²⁴
　行酒令 ɕiŋ²⁴tɕiəu⁵²liŋ⁵⁵
喝干 χə²¹kæ̃²¹
一口蒙 i⁵⁵kʰəu⁵²məŋ⁵⁵ 一口喝干
冤家 yæ̃²¹tɕia²¹
　对头 tuei⁵⁵tʰəu²¹
看不过眼 kʰæ̃⁵⁵mu²⁴kuə⁵⁵ȵiæ̃²¹ 不平，路见不平
亏柱 kʰuei²¹vaŋ²¹ 老
冤柱 yæ̃²⁴vaŋ²¹ 新
多嘴 tuə²¹tʃᵛuei⁵²
　插嘴 tsʰa²¹tʃᵛuei⁵²
　嘴□ tʃᵛuei⁵²tɕiæ̃⁵²
寻不是 ɕiŋ²⁴mu²¹sɿ⁵⁵ 吹毛求疵
做作 tʃᵛu⁵⁵tʃᵛuə²¹
装 tʃᵛuaŋ²¹
　摆架子 pɛ⁵²tɕia⁵⁵tsɿ²¹
　装大来头 tʃᵛuaŋ²¹ta⁵⁵lɛ²⁴tʰəu²¹
　人大 zəŋ²⁴ta⁵⁵
耍牌子 ʃᵛua⁵²pʰɛ²⁴tsɿ²¹
　摆阔气 pɛ⁵²kʰua²¹tɕʰi⁵⁵
装傻 tʃᵛuaŋ²¹ʂa⁵²
丢丑 tiəu²¹tʂʰəu⁵²
　出洋相 tʃʰᵛu²¹iaŋ²⁴ɕiaŋ⁵⁵
丢人 tiəu²¹zəŋ²⁴

丑角子 tʂʰəu⁵²tɕyɛ²¹tsɿ²⁴ 丢丑的人
舔勾子 tʰiæ̃⁵²kəu²¹tsɿ²⁴
　巴结 pa²¹tɕi²¹
游门子 iəu²⁴məŋ²⁴tsɿ²¹
　串门儿 tʃʰᵛuæ̃⁵⁵mə:ŋ²⁴
　串门子 tʃʰᵛuæ̃⁵⁵məŋ²⁴tsɿ²¹
捱了一头子 ŋɛ²⁴lə²¹i²¹tʰəu²⁴tsɿ²¹ 被训了一顿
好话 χɔ⁵²χua⁵⁵
拐话 kuɛ⁵²χua⁵⁵ 不好的话
诀人 tɕyɛ²¹zəŋ²⁴ 骂人
□tiŋ²⁴ 语言生硬，伤人心
日弄人 zι²¹nuŋ⁵⁵zəŋ²⁴
套近乎 tʰɔ⁵⁵tɕʰiŋ⁵⁵χu²¹
欺负 tɕʰi²¹fu⁵⁵
伤两句 ʂaŋ²¹liaŋ⁵²tɕy⁵⁵ 语言伤人
看得起 kʰæ̃⁵⁵tɛ²⁴tɕʰi⁵²
看不起 kʰæ̃⁵⁵mu²⁴ɕʰi⁵²
合伙儿 χə²⁴χuə:⁵²
答应 ta²¹iŋ⁵⁵
不同意 mu²⁴tʰuŋ²¹i²¹
　不答应 mu²⁴ta²¹iŋ⁵⁵
谝闲传 pʰiæ̃⁵²ɕiæ̃²⁴tʃʰᵛuæ̃²⁴
闹和 nɔ⁵⁵χə²¹
胡闹 χu²⁴nɔ⁵⁵
倒是非 tɔ⁵²sɿ⁵⁵fei²¹
鼓住了 ku⁵²tʃᵛu²⁴lə²¹ 治住了
寻事 ɕiŋ²⁴sɿ⁵⁵ 寻衅
事情 sɿ⁵⁵tɕʰiŋ²¹ 总称
　大碎事 ta⁵⁵ʃᵛuei⁵⁵sɿ⁵⁵
搊出去 tsʰəu²¹tʃʰᵛu²¹tɕʰi⁵⁵ 攥出去，推出去

十九 商业、交通

（一）经商行业

字号 tsʰʅ⁵⁵χɔ⁵⁵
牌子 pʰɛ²⁴tsʅ²¹ 招牌
广告 kuaŋ²¹kɔ⁵⁵
铺子 pʰu⁵⁵tsʅ²¹
开铺子 kʰɛ²¹pʰu⁵⁵tsʅ²¹
门面 məŋ²⁴miæ̃²¹ 商店的门面
 铺面 pʰu⁵⁵miæ̃⁵⁵
门面房 məŋ²⁴miæ̃²¹faŋ²⁴
做生意 tʃʴu⁵⁵səŋ²¹i⁵⁵
店 tiæ̃⁵⁵
 旅店 ȵy²¹tiæ̃⁵⁵
 酒店 tɕiəu⁵²tiæ̃⁵⁵
站店 tsæ̃⁵⁵tiæ̃⁵⁵ 住店
饭馆 fæ̃⁵⁵kuæ⁵²
吃馆子 tʂʰʅ²¹kuæ̃⁵²tsʅ²¹
 下馆子 ɕia⁵⁵kuæ̃⁵²tsʅ²¹
 进馆子 tɕiŋ⁵⁵kuæ̃⁵²tsʅ²¹
布店 pu⁵⁵tiæ̃⁵⁵
百货店 pei²¹χuə⁵⁵tiæ̃⁵⁵
杂货铺子 tsa²⁴χuə⁵⁵pʰu⁵⁵tsʅ²¹ 杂货店
油盐店 iəu²⁴iæ̃²⁴tiæ̃⁵⁵
粮店 liaŋ²⁴tiæ̃⁵⁵
 粮油店 liaŋ²⁴iəu²⁴tiæ̃⁵⁵
瓷器店 tsʰʅ²⁴tɕʰi⁵⁵tiæ̃⁵⁵
文具店 vəŋ²⁴tɕy⁵⁵tiæ̃⁵⁵
书店 ʃʴu²¹tiæ̃⁵⁵
澡堂子 tsɔ⁵²tʰaŋ²⁴tsʅ²¹
银楼 iŋ²⁴ləu²⁴
茶馆儿 tsa²⁴kuæ̃:⁵²

理发店 li⁵²fa²¹tiæ̃⁵⁵
 剃头店 tʰi⁵⁵tʰəu²⁴tiæ̃⁵⁵ 老
理发 li⁵²fa²¹ 新
 剃头 tʰi⁵⁵tʰəu²⁴ 老
刮脸 kua²¹ȵiæ̃⁵²
刮胡子 kua²¹χu²⁴tsʅ²¹
铁匠铺 tʰiɛ²¹tɕʰiaŋ⁵⁵pʰu⁵⁵
肉铺子 zəu⁵⁵pʰu⁵⁵tsʅ²¹
杀猪 sa²¹tʃʴu²¹
油坊 iəu²⁴faŋ²¹
 榨油坊 tsa⁵⁵iəu²⁴faŋ²¹
醋坊 tʃʰʴu⁵⁵faŋ²¹
□醋 ȵiŋ⁵⁵tʃʰʴu⁵⁵ 酿醋，动宾
当铺 taŋ⁵⁵pʰu⁵⁵
租房子 tʃʴu²¹faŋ²⁴tsʅ²¹
典房子 tiæ̃⁵²faŋ²⁴tsʅ²¹
煤铺子 mei²⁴pʰu⁵⁵tsʅ²¹
煤球 mei²⁴tɕʰiəu²⁴
煤砖 mei²⁴tʃʴuæ̃²¹
蜂窝煤 fəŋ²⁴və⁵²mei²⁴

（二）经营、交易

开业 kʰɛ²¹ȵiɛ²¹
 开张 kʰɛ²¹tʂaŋ²¹
停业 tʰiŋ²⁴ȵiɛ²¹
关门 kuæ̃²¹məŋ²⁴
 倒闭 tɔ⁵²pi⁵⁵
盘点 pʰæ̃²⁴tiæ̃⁵²
铺柜 pʰu⁵⁵kʰuei⁵⁵
 柜台 kʰuei⁵⁵tʰɛ²⁴
要价 iɔ⁵⁵tɕia⁵⁵

还价 χuæ²⁴tɕia⁵⁵
点货 tiæ⁵²χuə⁵⁵
（价钱）欠 tɕʰiæ⁵⁵
　　便宜 pʰiæ²⁴i²¹
（价钱）贵 kuei⁵⁵
（价钱）公道 kuŋ²¹tɔ⁵⁵
□了 tuæ̃⁵⁵lɔ²¹ 包圆儿，剩下的全部买了
生意好 səŋ²¹i⁵⁵χɔ⁵²
工资 kuŋ²¹tsʅ²¹
　　工钱 kuŋ²¹tɕʰiæ²⁴
本儿 pə:ŋ⁵²
　　本钱 pəŋ⁵²tɕʰiæ²⁴
利钱 li⁵⁵tɕʰiæ²⁴
利大 li⁵⁵ta⁵⁵
利薄 li⁵⁵pʰə²⁴
　　利小 li⁵⁵ɕiɔ⁵²
盘缠 pʰæ̃²⁴tʂæ̃²¹
路费 lu⁵⁵fei⁵⁵
生意不咋样 səŋ²¹i⁵⁵mu²¹tsa²⁴iaŋ⁵⁵
　　生意不行 səŋ²¹i⁵⁵mu²¹ɕiŋ²¹
　　生意淡 səŋ²¹i⁵⁵tiæ̃⁵⁵
保本 pɔ⁵²pəŋ⁵²
赚钱 tʃᵛuæ⁵⁵tɕʰiæ²⁴
净赚 tɕʰiŋ⁵⁵tʃᵛuæ⁵⁵
入股 ʐᵛu²¹ku⁵²
利息 li⁵⁵ɕi²¹
几分利 tɕi⁵²fəŋ²¹li⁵⁵ 几分利息
驴打滚儿 ȵy²⁴ta⁵²ku:ŋ⁵² 利滚利
挣钱 tsəŋ⁵⁵tɕʰiæ²⁴
赔钱 pʰei²⁴tɕʰiæ²⁴
　　贴钱 tʰiɛ²¹tɕʰiæ²⁴
　　贴本儿 tʰiɛ²¹pə:ŋ⁵²
　　折本儿 ʂə²⁴pə:ŋ⁵²
　　赔本儿 pʰei²⁴pə:ŋ⁵²

亏本儿 kʰuei⁵²pə:ŋ⁵²
运气好 yŋ⁵⁵tɕʰi⁵⁵χɔ⁵²
该 kɛ⁵² ~ 他三元钱
　　欠 tɕʰiæ⁵⁵
该下了 kɛ⁵²χa⁵⁵lɔ²¹ 欠下钱了
差 tsʰa²¹ ~ 五角十元，即九元五角
押金 ȵia²¹tɕiŋ²¹

（三）账目、度量衡

账房 tʂaŋ⁵⁵faŋ²¹
账 tʂaŋ⁵⁵
花销 χua²¹ɕiɔ²¹
　　开销 kʰɛ²¹ɕiɔ²¹
　　花费 χua²¹fei⁵⁵
收账 ʂəu²¹tʂaŋ⁵⁵ 记收入的账
出账 tʃʰᵛu²¹tʂaŋ⁵⁵ 记付出的账
该账 kɛ²¹tʂaŋ⁵⁵
　　欠账 tɕʰiæ⁵⁵tʂaŋ⁵⁵
要账 iɔ⁵⁵tʂaŋ⁵⁵
烂账 læ⁵⁵tʂaŋ⁵⁵ 要不来的账
老账 lɔ²¹tʂaŋ⁵⁵
　　旧账 tɕʰiəu⁵⁵tʂaŋ⁵⁵
新账 ɕiŋ²¹tʂaŋ⁵⁵
黑账 χei²¹tʂaŋ⁵⁵
糊涂账 χu²⁴tʰu²⁴tʂaŋ⁵⁵
还账 χuæ²⁴tʂaŋ⁵⁵
　　还钱 χuæ²⁴tɕʰiæ²⁴
　　还债 χuæ²⁴tsɛ⁵⁵
下账 ɕia⁵⁵tʂaŋ⁵⁵
记账 tɕi⁵⁵tʂaŋ⁵⁵
赊账 ʂə²¹tʂaŋ⁵⁵
发票 fa²¹pʰiɔ⁵⁵
收据 ʂəu²¹tɕy⁵⁵

存款 tʃʰᵛuŋ²⁴kʰuæ⁵² 存下的钱
整钱 tʂəŋ⁵²tɕʰiæ²⁴ 如十元、百元的钱
零钱 liŋ²⁴tɕʰiæ²⁴
钱 tɕʰiæ²⁴
 票子 pʰiɔ⁵⁵tsʅ²¹
 人民币 zəŋ²⁴miŋ²⁴pi⁵⁵
 钞票 tsʰɔ²¹pʰiɔ⁵⁵
钢镚 kaŋ²¹pəŋ⁵⁵
 硬币 ȵiŋ⁵⁵pi⁵⁵
麻钱儿 ma²⁴tɕʰiæː²¹ 铜板儿
银元 iŋ²⁴yæ²⁴
块块钱 kʰuæ⁵²kʰuæ²⁴tɕʰiæ²⁴
 元元钱 yæ²⁴yæ²¹tɕʰiæ²⁴
一分钱 i⁵⁵fəŋ²¹tɕʰiæ²⁴
一毛钱 i²¹mɔ²⁴tɕʰiæ²⁴
 一角钱 i⁵⁵tɕyɛ²¹tɕʰiæ²⁴
一个钱 i²¹kə⁵⁵tɕʰiæ²⁴
 一块钱 i²¹kʰuæ⁵²tɕʰiæ²⁴
 一元钱 i²¹yæ²⁴tɕʰiæ²⁴
十块钱 ʂʅ²⁴kʰuæ⁵²tɕʰiæ²⁴
十元钱 ʂʅ²⁴yæ²⁴tɕʰiæ²⁴
一百块钱 i⁵⁵pei²¹kʰuæ⁵²tɕʰiæ²⁴
 一百元 i⁵⁵pei²¹yæ²⁴
一张票子 i²¹tʂaŋ²⁴pʰiɔ⁵⁵tsʅ²¹ 钞票
 一张钱 i²¹tʂaŋ²⁴tɕʰiæ²⁴
盘子 pʰæ²⁴tsʅ²¹
 算盘 pʰæ²⁴
打盘子 ta⁵²pʰæ²⁴tsʅ²¹
 打算盘 ta⁵²ʂᵛuŋ⁵⁵pʰæ²⁴
天平 tʰiɛ²¹pʰiŋ²⁴
戥子 təŋ⁵²tsʅ²¹
秤 tʂʰəŋ⁵⁵
盘子秤 pʰæ²⁴tsʅ²¹tʂʰəŋ⁵⁵
电子秤 tiæ⁵⁵tsʅ²¹tʂʰəŋ⁵⁵
杆秤 kæ⁵²tʂʰəŋ⁵⁵
磅秤 paŋ⁵⁵tʂʰəŋ⁵⁵
秤盘 tʂʰəŋ⁵⁵pʰæ²⁴
秤砣儿 tʂʰəŋ⁵⁵tʰuəː²⁴
秤杆儿 tʂʰəŋ⁵⁵kæː⁵²
秤钩钩儿 tʂʰəŋ⁵⁵kəu²¹kəːu²¹
旺 vaŋ⁵⁵ 称物时秤尾高
□ ʒᵛu²⁴ 称物时秤尾低
吊 tiɔ⁵⁵ 称的很多，批发

（四）交通

铁路 tʰiɛ²¹lu⁵⁵
铁轨 tʰiɛ²¹kuei⁵²
火车 χuə⁵²tʂʰə²¹
火车站 χuə⁵²tʂʰə²¹tsæ⁵⁵
车路 tʂʰə²¹lu⁵⁵
 公路 kuŋ²¹lu⁵⁵
汽车 tɕʰi⁵⁵tʂʰə²¹
班车 pæ²¹tʂʰə²¹ 客车，指汽车的
货车 χuə⁵⁵tʂʰə²¹ 指汽车的
公共汽车 kuŋ²¹kuŋ⁵⁵tɕʰi⁵⁵tʂʰə²¹
小卧车 ɕiɔ⁵²və⁵⁵tʂʰə²¹
 小轿车 ɕiɔ⁵²tɕʰiɔ⁵⁵tʂʰə²¹
摩托车 mə²⁴tʰuə²⁴tʂʰə²¹
 电奔子 tiæ⁵⁵pəŋ²¹tsʅ²⁴ 老
三轮车 sæ²¹luŋ²⁴tʂʰə²¹ 载人的
黄包车 χuaŋ²⁴pɔ²¹tʂʰə²¹
架子车 tɕia⁵⁵tsʅ²⁴tʂʰə²¹ 四轮车，拉货的
 拉拉车 la²¹la²⁴tʂʰə²⁴
自行车 tsʰʅ⁵⁵ɕiŋ²⁴tʂʰə²¹
大车 ta⁵⁵tʂʰə²¹
船 ʂᵛuæ²⁴ 总称
帆船 fæ²¹tʃʰᵛuæ²⁴

渔船 y²⁴tʃʰᵛuæ̃²⁴
轮船 luŋ²⁴tʃᵛuæ̃²⁴/ʃʰᵛuæ̃²⁴
渡口 tu⁵⁵kʰəu²¹
帆 fæ̃²¹

桅杆 vei²⁴kæ²¹
舵 tuə⁵⁵
槽 tsʰɔ²⁴
桨 tɕiaŋ⁵²

二十　文化教育

（一）学校

学校 ɕye²⁴ɕiɔ⁵⁵
念书 niæ̃⁵⁵ʃᵛu²¹ 开始上小学
　上学 ʂaŋ⁵⁵ɕye²⁴
上学 ʂaŋ⁵⁵ɕye²⁴ 去学校上课
放学 faŋ⁵⁵ɕye²⁴ 上完课回家
逃课 tʰɔ²⁴kʰə⁵⁵
　逃学 tʰɔ²⁴ɕye²⁴
　旷课 kʰuaŋ⁵⁵kʰə⁵⁵
幼儿园 iɔʅ²¹yæ²⁴ 年龄较大
托儿所 tʰuə²¹ʅ²⁴suə⁵² 年龄较小
私塾 sʅ²¹ʃᵛu²⁴
学费 ɕye²⁴fei⁵⁵
放假 faŋ⁵⁵tɕia⁵²
暑假 ʃᵛu⁵²tɕia⁵²
寒假 χæ̃²⁴tɕia⁵²
请假 tɕʰiŋ⁵²tɕia⁵²
校服 ɕiɔ⁵⁵fu²⁴
小学 ɕiɔ⁵²ɕye²⁴
大学 ta⁵⁵ɕye²⁴
初中 tʃʰᵛu²¹tʃᵛuŋ²¹
高中 kɔ²¹tʃᵛuŋ²¹
初小 tʃʰᵛu²¹ɕiɔ⁵² 初级小学
完小 væ̃²⁴ɕiɔ⁵² 完全小学
职中 tʂʅ²⁴tʃᵛuŋ²¹ 职业中学
农中 nuŋ²⁴tʃᵛuŋ²¹ 农业中学
师范 sʅ²¹fæ̃⁵⁵

（二）教室、文具

教室 tɕiɔ⁵²sʅ²¹
上课 ʂaŋ⁵⁵kʰə⁵⁵
下课 ɕia⁵⁵kʰə⁵⁵
讲台 tɕiaŋ⁵²tʰɛ²⁴
黑板 χei²¹pæ̃⁵²
粉笔 fəŋ⁵²pi²¹
　粉锭儿 fəŋ⁵²ti:ŋ⁵⁵ 老
黑板擦子 χei²¹pæ̃⁵²tsʰa²¹tsʅ²⁴
　板擦 pæ̃⁵²tsʰa²¹
教鞭 tɕiɔ⁵²piæ̃²¹
点名册 tiæ̃⁵²miŋ²⁴tsʰɛ²¹
分数册 fəŋ²¹ʃᵛu⁵²tsʰɛ²¹
　记分册 tɕi⁵⁵fəŋ²¹tsʰɛ²¹
笔记 pi²¹tɕi⁵⁵
笔记本 pi²¹tɕi⁵⁵pəŋ⁵²
记笔记 tɕi⁵⁵pi²¹tɕi⁵⁵
板书 pæ̃⁵⁵ʃᵛu²⁴
讲义 tɕiaŋ⁵²i⁵⁵
教案 tɕiɔ⁵²ŋæ̃⁵⁵
铅笔 tɕʰiæ̃²¹pi²¹
擦子 tsʰa²¹tsʅ²⁴

橡皮 ɕiaŋ⁵⁵pʰi²⁴ 新
　　橡皮擦子 ɕiaŋ⁵⁵pʰi²⁴tsʰa²¹tsʅ²⁴
圆规 yæ²⁴kʰuei²⁴
三角板 sæ̃²¹tɕyɛ²¹pæ⁵²
铅笔盒 tɕʰiæ²¹pi²¹χɔ²¹
旋笔刀 ɕyæ⁵⁵pi²¹tɔ²⁴
　　旋子 ɕyæ⁵⁵tsʅ²¹
　　卷笔刀 tɕyæ⁵²pi²¹tɔ²⁴ 新
本本儿 pəŋ⁵²pə:ŋ²⁴ 总称
作文本 tsʵuə²¹vəŋ²⁴pəŋ⁵²
拼音本 pʰiŋ²iŋ²¹pəŋ⁵²
数学本 ʂʵu⁵⁵ɕyɛ²⁴pəŋ⁵²
大楷本 ta⁵⁵kʰɛ⁵²pəŋ⁵²
　　大字本 ta⁵⁵tsʰʅ⁵⁵pəŋ⁵²
水笔 ʂʵuei⁵²pi²¹
　　钢笔 kaŋ²¹pi²¹
毛笔 mɔ²⁴pi²¹
自动铅笔 tsʰʅ⁵⁵tuŋ⁵⁵tɕʰiæ²¹pi²¹
油笔 iəu²⁴pi²¹
签字笔 tɕʰiæ²¹tsʰʅ⁵⁵pi²¹
考试 kʰɔ⁵²sʅ⁵⁵
笔帽儿 pi²¹mɔ:⁵⁵
笔管子 pi²¹kuæ⁵²tsʅ²¹
笔筒 pi²¹tʰuŋ⁵²
砚台 iæ⁵⁵tʰɛ²⁴
□墨 iæ²⁴mei²⁴ 动宾
　　磨墨 mə²⁴mei²⁴
墨 mei²⁴ 墨汁
墨水 mei²⁴ʂʵuei⁵²
吸墨水 ɕi²¹mei²⁴ʂʵuei⁵²
书包 ʂʵu⁵²pɔ²¹

（三）读书识字

念书人 n̠iæ⁵⁵ʂʵu²¹zəŋ²⁴

读书人 tʰu²⁴ʂʵu²¹zəŋ²⁴
识字的 ʂʅ²⁴tsʰʅ⁵⁵tɛ²¹
文盲 vəŋ²⁴maŋ²⁴
不识字的 mu⁵⁵ʂʅ²⁴tsʰʅ⁵⁵tɛ²¹
识字 ʂʅ²⁴tsʰʅ⁵⁵
念书 n̠iæ⁵⁵ʂʵu²¹
读书 tʰu²⁴ʂʵu²¹
看书 kʰæ̃⁵⁵ʂʵu²¹
背书 pʰei⁵⁵ʂʵu²¹
复习 fu²¹ɕi²⁴
预习 y⁵⁵ɕi²⁴
报考 pɔ⁵⁵kʰɔ⁵²
招生 tʂɔ⁵²səŋ²¹
考场 kʰɔ⁵²tʂʰaŋ²⁴
进考场 tɕiŋ⁵⁵kʰɔ⁵²tʂʰaŋ²⁴
考学 kʰɔ⁵²ɕyɛ²⁴
卷子 tɕyæ⁵⁵tsʅ²¹
一百分 i⁵⁵pei²¹fəŋ²¹
满分 mæ̃⁵²fəŋ²⁴
零分 liŋ²⁴fəŋ²¹
零鸡蛋 liŋ²⁴tɕi²¹tæ̃⁵⁵
张榜 tʂaŋ²¹paŋ⁵²
发榜 fa⁵²paŋ⁵²
阅卷子 yɛ²¹tɕyæ⁵⁵tsʅ²⁴
号卷子 χɔ⁵⁵tɕyæ⁵⁵tsʅ²⁴
看卷子 kʰæ̃⁵⁵tɕyæ⁵⁵tsʅ²⁴
改卷子 kɛ⁵²tɕyæ⁵⁵tsʅ²⁴
第一名 ti⁵⁵i²¹miŋ²⁴
最后一名 tsʵuei²¹χəu⁵⁵i²¹miŋ²⁴
倒数第一名 tɔ⁵⁵ʂʵu⁵²ti⁵⁵i²¹miŋ²⁴
毕业 pi²¹n̠iɛ²¹
毕业证 pi²¹n̠iɛ²¹tʂəŋ⁵⁵
肄业 sʅ⁵⁵n̠iɛ²¹
结业证 tɕiɛ²¹n̠iɛ²¹tʂəŋ⁵⁵
文凭 vəŋ²¹pʰiŋ²¹

(四) 写字

大楷 ta⁵⁵kʰɛ⁵²
小楷 ɕiɔ²¹kʰɛ⁵²
字帖 tsʰʅ⁵⁵tʰiɛ²¹
描红 miɔ²¹χuŋ²⁴
写白字 ɕiɛ⁵²pʰei²⁴tsʰʅ⁵⁵
　写别字 ɕiɛ⁵²pʰiɛ²⁴tsʰʅ⁵⁵
扔字 ɔʅ⁵²tsʰʅ⁵⁵ 丢字
草稿 tsʰɔ²¹kɔ²¹
打草稿 ta⁵²tsʰɔ²¹kɔ²¹
影格儿 iŋ⁵²kɛː²⁴
沓影格写 tʰa⁵²iŋ⁵²kɛ²⁴ɕiɛ⁵² 临帖
誊 tʰəŋ²⁴ 抄
一点 i⁵⁵tiæ̃⁵²
一横 i²¹χəŋ²⁴
一竖 i²¹ʃᵛu⁵⁵
一撇 i⁵⁵pʰiɛ⁵²
一捺 i²¹la⁵⁵
一勾 i⁵⁵kəu²⁴
一挑 i⁵⁵tʰiɔ⁵²
一画 i²¹χua⁵⁵ 王字是四画
偏旁儿 pʰiæ̃²¹pʰaːŋ²¹

单立人儿 tæ̃²¹li²¹zəːŋ⁵²
双立人儿 ʃᵛuaŋ²¹li²¹zəːŋ⁵²
弓长张 kuŋ²¹tʂʰaŋ²⁴tʂaŋ²¹
立早章 li²¹tsɔ⁵²tʂaŋ²¹
宝盖儿 pɔ⁵²kɛː⁵⁵
秃宝盖儿 tʰu⁵²pɔ⁵²kɛː⁵⁵
竖心旁 ʃᵛu⁵⁵ɕiŋ²¹pʰaŋ²¹
反犬旁 fæ̃²¹tɕʰyæ̃⁵²pʰaŋ²¹
单耳刀 tæ̃²¹ɔʅ²¹tɔ²¹
双耳刀 ʃᵛuaŋ²¹ɔʅ²¹tɔ²¹
反文旁 fæ̃²¹vəŋ²¹pʰaŋ²¹
提土旁 tʰi²⁴tʰu²¹pʰaŋ²¹
竹字头 tʃᵛu²¹tsʰʅ⁵⁵tʰəu²¹
火字旁 χuɔ⁵²tsʰʅ⁵⁵pʰaŋ²¹
四点底 sʅ⁵⁵tiæ̃⁵²ti⁵²
三点水 sæ̃²¹tiæ̃⁵²ʃᵛuei⁵²
两点水 liaŋ²¹tiæ̃⁵²ʃᵛuei⁵²
病字旁 pʰiŋ⁵⁵tsʰʅ⁵⁵pʰaŋ²¹
走之底 tsəu⁵²tsʅ⁵⁵ti⁵²
绞丝旁 tɕiɔ²¹sʅ²¹pʰaŋ²¹
提手旁 tʰi²⁴ʂəu²¹pʰaŋ²¹
草字头 tsʰɔ⁵²tsʰʅ⁵⁵tʰəu²¹

二十一　文体活动

(一) 游戏、玩具

风筝儿 fəŋ²¹tsəːŋ²¹ 新
　风□儿 fəŋ²¹tsəːu⁵⁵
藏咪咪雀儿 tɕʰiaŋ²⁴mi⁵⁵mi²⁴tɕʰiɔːŋ²¹ 捉
　迷藏
踢毽子 tʰi²¹tɕiæ̃⁵⁵tsʅ²¹

打毛蛋 ta⁵²mɔ²⁴tæ̃⁵⁵
　拍皮球 pʰɛ²¹pʰi²⁴tɕʰiəu²¹
耍□□ ʃᵛua⁵²nu²¹kuæ̃²⁴ 抓子儿,用几个
　小沙包或石子儿,扔起其一,做规定
　动作后再接住
弹跱珠 tʰæ̃²⁴pæ̃⁵⁵tʃᵛu²¹ 弹球儿
打水漂 ta⁵²ʃᵛuei⁵²pʰiɔ²¹ 在水面上掷瓦片

跳房儿 tʰiɔ²⁴faːŋ²¹
翻绞绞儿 fæ̃²¹tɕiɔ²¹tɕiɔː²⁴ 两人轮换翻
　　动手指头上的细绳，变出各种花样
出谜语 tʃʰvu²¹mi²⁴y²¹
猜谜儿 tsʰɛ²¹miː⁵⁵
□ tʰæ̃²⁴ 猜
不倒翁 mu⁵⁵tɔ²¹vəŋ²¹
跳皮筋 tʰiɔ²⁴pʰi²⁴tɕiŋ²¹
接亲亲 tɕie²¹tɕʰiŋ²¹tɕʰiŋ²¹ 过家家
　　接亲亲饭儿 tɕie²¹tɕʰiŋ²¹tɕʰiŋ²¹fæ̃ː⁵⁵
斗鸡 təu⁵⁵tɕi²⁴ 游戏名，一只腿蜷起，
　　用单腿跳，并用蜷起的膝盖顶对方
挤鳖娃 tɕi⁵²piɛ²¹va²⁴ 挤油儿
麻将 ma²⁴tɕiaŋ⁵⁵
牌儿 pʰɛː²⁴
打牌 ta⁵²pʰɛ²⁴
　　打麻将 ta⁵²ma²⁴tɕiaŋ⁵⁵
牌儿 pʰɛː²⁴
　　扑克 pʰu⁵²kʰɛ²⁴
打牌 ta⁵²pʰɛ²⁴
　　打扑克 ta⁵²pʰu⁵²kʰɛ²⁴
吹牛皮 tʃʰvuei⁵²niəu²⁴pʰi²¹ 一种扑克游戏
抽王八 tʃʰəu⁵²vaŋ²⁴pa²¹ 一种扑克游戏
□竹竿 mi²¹tʃvu²¹kæ̃²⁴ 一种扑克游戏
升级 ʂəŋ²¹tɕi²¹ 一种扑克游戏
挖坑 va²¹kʰəŋ²¹ 一种扑克游戏
　　挖坑坑 va²¹kʰəŋ²¹kʰəŋ²¹
双扣 ʃvuaŋ²¹kʰəu²¹ 一种扑克游戏
争上游 tsəŋ²¹ʂaŋ⁵⁵iəu²⁴ 一种扑克游戏
赶毛驴 kæ̃⁵²mɔ²⁴n̥y²¹ 一种扑克游戏
色子 sei²¹tsɿ²¹
压宝 n̥ia²¹pɔ⁵²
叭鞭 pa⁵²piæ̃²⁴

鞭炮 piæ̃²⁴pʰɔ⁵⁵ 新
放叭鞭 faŋ⁵⁵pa⁵²piæ̃²⁴
炮儿 pʰɔː⁵⁵ 总称
放炮儿 faŋ⁵⁵pʰɔː⁵⁵
花儿 χuaː²¹ 烟火
　　花炮儿 χua²¹pʰɔː⁵⁵
放花炮 faŋ⁵⁵χua²¹pʰɔ⁵⁵
　　放花儿 faŋ⁵⁵χuaː²¹

（二）体育

象棋 ɕiaŋ⁵⁵tʰɕi²⁴
下棋 ɕia⁵⁵ tʰɕi²⁴
将 tɕiaŋ⁵⁵
帅 ʃvue⁵⁵
车 tɕy²¹
马 ma⁵²
炮 pʰɔ⁵⁵
兵 piŋ²¹
卒卒儿 tʃvu²⁴tʃvuː²¹
上士 ʂaŋ⁵⁵sɿ⁵⁵ 士走上去
落士 luə²¹sɿ⁵⁵ 士走下来
飞象 fei²¹ɕiaŋ⁵⁵
落象 luə²¹ɕiaŋ⁵⁵
将军 tɕiaŋ²¹tɕyŋ²¹
围棋 vei²⁴tɕi²⁴
黑子 χei²¹tsɿ²¹
白子 pʰei²¹tsɿ²¹
拔河 pʰa²⁴χə²⁴
打浇水 ta⁵²tɕiɔ²¹ʃvuei²¹
　　游泳 iəu²⁴yŋ⁵²
仰泳 iaŋ²⁴yŋ⁵²
蛙泳 va²⁴yŋ⁵²

自由泳 tsʰɿ⁵⁵iəu²⁴yŋ⁵²
憋气 piɛ²¹tɕʰi⁵⁵
潜水 tɕʰiæ²⁴ʃʵuei²¹
打球 ta⁵²tɕʰiəu²⁴
赛球 sɛ⁵⁵tɕʰiəu²⁴
乒乓球 pʰiŋ²¹pʰaŋ⁵⁵tɕʰiəu²⁴
篮球 læ²⁴tɕʰiəu²⁴
排球 pʰɛ²⁴tɕʰiəu²⁴
足球 tɕy²¹tɕʰiəu²⁴
羽毛球 y⁵²mɔ²⁴tɕʰiəu²⁴
跳远 tʰiɔ²⁴yæ²¹
跳高 tʰiɔ²⁴kɔ²¹

（三）武术、舞蹈

翻毛蛋蛋儿 fæ²¹mɔ²⁴tæ̃⁵⁵tæ̃:²⁴
   翻毛跟斗 fæ²¹mɔ²⁴kəŋ²¹təu²⁴
   翻跟头 fæ²¹kəŋ²¹tʰəu²⁴ 新
打鹞子 ta⁵²iɔ⁵⁵tsɿ²¹ 侧身翻
倒立 tɔ⁵⁵li²¹
耍狮子 ʃʵua⁵²sɿ²¹tsɿ²¹
耍龙 ʃʵua⁵²nuŋ²⁴
高脚 kɔ²¹tɕyɛ²¹ 高跷
踩高脚 tsʰɛ⁵²kɔ²¹tɕyɛ²¹
高台 kɔ²¹tʰɛ²⁴
耍刀 ʃʵua⁵²tɔ²¹
耍枪 ʃʵua⁵²tɕʰiaŋ²¹
耍棍儿 ʃʵua⁵²ku:ŋ⁵⁵
扭秧歌儿 ȵiəu⁵²iaŋ²¹kɤ²¹

打腰鼓 ta⁵²iɔ⁵²ku²¹
跳舞 tʰiɔ²⁴vu⁵²

（四）戏剧

木偶戏 mu²¹ŋəu⁵²ɕi⁵⁵
灯影子 təŋ²¹iŋ²¹tsɿ²¹ 皮影
灯影子戏 təŋ²¹iŋ²¹tsɿ²¹ɕi⁵⁵ 皮影戏
大戏 ta⁵⁵ɕi⁵⁵ 大型戏曲，角色多、乐器
    多、演唱内容复杂
秦腔儿 tʰɕiŋ⁵⁵tʰɕiaŋ²¹
唱戏儿 tʂʰaŋ⁵⁵ɕi⁵⁵
京戏 tɕiŋ²¹ɕi⁵⁵
话剧 χua⁵⁵tɕy⁵⁵
戏院 ɕi⁵⁵yæ⁵⁵
戏台 ɕi⁵⁵tʰɛ²⁴
戏园子 ɕi⁵⁵yæ²⁴tsɿ²¹
演员 iæ⁵²yæ²¹
耍把戏 ʃʵua⁵²pa⁵²ɕi²⁴ 变戏法，魔术
说书 ɕyɛ²¹ʃʵu²¹
花脸 χua²¹ȵiæ²¹
丑角子 tʂʰəu⁵²tɕyɛ²¹tsɿ²¹
老生 lɔ⁵²səŋ²¹
小生 ɕiɔ⁵²səŋ²¹
武生 vu⁵²səŋ²¹
旦 tæ̃⁵⁵
老旦 lɔ⁵²tæ̃⁵⁵
青衣 tɕʰiŋ²¹i²¹
花旦 χua²¹tæ̃⁵⁵
小旦 ɕiɔ⁵²tæ̃⁵⁵
跑龙套的 pʰɔ⁵²nuŋ²⁴tʰɔ⁵⁵tɛ²¹

二十二 动作

（一）一般动作

站 tsæ̃⁵⁵
　立 li²¹
蹶 tɕiəu²⁴
　蹲 tuŋ²¹ 新
跸倒了 pʰæ̃⁵⁵tɔ⁵²lo²¹
踢 tʰi²¹
　踏 tʰa²⁴
爬 pʰa²⁴
摇头 iɔ²⁴tʰəu²⁴
点头 tiæ̃⁵²tʰəu²⁴
抬头 tʰɛ²⁴tʰəu²⁴
□头 tsæ̃²¹tʰəu²⁴
　低头 ti²¹tʰəu²⁴
转头 tʂˠuæ̃⁵⁵tʰəu²⁴ 回头
脸转过去 ȵiæ̃²¹tʂˠuæ̃⁵⁵kuə⁵⁵tɕʰi²⁴
睁眼 tsəŋ²¹ȵiæ̃⁵²
□χəŋ⁵⁵ 瞪眼
□了一眼 χəŋ²¹lo²¹i⁵²ȵiæ̃²¹
斜瞪眼 ɕiɛ²⁴təŋ⁵⁵ȵiæ̃⁵²
眯缝子眼 mi⁵⁵fəŋ²¹tsɿ²¹ȵiæ̃⁵²
挤眼 tɕi⁵²ȵiæ̃⁵²
碰着 pʰəŋ⁵⁵tʂʰə²¹ 遇见
照 zɔ⁵⁵
　看 kʰæ̃⁵⁵
　瞅 tsʰəu⁵²
眼仁乱转哩 ȵiæ̃⁵²zəŋ²¹nuæ̃⁵⁵tʂˠuæ̃⁵⁵li²¹
　眼睛乱转
淌眼泪 tʰaŋ⁵²ȵiæ̃⁵²ȵy²¹
张口 tsaŋ²⁴kʰəu⁵²

张嘴 tsaŋ²⁴tʃˠuei⁵²
□嘴 məŋ²⁴tʃˠuei⁵² 闭嘴
噘嘴 tɕyɛ⁵⁵tʃˠuei⁵²
举手 tɕyɛ⁵²ʂəu⁵²
摆手 pæ̃⁵²ʂəu⁵²
摇手 iɔ²⁴ʂəu⁵²
□手 tsa⁵⁵ʂəu⁵²
　伸手 ʂəŋ²¹ʂəu⁵²
动手 tʰuŋ⁵⁵ʂəu⁵² 只许动口，不许～
拍手 pʰɛ²¹ʂəu⁵²
背搭手 pʰei⁵⁵ta²¹ʂəu⁵² 背着手儿
叉着手 tsʰa²¹tʂa²⁴ʂəu⁵² 两手交叉在胸前
筒手 tʰuŋ⁵²ʂəu⁵² 双手交叉伸到袖筒里
手叉腰 ʂəu⁵²tsʰa⁵²iɔ²¹
拨拉 pə²¹la²¹
捂住 vu²¹tʃʰv⁵⁵
搊 tsʰəu²¹ 用手托着向上
扽 təŋ⁵⁵ 用手往下拉
掬 tɕy²¹ 捧
撩 liɔ²⁴ 用衣襟把东西兜起来
垂 tʃʰv uei⁵⁵ 用力往下拉
掰 pæ̃²¹
跌 tiɛ²¹ 从高处掉下
缠 pʰiæ̃²⁴ 缝，～纽门
□□tuə²¹tuə²⁴ 抱持小儿双腿，哄他小
　便、大便
把住 pa²¹tʃʰv u⁵⁵ 扶着
把紧 pa²¹tɕiŋ⁵² 扶好了
弹指头 tʰæ̃²¹tsɿ²¹tʰəu²¹
捏拳头 ȵiɛ²¹tɕʰy²⁴tʰəu²¹
跸脚 pæ̃⁵⁵tɕyɛ²¹ 跺脚

□□脚 nie⁵⁵nie⁵⁵tɕyɛ²⁴ 踮脚
跷二郎腿 tɕʰiɔ⁵⁵ɔʅ⁵⁵laŋ²⁴tʰuei⁵²
　　二郎掸三 ɔʅ⁵⁵laŋ²⁴tæ²¹sæ²¹
蜷腿 tɕʰyæ²⁴tʰuei⁵²
抖腿 təu⁵²tʰuei⁵²
踢腿 tʰi²¹tʰuei⁵²
弯腰 væ²¹iɔ²¹
伸腰 ʂəŋ²¹iɔ²¹
撑腰 ʂəŋ²¹iɔ²¹ 支持
撅屁眼 tɕyɛ⁵⁵pʰi⁵⁵ȵiæ⁵²
　　撅沟子 tɕyɛ⁵⁵kəu²¹tsʅ²⁴
捶背 tʃʰʋuei²⁴pei⁵⁵
擤 ɕiŋ⁵² 鼻涕
吸 ɕi²¹ ~鼻涕
打喷嚏 ta⁵²pʰəŋ⁵⁵tʰi²¹
闻 vəŋ²⁴ 用鼻子~
嫌 ɕiæ²⁴ 嫌弃
叫唤 tɕiɔ⁵⁵χuæ²¹
　　哭 kʰu²¹
　　嚎 χɔ²⁴
扔 ɔʅ⁵² 把没用的东西~了
说 ɕyɛ²¹
　　言喘 ȵiæ²⁴tʃʰuæ²¹
　　嗯 ŋəŋ²¹
跑 pʰɔ⁵²
　　排 pʰɛ²⁴
走 tsəu⁵²
　　行 χəŋ²⁴ 老
放 faŋ⁵⁵ ~在桌上
搀 tsʰæ²¹ 酒里~水
　　兑 tuei⁵⁵
收拾 ʂəu²¹ʂʅ²⁴ ~东西
　　拾掇 ʂʅ²⁴tuə²¹
选择 ɕyæ⁵²tsɛ²⁴

提起 tʰi²⁴tɕʰi⁵² ~东西
拾上 ʂʅ²⁴ʂaŋ²¹
　　拾起来 ʂʅ²⁴tɕʰi⁵²lɛ²⁴
　　捡起来 tɕiæ⁵²tɕʰi⁵²lɛ²⁴
擦了 tsʰa²¹lɔ²⁴
扔了 ɔʅ⁵²lɔ²⁴ 丢失
扔下了 ɔʅ⁵²χa²⁴lɔ²¹ 因忘记而把东西遗放在某处
寻□了 ɕiŋ²⁴tʂʰə²¹lɔ²¹ 找着了
藏 tɕʰiaŋ²⁴ ①把东西藏起来；②人藏起来
日鬼 ʐʅ²¹kuei⁵² 敷衍
繃 piæ⁵² 把袖子~起来
擩 ʐʋu²¹ 把物体戳、塞进去
细成 ɕi⁵⁵tsəŋ²¹ 细心
□ tʂæ⁵² 伸出，把头~着车窗外面
□ tsa⁵⁵ 抬起，把胳膊~起来
□ tsa²¹ 缝，~衣裳
□ pia⁵⁵ 贴，粘
□ pia²¹ 贴、趴
□□ təŋ⁵⁵ȵiɛ²¹ȵiɛ²¹ 断奶
解开 kɛ⁵²kʰɛ²¹
骚情 sɔ²⁴tɕiŋ²¹ 卖弄风骚
锯 tɕy⁵⁵ 割
揽扒 læ⁵²pa²¹ 揽事
占巴 tʂæ⁵⁵pa²¹ 据为己有
弹□ tʰɛ²⁴tsəŋ²¹ 瞎忙活
耽误 tæ²¹vu⁵⁵
经佑 tɕiŋ²¹iəu²⁴ 照料，一般指照料孩子
□气 tʂʰə²⁴tɕʰi⁵⁵
　　生气 səŋ²¹tɕʰi⁵⁵
屁屁哨 pʰi⁵⁵pʰi²¹sɔ⁵² 爱生气的人
养活 iaŋ⁵²χuɔ²⁴ 抚养
理识 li⁵²ʂʅ²¹
　　搭理 ta²¹li⁵²

理睬 li⁵²tsʰɛ⁵² 新
滗 pi⁵² 用手或物品把水分挤出来
声唤 ʂəŋ²¹χuæ̃⁵⁵ 呻吟
撂起来 luə⁵⁵tɕi⁵²lɛ²⁴ 码起来

（二）心理活动

知道 tʂʰʅ²¹tʰɔ⁵⁵
懂了 tuŋ⁵²lɔ²⁴
会了 χuei⁵⁵lɔ²¹
认得 zəŋ⁵⁵tɛ²¹
认不得 zəŋ⁵⁵mu²¹tɛ²¹
识字 ʂʅ²¹tsʰʅ²¹
□ iŋ²¹
　　□给下 iŋ²¹kei²¹χa²¹
　　想想 ɕiaŋ⁵²ɕiaŋ⁵²
鼓劲□ ku²¹tɕiŋ⁵⁵iŋ²¹ 使劲想
□□ kə²¹tʂʰə²⁴ 想到，估量
　　估摸 ku²¹mə²⁴
□主意 iŋ²¹tʃᵛu⁵²i⁵⁵
　　想主意 ɕiaŋ²¹tʃᵛu⁵²i⁵⁵
□ tʰæ̃²⁴ 猜想
料就 liɔ⁵⁵tɕiəu⁵⁵ 料定
信 ɕiŋ⁵⁵
相信 ɕiaŋ²¹ɕiŋ⁵⁵
□疑 tɕia²¹i²⁴
　　怀疑 χuɛ²⁴i²⁴ 新
留心 liəu²⁴ɕiŋ²¹
害怕 χɛ⁵⁵pʰa²¹
吓了 χa⁵⁵lɔ²¹
　　吓着了 χa⁵⁵tʂʰə²¹lɔ²¹
□急 tʂʰə²⁴tɕi²⁴
操 tsʰɔ²¹ 挂念

操心 tsʰɔ²¹ɕiŋ²¹
放心 faŋ⁵⁵ɕiŋ²¹
盼望 pʰæ̃⁵⁵vaŋ⁵⁵
巴不得 pa²¹mu²¹tɛ²¹
记着 tɕi⁵⁵tʂɔ²¹ 不要忘
记下 tɕi⁵⁵χa²¹
忘了 vaŋ⁵⁵lɔ²¹
　　忘记了 vaŋ⁵⁵tɕi⁵⁵lɔ²¹
□□了 iŋ²¹tʂʰə²⁴lɔ²¹
　　想起来了 ɕiaŋ⁵²tɕʰi⁵²lɛ²⁴lɔ²¹ 新
眼红 ȵiæ̃⁵²χuŋ²⁴ 嫉妒
日眼 zʅ²¹ȵiæ̃⁵²
　　讨厌 tʰɔ²¹iæ̃⁵⁵
恨 χəŋ⁵⁵
羡慕 ɕiæ̃⁵⁵mu⁵⁵
见不得 tɕiæ̃⁵⁵mu⁵⁵tɛ²¹ 不喜欢
偏心 pʰiæ̃²¹ɕiŋ²¹
忌妒 tu⁵⁵tɕi²¹
怄气 ŋəu⁵⁵tɕʰi⁵⁵
怨恨 yæ̃⁵⁵χəŋ⁵⁵
憋气 piɛ²¹tɕʰi⁵⁵
　　发火 fa²¹χuə⁵²
　　发毛 fa²¹mɔ²⁴
（对物）爱惜 ŋɛ⁵⁵ɕi²¹
（对人）疼爱 tʰəŋ²⁴ŋɛ⁵⁵
可□ kʰə⁵²ɕiɛ²⁴ 可惜
见得 tɕiæ̃⁵⁵tɛ²¹
　　喜欢 ɕi⁵²χuæ²¹
感谢 kæ̃⁵²ɕiɛ⁵⁵
念 ȵiæ̃⁵⁵kə²¹ 念叨，想念
惯 kuæ̃⁵⁵ 宠爱
迁就 tɕʰiæ̃²¹tɕiəu⁵⁵

（三）语言动作

说话 ɕye²¹χua⁵⁵
谝 pʰiæ⁵² 聊天，说大话
谝闲传 pʰiæ⁵²ɕiæ²⁴tʃʰᵛuæ²⁴
话茬茬儿 χua⁵⁵tsʰa²⁴tsʰa:²¹
搭话茬茬儿 ta²¹χua⁵⁵tsʰa²⁴tsʰa:²¹
不嗯 mu²¹ŋəŋ²¹ 不做声
　不言传 mu²¹ȵæ²⁴tʃʰᵛuæ²¹
哄 χuŋ⁵² 我~你玩的，不是真的。
　骗 pʰiæ⁵⁵
　日弄 ʐʅ²¹nuŋ⁵⁵
给你说 kei⁵⁵ȵi⁵²ɕye²¹ 告诉
嚼 tʃʰᵛuə²⁴ 胡说八道
　嚼牙茬骨 tʃʰᵛuə²⁴ȵia²¹tsʰa²¹ku²¹
抬杠 te²⁴kaŋ⁵⁵
吹牛 tʃʰᵛuei²¹niəu²⁴
犟嘴 tɕʰiaŋ⁵⁵tʃᵛuei⁵²
　顶嘴 tiŋ²¹tʃᵛuei⁵²
□嘴 pie⁵²tʃᵛuei⁵² 咧嘴

骂仗 ma⁵⁵tʂaŋ⁵⁵
　吵哩 tsʰɔ⁵²li²⁴
　吵架 tsʰɔ⁵²tɕia⁵⁵
打捶 ta⁵²tʃʰᵛuei²⁴
　打架 ta⁵²tɕia⁵⁵
骂 ma⁵⁵ 破口骂
　诀 tɕye²¹
诀人 tɕye²¹zəŋ²⁴
挨骂 ŋe²⁴ma⁵⁵
　挨诀 ŋe²⁴tɕye²¹
莫要 mə²¹iɔ⁵⁵ 不好
□咐 tsa²⁴fu²¹ 嘱咐
挨□ ŋe²⁴tsʰæ⁵⁵ 挨说，挨批评
　挨批 ŋe²⁴pʰi²¹
□ tʰa²⁴ 唠叨
喝 χə⁵² ~他来
　叫 tɕiɔ⁵⁵
　喊 χæ̃⁵²
话把把 χua⁵⁵pa⁵⁵pa²⁴ 话把儿

二十三　位置

高头 kɔ²¹tʰəu²⁴
　上面 ʂaŋ⁵⁵miæ̃²⁴
底下 ti⁵²χa²⁴
　下面 χa⁵⁵miæ̃²⁴
　下头 χa⁵⁵tʰəu²⁴
地下 tʰi⁵⁵χa²¹ 当心！别掉~。
地下 tʰi⁵⁵χa²¹ ~脏极了。
　地上 tʰi⁵⁵ʂaŋ²¹
天上 tiæ̃²¹ʂaŋ⁵⁵
山上 sæ̃²¹ʂaŋ⁵⁵

路上 lu⁵⁵ʂaŋ²¹
街上 kɛ²¹ʂaŋ⁵⁵
墙上 tɕʰiaŋ²⁴ʂaŋ²¹
门上 məŋ²⁴ʂaŋ²¹
桌子上 tʃᵛuə²¹tsʅ²⁴ʂaŋ²¹
　桌桌上 tʃᵛuə²¹tʃᵛuə²¹ʂaŋ²¹
椅子上 i⁵²tsʅ²¹ʂaŋ⁵⁵
边边儿上 piæ̃²¹piæ̃:²¹ʂaŋ⁵⁵
里头 li⁵²tʰəu²⁴
　□头 χəu⁵²tʰəu²⁴

里面 li⁵²miæ̃²⁴
外头 vɛ⁵⁵tʰəu²¹
　外面 vɛ⁵⁵miæ̃²¹
手口头 ʂəu⁵²χəu²⁴tʰəu²⁴
　手里头 ʂəu⁵²li⁵²tʰəu²⁴
心口头 ɕiŋ²¹χəu²⁴tʰəu²¹
　心里头 ɕiŋ²¹li⁵²tʰəu²⁴
水口头 ʃᵛuei⁵²χəu²¹tʰəu²⁴
　水里头 ʃᵛuei⁵²li⁵²tʰəu²⁴
大门外面 ta⁵⁵məŋ²⁴vɛ⁵⁵miæ̃²¹
门外面 məŋ²⁴vɛ⁵⁵miæ̃²¹
窗子外头 tʃʰᵛuaŋ²¹tsʅ²⁴vɛ⁵⁵tʰəu²¹
窗子口头 tʃʰᵛuaŋ²¹tsʅ²⁴χəu⁵²tʰəu²¹
　窗子里头 tʃᵛʰuaŋ²¹tsʅ²⁴li⁵²tʰəu²⁴
车口头 tʂʰə²¹χəu²⁴tʰəu²⁴ ~坐着人
　车上 tʂʰə²¹ʂaŋ⁵⁵
车外头 tʂʰə²¹vɛ⁵⁵tʰəu²¹ ~下着雪
　车外面 tʂʰə²¹vɛ⁵⁵miæ̃²¹
车前头 tʂʰə²¹tɕʰiæ̃²⁴tʰəu²¹
　车前面 tʂʰə²¹tɕʰiæ̃²⁴miæ̃²¹
车后头 tʂʰə²¹χəu⁵⁵tʰəu²¹
　车后面 tʂʰə²¹χəu⁵⁵miæ̃²¹
前头 tɕʰiæ̃²⁴tʰəu²¹
　前边 tɕʰiæ̃²⁴piæ̃²¹
后头 χəu⁵⁵tʰəu²⁴
　后边 χəu⁵⁵piæ̃²¹
山前 sæ̃²¹tɕʰiæ̃²⁴
山后 sæ̃²¹χəu⁵⁵
房后 faŋ²⁴χəu⁵⁵
背后 pei⁵⁵χəu²¹
以前 i⁵²tɕʰiæ̃²⁴
以后 i⁵²χəu⁵⁵
以上 i⁵²ʂaŋ⁵⁵
以下 i⁵²χa⁵⁵

口棱子的 tsəŋ²¹ləŋ²⁴tsʅ²¹tɛ²¹ 侧的
后来 χəu⁵⁵lɛ²⁴ 指过去某事之后
从今往后 tʃʰᵛuŋ²⁴tɕiŋ²¹vaŋ⁵²χəu⁵⁵ 将来
从此 tʃʰᵛuŋ²⁴tsʰʅ⁵²
口几年 vu⁵⁵tɕi²¹ȵiæ̃²⁴ 过去
东 tuŋ²¹
西 ɕi²¹
南 næ̃²⁴
北 pei²¹
东南 tuŋ²¹næ̃²⁴
东北 tuŋ²¹pei²¹
西南 ɕi²¹næ̃²⁴
西北 ɕi²¹pei²¹
路边上 lu⁵⁵piæ̃²¹ʂaŋ⁵⁵
当中眼儿 taŋ²⁴tʃᵛuŋ²¹ȵiæ̃:²⁴ 中间
床底下 tʃʰᵛuaŋ²¹ti⁵²χa²⁴
楼底下 ləu²⁴ti⁵²χa²⁴
脚底儿 tɕye²¹ti:⁵²
　脚底下 tɕye²¹ti⁵²χa²⁴
碗底儿 væ̃⁵²ti:⁵²
　碗底下 væ̃⁵²ti⁵²χa²⁴
锅底儿 kuə²¹ti:⁵²
　锅底下 kuə²¹ti⁵²χa²⁴
缸底儿 kaŋ²¹ti:⁵²
　缸底下 kaŋ²¹ti⁵²χa²⁴
边边儿 piæ̃²¹piæ̃:²¹ 旁边
　边边上 piæ̃²¹piæ̃:²¹ʂaŋ⁵⁵
跟前 kəŋ²¹tɕʰiæ̃²⁴ 附近
跟前些儿 kəŋ²¹tɕʰiæ̃²⁴ɕiɛ:²⁴ 多指时间
　接近，~了再说
阿达 a²¹ta²⁴ 什么地方
　啥地方 sa⁵⁵ti⁵⁵faŋ²¹
左边儿 tsuə⁵⁵piæ̃:²¹
　左面儿 tsuə⁵⁵miæ̃:²¹

右边儿 iəu⁵⁵piæ̃:²¹
右面儿 iəu⁵⁵miæ̃:²¹
望□头走 vaŋ⁵²χəu⁵²tʰəu²⁴tsəu⁵²
望里面走 vaŋ⁵²li⁵²miæ̃²⁴tsəu⁵²
望里头走 vaŋ⁵²li⁵²tʰəu²⁴tsəu⁵²
朝□头走 tɕʰɔ²⁴χəu⁵²tʰəu²⁴tsəu⁵²
朝里面走 tɕʰɔ²⁴li⁵²miæ̃²⁴tsəu⁵²
朝里头走 tɕʰɔ²⁴li⁵²tʰəu²⁴tsəu⁵²
望外头走 vaŋ⁵²vɛ⁵⁵tʰəu²⁴səu⁵²
望外面走 vaŋ⁵²vɛ⁵⁵miæ̃²¹tsəu⁵²
朝外面走 tɕʰɔ²⁴vɛ⁵⁵miæ̃²¹tsəu⁵²
朝外头走 tɕʰɔ²⁴vɛ⁵⁵tʰəu²¹tsəu⁵²
望东走 vaŋ⁵²tuŋ²¹tsəu⁵²
朝东走 tɕʰɔ²⁴tuŋ²¹tsəu⁵²
望西走 vaŋ⁵²ɕi²¹tsəu⁵²
朝西走 tɕʰɔ²⁴ɕi²¹tsəu⁵²
望回走 vaŋ⁵²χuei²⁴tsəu⁵²
朝回走 tɕʰɔ²⁴χuei²⁴tsəu⁵²
望前头走 vaŋ⁵²tɕʰiæ̃²⁴tʰəu²¹tsəu⁵²
望前走 vaŋ⁵²tɕʰiæ̃²⁴tsəu⁵²

朝前头走 tɕʰɔ²⁴tɕʰiæ̃²⁴tʰəu²⁴tsəu⁵²
……以东 i⁵²tuŋ²¹
东面儿 tuŋ²¹miæ̃:²¹
……以西 i⁵²ɕi²¹
西面儿 ɕi²¹miæ̃:²¹
……以南 i⁵²næ̃²⁴
南面儿 næ̃²⁴miæ̃:²¹
……以北 i⁵²pei²¹
北面儿 pei²¹miæ̃:²¹
……以内 i⁵²nei⁵⁵
……以外 i⁵²vɛ⁵⁵
……以来 i⁵²lɛ²⁴
……之后 tsɿ²¹χəu⁵⁵
……之前 tsɿ²¹tɕʰiæ̃²⁴
……之外 tsɿ²¹vɛ⁵⁵
……之内 tsɿ²¹nei⁵⁵
……之间 tsɿ²¹tɕiæ̃²¹
……之上 tsɿ²¹ʂaŋ⁵⁵
……之下 tsɿ²¹ɕia⁵⁵

二十四 代词等

我 ŋə⁵²
  各家 kə²¹tɕia²¹
你 ȵi⁵²
他 tʰa²¹
  捏 ȵiɛ²¹
熬 ŋɔ²⁴ 我们，咱们
  熬几块 ŋɔ²⁴tɕi²⁴kʰuɛ²¹
牛 niəu²⁴ 你们
  你儿 ȵi:²⁴
  牛几该 niəu²⁴tɕi²⁴kɛ²¹

牛几块 niəu²⁴tɕi²⁴kʰuɛ²¹
你几该 ȵi²⁴tɕi²⁴kɛ²¹
你几块 ȵi²⁴tɕi²⁴kʰuɛ²¹
他家 tʰa²¹tɕia²⁴ 他们
我的 ŋə⁵²tɛ²¹
捏 ȵiɛ²¹ 人家
  捏几该 ȵiɛ²¹tɕi²⁴kɛ²¹
  捏几块 ȵiɛ²¹tɕi²⁴kʰuɛ²¹
大家 ta⁵⁵tɕia²¹
谁 sei²⁴

谁该 sei²⁴kɛ²¹
载个 tsɛ⁵²kɛ²⁴
外个 vɛ⁵²kɛ²⁴ 那个
载些 tsɛ⁵²ɕiɛ²⁴ 这些
外些 vɛ⁵²ɕiɛ²⁴ 那些
阿哩些 a²¹li²⁴ɕiɛ²⁴ 哪些
  阿一些 a²¹i²⁴ɕiɛ²⁴
载达 tsɛ⁵²ta²⁴ 这里，这
  □儿 tsa:⁵²
兀达 vu⁵⁵ta²⁴ 那里，那
  □儿 va:⁵⁵
别阿达 pʰiɛ²⁴a²¹ta²⁴ 别的地方
阿达 a²¹ta²¹ 哪里
  阿达哩 a²¹ta²⁴li²⁴
  阿里哩 a²¹li²¹li²⁴
  啥地方 sa⁵⁵ti⁵⁵faŋ²¹
  啥时候 sa⁵⁵sʅ²⁴χəu²¹
  啥时间 sa⁵⁵sʅ²⁴tɕiæ̃²¹
自么（高） tsʅ⁵⁵mu²¹
□家 tsʅ⁵²tɕia²⁴ 这么（做）
□家 vɛ⁵²tɕia²⁴ 那么（做）
咋（做）tsa²¹ 怎么
  咋弄家 tsa²¹nuŋ⁵⁵tɕia²⁴ 怎么办
  咋办家 tsa²¹pæ̃⁵⁵tɕia²⁴
为啥着 vei⁵⁵sa²¹tʂɔ²¹ 为什么
啥 sa⁵⁵ 什么
  咋来 tsa²¹lɛ²⁴
多少（钱）tuə²¹ʂɔ⁵²
多（久、高、大、厚、重）tuə²¹
好些 χɔ⁵²ɕiɛ²¹
熬两块 ŋɔ²⁴liaŋ²¹kʰuɛ²¹ 我们俩，咱们俩
  熬两该 ŋɔ²⁴liaŋ²¹kɛ²¹

牛两块 niəu²⁴liaŋ²¹kʰuɛ²¹ 你们俩
你两块 n̠i²⁴liaŋ²¹kʰuɛ²¹
你两该 n̠i²⁴liaŋ²¹kɛ²¹
牛两该 niəu²⁴liaŋ²¹kɛ²¹
他家两块 tʰa²¹tɕia²⁴liaŋ²¹kʰuɛ²¹ 他们俩
他家两该 tʰa²¹tɕia²⁴liaŋ²¹kɛ²¹
两口子 liaŋ²¹kʰuə²¹tsʅ²¹ 夫妻俩
娘们两块 niaŋ²⁴məŋ²¹liaŋ²¹kʰuɛ²¹ 娘儿俩，母亲和子女
娘们两该 niaŋ²⁴məŋ²¹liaŋ²¹kɛ²¹
爷父两该 iɛ²⁴fu²¹liaŋ²¹kɛ²¹ 爷儿俩，父亲和子女
·爷父两块 iɛ²⁴fu²¹liaŋ²¹kʰuɛ²¹
爷爷孙儿 iɛ²⁴iɛ²¹ʃʻu:ŋ²⁴ 爷孙俩
□□两块 ɕiɛ⁵⁵χəu²¹liaŋ²¹kʰuɛ²¹ 妯娌俩
姑嫂两该 ku²¹sɔ⁵²liaŋ²¹kɛ²¹
婆媳两该 pə²⁴ɕi²¹liaŋ²¹kɛ²¹
弟兄两块 tʰi⁵⁵ɕyŋ²¹liaŋ²¹kʰuɛ²¹
弟兄两该 tʰi⁵⁵ɕyŋ²¹liaŋ²¹kɛ²¹
姊妹两块 tsʅ⁵²mei²¹liaŋ²¹kʰuɛ²¹
姊妹两该 tsʅ⁵²mei²¹liaŋ²¹kɛ²¹
兄妹两该 ɕyŋ²¹mei⁵⁵liaŋ²¹kɛ²¹
兄妹两块 ɕyŋ²¹mei⁵⁵liaŋ²¹kʰuɛ²¹
姐弟两该 tɕiɛ²¹tʰi⁵⁵liaŋ²¹kɛ²¹
舅舅外甥 tɕiəu⁵⁵tɕiəu²¹vɛ⁵⁵səŋ²¹
姑姑侄儿 ku²¹ku²⁴tʂʅ²¹
叔叔侄儿 ʃʻu²¹ʃʻu²¹tʂʅ²¹
师父徒弟 sʅ²¹fu²⁴tʰu²⁴tʰi²¹
谁家几该 sei²⁴tɕia²¹tɕi²¹kɛ²¹ 谁们
老师学生 lɔ⁵²sʅ²¹ɕyɛ²⁴səŋ²¹
载些个道理 tsɛ⁵²ɕiɛ²⁴kə²¹tɔ⁵⁵li²¹
□些个事 vɛ⁵²ɕiɛ²⁴kə²¹sʅ⁵⁵

二十五　形容词

好 χɔ⁵² 这个比那个~些
　　可以 kʰə⁵²i²¹
　　硬气 n̠iŋ⁵⁵tɕʰi²¹
能成 nəŋ²⁴tʂəŋ²¹ 颇好之意
　　不错 mu⁵⁵tʃʰvuə²¹
　　好着哩 χɔ⁵²tʂɔ²¹li²¹
差不多 tsʰa²¹mu²⁴tuə²¹
　　还行 χæ̃²⁴ɕiŋ²⁴
　　还能成 χæ̃²⁴nəŋ²⁴tʂəŋ²¹
不咋的 mu²¹tsa²⁴tɛ²¹
　　不强 mu²¹tɕʰiaŋ²⁴
　　不咋样儿 mu²¹tsa²⁴ia:ŋ⁵⁵
　　不行 mu²¹ɕiŋ²⁴
不顶事 mu²¹tiŋ⁵²sʅ⁵⁵
不强 mu²¹tɕʰiaŋ²⁴ 不好
　　坏 χuɛ⁵⁵
　　完的 væ̃²⁴tɛ²¹
　　□ χa²¹
将就 tɕiaŋ²¹tɕiəu⁵⁵
　　凑合 tsʰəu⁵⁵χə²¹
□人 ʃʰuŋ²⁴zəŋ²¹ 让人生厌的
□心 tʃʰvuŋ²¹ɕiŋ²¹ 说话使人生厌
心疼 ɕiŋ²¹tʰəŋ²⁴ 美，指女孩
　　可爱 kʰə⁵²ŋɛ⁵⁵
　　漂亮 pʰiɔ⁵²liaŋ⁵⁵
攒劲 tsæ̃⁵²tɕiŋ⁵⁵
　　心疼 ɕiŋ²¹tʰəŋ²⁴ 多用于小男孩
　　帅 ʃʰuɛ⁵⁵ 新
丑 tʂʰəu⁵²
　　难看 næ̃²⁴kʰæ̃⁵⁵
要紧 iɔ⁵⁵tɕiŋ⁵²

热闹 zə²¹nɔ⁵⁵
牢 lɔ²⁴ 坚固
不安然 mu²¹ŋæ̃²¹zæ̃²⁴ 不安分
硬 n̠iŋ⁵⁵
硬梆 n̠iŋ⁵⁵paŋ²¹ 硬气
攒劲 tsæ̃⁵²tɕiŋ⁵⁵ 厉害
□ zaŋ²⁴ 不厉害
软 ʐˠuæ̃⁵²
稳当 vəŋ⁵²taŋ²¹ 做事沉稳
浊 tʃˠuə²⁴ 脏，不干净
　　□□ vaŋ²¹ʃˠuŋ²⁴
净 tɕʰiŋ⁵⁵
　　干净 kæ̃²¹tɕʰiŋ⁵⁵
结实 tɕiɛ²¹sʅ²⁴
咸 χæ̃²⁴
甜 tʰiæ̃²⁴ 不咸
淡 tæ̃⁵⁵
香 ɕiaŋ²¹
　　香喷喷 ɕiaŋ²¹pʰəŋ²⁴pʰəŋ²¹
臭 tʂʰəu⁵⁵
脬臭 pʰaŋ²¹tʂʰəu⁵⁵ 很臭
酸 ʃˠuæ̃²¹
甜 tʰiæ̃²⁴
蜜甜 mi²¹tʰiæ̃²⁴ 很甜
苦甜 kʰu⁵²tʰiæ̃²⁴ 甜过头了，发苦了
苦 kʰu⁵²
辣 la²¹
辣死了 la²¹sʅ²¹lɔ²¹
辣的烧慌慌的 la²¹tə²¹sɔ²¹χuaŋ²¹χuaŋ²¹ti²¹
酽 iæ̃⁵⁵ 浓，茶太~了
生分 səŋ²¹fəŋ⁵⁵ 生疏，不亲近，你太~了

清 tɕʰiŋ²¹ 粥太~了
　　稀 ɕi²¹
稀汤汤儿 ɕi²¹tʰaŋ²¹tʰa:ŋ²¹
稠 tʂʰəu²⁴ 粥太~了
稠□□的 tʂʰəu²⁴kəŋ²¹kəŋ²¹ti²¹
稀 ɕi²¹ 不密
稠 tʂʰəu²⁴ 密
蔫 ȵiæ̃²¹ 垂头丧气，没精神
蔫□□ȵiæ̃²¹tʃʰʵu²¹tʃʰʵu²¹ 没精打采
□tʂʰəu²⁴ 浑浊
紧 tɕiŋ⁵²
老 lɔ⁵²
嫩 nuŋ⁵⁵
嫩□□nuŋ⁵⁵pʰaŋ²¹pʰaŋ²¹ 很嫩
干 kæ̃²¹
干喳喳 kæ̃²¹tsa²¹tsa²¹
干巴巴 kæ̃²¹pa²¹pa²¹
湿 ʂʅ²¹
湿□□ʂʅ²¹tʃʰʵua²¹tʃʰʵua²¹ 很湿
潮□□tʂʰɔ²⁴tʃʰʵua²¹tʃʰʵua²¹
快 kʰuɛ⁵⁵
　　赶紧 kæ̃²¹tɕiŋ⁵²
慢 mæ̃⁵⁵
磨 mə²⁴
肉头 zəu⁵⁵tʰəu²¹ 做事慢，不协调
慢腾腾 mæ̃⁵⁵tʰəŋ²¹tʰəŋ²¹
毛 mɔ²⁴ 发怒
光 kuaŋ²¹
肥 fei²⁴ 指动物，鸡很~
　　肥腾腾 fei²⁴tʰəŋ²¹tʰəŋ²¹
胖 pʰaŋ⁵⁵ 指人
胖嘟嘟 pʰaŋ⁵⁵tu²¹tu²¹
　　胖墩墩 pʰaŋ⁵⁵tuŋ²¹tuŋ²¹
瘦 səu⁵⁵ 指人

瘦□□səu⁵⁵tɕʰia²¹tɕʰia²¹
　　瘦叽叽 səu⁵⁵tɕi²¹tɕi²¹
瘦 səu⁵⁵ 指肉
顺 ʃʵuŋ⁵⁵
反 fæ̃²¹
好过 χɔ⁵²kuə⁵⁵
　　舒服 ʃʵu⁵²fu²⁴
不好过 mu²¹χɔ⁵²kuə⁵⁵
　　难受 næ̃²⁴səu⁵⁵
面浅 miæ̃⁵⁵tɕʰiæ̃²¹ 腼腆
乖 kuɛ²¹ 小孩儿真~
□tɕyɛ⁵²
　　皮 pʰi²⁴
　　调皮 tʰiɔ²⁴pʰi²⁴
　　□ʂəu²⁴ 多指男孩
　　□ȵiɔ²⁴ 多指男孩
尖 tɕiæ̃⁵² 聪明伶俐，使眼色
　　鬼 kuei⁵²
缺德 tɕʰyɛ²¹tə²⁴
要不得 iɔ⁵⁵mu²¹tɛ²¹
灵活 liŋ²⁴χuə²¹ 机灵
（这小伙子）能行 nəŋ²⁴ɕiŋ²¹
（那个家伙）不中应 mu⁵⁵tʃʵuŋ²¹iŋ⁵⁵
　　不行
心灵 ɕiŋ²¹liŋ²⁴ 灵巧
糊涂 χu²⁴tu²⁴
死心眼儿 sʅ⁵²ɕiŋ²¹ȵiæ̃:²¹
屎食□sʅ⁵²ʂʅ²⁴kʰɛ²¹ 脓包，无用的人
吝啬鬼 liŋ⁵⁵sə²¹kuei⁵² 新
啬皮 sei²¹pʰi²⁴
抠抠儿 kʰəu²¹kʰə:u²¹
掐掐算儿 tɕʰia²¹tɕʰia²¹ʃʵuæ̃:²¹
抠门儿 kʰəu²¹mə:ŋ²¹
大方 ta⁵⁵faŋ²¹

整 tʂəŋ⁵²
浑 χuŋ²⁴ ~身是汗
老实 lɔ⁵²ʂʅ²⁴
老实汉 lɔ⁵²ʂʅ²⁴χæ²¹ 老实人
活泛 χuə²⁴fæ²¹ 灵活，不死板
消停 ɕiɔ⁵²tʰiŋ²⁴
凹 ŋɔ²¹
凸 tʰu²¹
凉快 liaŋ²⁴kʰuɛ²¹
安静 ŋæ²¹tɕiŋ⁵⁵
背 pʰei⁵⁵ 偏僻
毒 tʰu²⁴ 恶毒
毒的很 tʰu²⁴ti²¹χei⁵⁵
地道 ti⁵⁵tɔ²¹
整齐 tʂəŋ⁵²tɕʰi²⁴
整□ tʂəŋ⁵²ʃᵛuæ²¹ 整洁
和心病 χə²⁴ɕiŋ²¹pʰiŋ⁵⁵ 称心
实诚 ʂʅ²⁴tʂʰəŋ²¹ 老实
莫谱儿 mə²¹pʰu:⁵²
迟 tsʅ²⁴ 晚，来~了
背 pei⁵⁵ 倒霉
造孽 tsɔ⁵⁵ȵie²¹ 可怜的
近便 tɕʰiŋ⁵⁵piæ²¹
多 tuə²¹
少 ʂɔ⁵² ~了两个
　□tsəŋ²¹
大 ta⁵⁵
碎 ʃᵛuei⁵⁵
　小 ɕiɔ⁵²
碎啾啾 ʃᵛuei⁵⁵tɕiəu²¹tɕiəu²¹ 很小
长 tʂaŋ²⁴
长溜溜 tʂaŋ²⁴liəu⁵⁵liəu²¹
短 tuæ²¹
短□□ tuæ²¹tʃʰᵛu²¹tʃʰᵛu²¹

宽 kʰuæ²¹
宽展 kʰuæ²¹tʂæ²¹
窄 tsei²¹
窄卡卡 tsei²¹tɕʰia⁵⁵tɕʰia²¹
　窄溜溜 tsei²¹liəu⁵⁵liəu²¹
松 ʃᵛuŋ²¹
松垮垮 ʃᵛuŋ²¹kʰua²¹kʰua²¹
松活 ʃᵛuŋ²¹χuə²⁴
厚 χəu⁵⁵
厚墩墩 χəu⁵⁵tuŋ²¹tuŋ²¹
薄 pə²⁴
薄卡卡 pə²⁴tɕʰia⁵⁵tɕʰia²¹
深 ʂəŋ²¹
深后 ʂəŋ²¹χəu⁵⁵ 很深
浅 tɕʰiæ⁵²
绵 miæ²⁴ 形容食物煮得太烂
大 ta⁵⁵ 个子高
高 kɔ²¹
低 ti²¹
碎 ʃᵛuei⁵⁵
矮 ŋɛ⁵²
矬 tʃʰᵛuə²⁴
矬唧唧 tʃʰᵛuə²⁴tɕi²¹tɕi²¹ 很矬
正 tʂəŋ⁵⁵
歪 vɛ²¹
斜 ɕyɛ²⁴
红 χuŋ²⁴
红殷殷 χuŋ²⁴iæ²¹iæ²¹ 很红
枣红 tsɔ⁵²χuŋ²⁴
粉红 fəŋ⁵²χuŋ²⁴
深红 ʂəŋ²¹χuŋ²⁴
浅红 tɕʰiæ⁵²χuŋ²⁴
蓝 læ²⁴
蓝瓦瓦 læ²⁴va²¹va²¹ 很蓝

浅蓝 tɕʰiæ⁵²læ²⁴　　　　　　　　深灰 ʂəŋ²¹χuei²¹
深蓝 ʂəŋ²¹læ²⁴　　　　　　　　　浅灰 tɕʰiæ⁵²χuei²¹
天蓝 tʰiæ²¹læ²⁴　　　　　　　　　银灰 iŋ²⁴χuei²¹
绿 liəu²¹　　　　　　　　　　　　黄 χuaŋ²⁴
绿莹莹 liəu²¹iŋ²¹iŋ²¹ 很绿　　　　黄□□ χuaŋ²⁴pia²¹pia²¹
葱绿 tʃʰvuŋ²¹liəu²¹　　　　　　　杏黄 ɕiŋ⁵⁵χuaŋ²⁴
草绿 tsʰɔ⁵²liəu²¹　　　　　　　　深黄 ʂəŋ²¹χuaŋ²⁴
水绿 ʃvuei⁵²liəu²¹　　　　　　　 浅黄 tɕʰiæ⁵²χuaŋ²⁴
浅绿 tɕʰiæ⁵²liəu²¹　　　　　　　 青 tɕʰiŋ²¹
白 pʰei²⁴　　　　　　　　　　　　青□□ tɕʰiŋ²¹kəŋ²¹kəŋ²¹
白寡寡 pʰei²⁴kua²¹kua²¹　　　　　 雪青 ɕyɛ²¹tɕʰiŋ²¹ 淡青色
白花花 pʰei²⁴χua²¹χua²¹　　　　　 藏青 tsaŋ⁵⁵tɕʰiŋ²¹
灰白 χuei²¹pʰei²⁴　　　　　　　　鸭蛋青 ia²¹tæ⁵⁵tɕʰiŋ²¹
渗白 səŋ⁵⁵pʰei²⁴ 苍白　　　　　　紫 tsʅ⁵²
漂白 pʰiɔ⁵²pʰei²⁴　　　　　　　　玫瑰紫 mei²⁴kuei⁵⁵tsʅ⁵²
灰 χuei²¹　　　　　　　　　　　　黑 χei²¹
灰黝黝 χuei²¹tʃʰvu²¹tʃʰvu²¹　　　　黑黝黝 χei²¹tʃʰvu²¹tʃʰvu²¹
灰突突 χuei²¹tʰu²¹tʰu²¹　　　　　 黑幽幽 χei²¹iəu²⁴iəu²¹

二十六　副词、介词等

将 tɕiaŋ²¹ 我~来，没赶上。　　　　光 kuaŋ²¹
　　将将 tɕiaŋ²¹tɕiaŋ²¹　　　　　 有点儿 iəu⁵²tiæ:⁵² 天~冷
　　刚 kaŋ²¹ 新　　　　　　　　　吓怕 χa⁵⁵pʰa²¹ 也许，~要下雨
将好 tɕiaŋ²¹χɔ⁵² ~十块钱　　　　　怕 pʰa⁵⁵
　　将将 tɕiaŋ²¹tɕiaŋ²¹　　　　　 吓怕 χa⁵⁵pʰa²¹ 明天~要下雨
　　刚好 kaŋ²¹χɔ⁵² 新　　　　　　可能 kʰə⁵²nəŋ²⁴
将 tɕiaŋ²¹ 不大不小，~合适　　　　怕是 pʰa⁵⁵sʅ⁵⁵
　　将将 tɕiaŋ²¹tɕiaŋ²¹　　　　　 差险乎儿 tsʰa²¹ɕiæ⁵²χu:²¹
　　刚 kaŋ²¹ 新　　　　　　　　　差一点儿 tsʰa²¹i⁵⁵tiæ:⁵² 新
将好 tɕiaŋ²¹χɔ⁵² 刚巧，~我在那儿　□□ ɕi²⁴mu²¹ 非常
　　正好 tʂəŋ⁵⁵χɔ⁵²　　　　　　　非……不 fei²¹…mu²¹
净 tɕʰiŋ²¹ ~吃米，不吃面　　　　　马上 ma⁵²ʂaŋ²⁴

趁早儿 tʂʰəŋ⁵⁵tsɔ:²¹
本身 pəŋ⁵²ʂəŋ²¹
迟早 tsʰʅ²⁴tsɔ⁵² 随时
　早晚 tsɔ²⁴væ⁵²
眼看 ȵiæ⁵²kʰæ⁵⁵
原来 yæ²⁴le²⁴
　原先 yæ²⁴ɕiæ²¹
　原本 yæ²⁴pəŋ⁵²
多亏 tuɔ²¹kʰuei²¹
　幸亏 ɕiŋ⁵⁵kʰuei²¹
难怪 næ²⁴kuɛ⁵⁵
当面 taŋ²¹miæ⁵⁵
背后 pʰei⁵⁵χəu²¹
　背地 pʰei⁵⁵tʰi²¹
一搭儿 i²¹ta:²⁴
　一块儿 i²¹kʰuɛ:⁵⁵
　一起儿 i²¹tɕʰi:⁵²
顺便儿 ʃʮuŋ⁵⁵piæ:⁵⁵
□故 li⁵⁵ku⁵⁵
　故意 ku⁵⁵i⁵⁵
到底 tɔ⁵⁵ti⁵²
根本 kəŋ²¹pəŋ⁵²
　纯粹 tʃʰʮuŋ²¹tʃʰʮuei⁵⁵
臧就 tsaŋ⁵²tɕiəu⁵⁵ 依然还是
确实 tɕyɛ²¹ʂʅ²⁴
　实在 ʂʅ²⁴tsʰɛ²⁴
　真个 tʂəŋ²¹kɔ²⁴
平四十 piŋ²⁴sʅ⁵⁵ʂʅ²¹ 接近四十，这人已经~了
总共 tʃʮuŋ⁵²kuŋ⁵⁵
　一老齐齐 i²¹lɔ²⁴tɕʰi²⁴tɕʰi²¹
莫老 mə²¹lɔ²⁴
　不要 mu²¹iɔ⁵⁵
白 pʰei²⁴ 不要钱，~吃

白 pʰei²⁴ ~跑一趟
　空 kʰuŋ²¹
偏 pʰiæ̃²¹ 还，你不叫我去，我~去。
乱 luæ̃⁵⁵ ~说
　胡 χu²⁴
前头 tɕʰiæ²⁴ 你~走，我随后就来。
　先 ɕiæ²¹
快 kuɛ⁵⁵ 接近
单 tæ̃²¹ 另~还有一个人
　另外 liŋ⁵⁵vɛ⁵⁵
叫 tɕiɔ⁵⁵ 被，~狗咬了一口
　让 zaŋ⁵⁵
把 ma²¹ ~门关上
把 ma²¹ 你~他好，他就~你好。
对 tuei⁵⁵
瞅着 tsʰəu⁵²tʂʅ²⁴ 他~我直笑
　朝着 tʂʰɔ²⁴tʂə²¹
　对着 tuei⁵⁵tʂə²¹
从 tʃʰʮuŋ²⁴ 在，~家里哩
从 tʃʰʮuŋ²⁴ 到，~哪儿去
到 tɔ⁵⁵ ~此为止
着 tʂɔ²⁴ 到，扔~水里
□ χa⁵² 你~铅笔写
　拿 na²⁴
　用 yŋ⁵⁵
沿 iæ̃²⁴ 你~着这条路走
　顺 ʃʮuŋ⁵⁵
替 tʰi⁵⁵
　帮忙 paŋ²¹maŋ²⁴
给 kei⁵⁵ ①替，~大家办事；②助词，把窗户~关上了
揽 læ⁵² ①和，我~你一起走；②跟，这个~那个一样
向 ɕiaŋ⁵⁵ ~别人打听一下

问 vəŋ⁵⁵
自打 tsʅ⁵⁵ta²¹ 自从
按 ŋæ̃⁵⁵ 照，~这样做就好
依 i²¹ 照，~我看不算错
把……叫 ma²¹…tɕio⁵⁵ 管……叫

把……当 ma²¹…taŋ²¹ 拿……当
自碎 tsʅ⁵⁵ʃʻuei⁵⁵
从小 tʃʰʻuŋ²⁴ɕio⁵²
望外 vaŋ⁵²vɛ⁵⁵
赶 kæ̃⁵²

二十七 量词

把 pa⁵² 一~（椅子），一杆（枪）
个 kɛ²¹ 一枚（奖章），一档子（事），一条（手巾）
本 pəŋ⁵² 一~（书）
笔 pi²¹ 一~（款）
匹 pʰi⁵² 一~（马）
头 tʰəu²⁴ 一~（牛），一口（猪）
封 fəŋ²¹ 一~（信）
副 fu⁵⁵ 一~（药）
张 tʂaŋ²⁴ 一帖（药），一~（纸）
味 vei⁵⁵ 一~（药）
道 tɔ⁵⁵ 一~（河）
顶 tiŋ⁵² 一~（帽子）
坨 tʰuə²¹ 一~（墨）
朵 tuə²⁴ 一~（花儿）
顿 tuŋ⁵⁵ 一~（饭）
辆 liaŋ⁵² 一~（车）
只 tʂʅ²⁴ 一~（手），一~（鞋）
盏 tsæ̃⁵² 一~（灯）
张 tʂaŋ²⁴ 一~（桌子）
桌 tʃʻuə²¹ 一~（酒席），（打）一~（麻将）
场 tʂʰaŋ²⁴ 一~（雨）
折 tʂə²¹ 一出（戏）
床 tʃʰʻuaŋ²⁴ 一~（被儿）

件 tɕʰæ̃⁵⁵ 一身（棉衣），一~（衣裳），一桩（事情）
支 tsʅ²⁴ 一管（笔）
根 kəŋ²⁴ 一~（头发）
棵 kʰuə²⁴ 一~（树）
颗 kʰuə²⁴ 一~/粒（米）
片 pʰiæ⁵² 一块（砖），一~（好心），一~（肉）
口 kʰəu⁵² 一~子（人）
两口子 liaŋ²¹kʰuə²¹tsʅ²⁴（夫妻俩）
家 tɕia²¹ 一~（铺子）
架 tɕia⁵⁵ 一~（飞机）
间 tɕiæ̃⁵² 一~（屋子），一所（房子）
行 χaŋ⁵⁵ 一~（字）
篇 pʰiæ⁵² 一~（文章）
页 iɛ²¹ 一~（书）
段 tuæ̃⁵⁵ 一~/节（文章）
面 miæ⁵⁵ 一~（旗）
层 tsʰəŋ²⁴ 一~（纸）
股 ku⁵² 一~（香味儿）
座 tʃʻuə⁵⁵ 一~（桥）
门 məŋ²¹ 一~（亲事）
刀 tɔ²¹ 一~（纸）
沓 tʰa²¹ 一~（纸）
缸 kaŋ²¹ 一~（水）

碗 væ̃⁵² 一~（饭）
杯 pʰei²¹ 一~（茶）
把 pa⁵² 一~（米），一~（萝卜）
包 pɔ²⁴ 一~（花生）
卷 tɕyæ̃⁵² 一~（纸）
捆 kʰuŋ⁵² 一~（行李）
担 tæ̃⁵⁵ 一~（米），一~（水）
排 pʰɛ²⁴ 一~（桌子）
串 tʃʰᵛuæ̃⁵⁵ 一挂（鞭炮）
句 tɕy⁵⁵ 一~（话）
个 kə⁵⁵ 一位（客人），一~（人）
双 ʃᵛuaŋ²¹ 一~（鞋）
对 tuei⁵⁵ 一~（花瓶）
副 fu⁵⁵ 一~（眼镜）
套 tʰɔ⁵⁵ 一~（书）
种 tʃᵛuŋ⁵² 一~（虫子）
帮 paŋ²¹ 一伙儿（人），一~（人）
　堆 tuei²¹ 一~（土）
□nuei⁵⁵ 一~（人）
批 pʰi⁵² 一~（货）
拨 pə²⁴ 一~儿（人）
窝 və²⁴ 一~（蜂）
骨榴 ku⁵⁵tʃᵛua²¹ 一串（葡萄）
　榴 tʃᵛua⁵⁵
一柞 tsa⁵²①大拇指与中指张开的长度；
　②大拇指与食指张开的长度
指 tsɿ⁵² 一~（长）
壶 χu²⁴ 一~（茶）
苗 miɔ²⁴ 一~（针）
脸 ȵiæ̃⁵² 一~（土）
身 ʂəŋ²¹ 一~（土）
肚子 tʰu⁵⁵tsɿ²¹ 一~（气）
趟 tʰaŋ⁵⁵（走）一~，一~班车
下 χa²¹（打）一~

眼 ȵiæ̃⁵²（看）一~
口 kʰəu⁵²（吃）一~
（谈）一会儿 i²¹χue:i⁵⁵
阵 tʂəŋ⁵⁵（下）一~（雨）
场 tʂʰaŋ²⁴（闹）一~
面 miæ̃⁵⁵（见）一~
尊 tʃᵛuŋ²¹ 一~（佛像）
扇 ʂæ̃⁵⁵ 一~（门）
幅 fu⁵⁵ 一~（画儿）
堵 tu⁵² 一~（墙）
瓣 pæ̃⁵⁵ 一~（花瓣）
部 pʰu⁵⁵ 一~（书）
班 pæ̃²¹ 一~（车）
水 ʃᵛuei⁵²（洗）一~（衣裳）
壶 χu²⁴（烧）一~（水）
打 ta⁵² 一~（鸡蛋）
圪塔 kə²¹ta²⁴ 一团（泥）
堆 tuei²¹ 一~（雪）
口 kʰəu⁵² 一~（牙）
列 liɛ²¹ 一~（火车）
路 lu⁵⁵ 一~（公共汽车）
组 tʃᵛu⁵² 一~（人）
撮 tʃᵛua²⁴ 一~（毛）
□kuaŋ⁵⁵ 一轴儿（线）
股 ku⁵² 一~（线），一缕（头发）
手 ʂəu⁵²（写）一~（好字）
笔 pi²¹（写）一~（好字）
届 tɕiɛ⁵⁵（开）一~（会议）
任 zəŋ⁵⁵（做）一~（官）
盘 pʰæ̃²¹（下）一~（棋）
台 tʰɛ²⁴（唱）一~（戏）
丝 sɿ²¹ 一~儿（肉）
点 tiæ̃⁵² 一~儿（面粉）
滴 tiɛ²¹ 一~（雨）

匣 ɕia²¹ 一盒儿（火柴），一~子（手饰）
箱子 ɕiaŋ²¹tsʅ²⁴ 一~（衣裳）
书架 ʃʲu²¹tɕia⁵⁵ 一~（小说）
柜 kʰuei⁵⁵ 一橱（书）
抽匣 tʂʰəu²¹ɕia²⁴ 一抽屉（文件）
筐筐儿 kʰuaŋ²¹kʰua:ŋ²¹ 一筐子（菠菜）
篮篮儿 læ̃²⁴læ̃:²¹ 一篮子（梨）
搓搓儿 tʃʳuə²¹tʃʳuə:²¹ 一~（炭）
  簸箕 pə⁵²tɕi²⁴
炉子 lu²⁴tsʅ²¹ 一~（灰）
包包儿 pɔ²¹pɔ:²¹ 一包（书）
口袋 kʰəu⁵²tʰɛ²¹ 一~（干粮）
  麻袋 ma²⁴tɛ⁵⁵
袋袋儿 tɛ⁵⁵tɛ:²⁴ 一袋子面粉
池子 tʂʰʅ²⁴tsʅ²¹ 一~（水）
缸 kaŋ²¹ 一~（金鱼）
瓶瓶儿 pʰiŋ²⁴pʰi:ŋ²¹ 一瓶子（醋）
罐罐儿 kuæ̃⁵⁵kuæ̃:²⁴ 一罐子（荔枝）
坛坛儿 tʰæ̃²⁴tʰæ̃:²¹ 一坛子（酒）
桶桶儿 tʰuŋ⁵²tʰu:ŋ²⁴ 一桶（汽油）

杯杯儿 pʰei²¹pʰe:i²¹ 一杯子（开水），一杯（茶）
杯 pʰei²¹
盆盆儿 pʰəŋ²⁴pʰə:ŋ²¹ 一~（洗澡水）
壶壶儿 χu²⁴χu:²¹ 一壶（茶）
锅 kuə²¹ 一~（饭）
笼 luŋ²¹ 一~（包子）
碟碟儿 tʰiɛ²⁴tʰiɛ:²¹ 一盘（水果），一碟儿（小菜）
碗 væ̃⁵² 一~（饭）
碗碗儿 væ̃⁵²væ̃:²⁴
盅盅儿 tʃʳuŋ²¹tʃʳu:ŋ²¹ 一~（烧酒）
  盅 tʃʳuŋ²⁴
马勺 ma⁵²ʂə²⁴ 一瓢（汤）
勺勺儿 ʂə²⁴ʂə:²¹ 一勺子（汤），一勺儿（酱油）
勺儿 ʂə:²⁴
个把 kə⁵⁵pa⁵²
万把 væ̃⁵⁵pa⁵² ~块钱

二十八　附加成分等

（一）后加成分

- 的很 ti²¹χəŋ⁵² 极了
  - 的嘿 ti²¹χei⁵²
  - 的不行了 ti²¹mu²¹ɕiŋ²⁴lɔ²¹
  - 的要死 ti²¹iɔ⁵⁵sʅ⁵²
- 死了 sʅ⁵²lɔ²¹
  - 死夏 sʅ⁵²tɕia²¹
- 不行 mu²¹ɕiŋ²⁴
- 吧叽 pa²¹tɕi²¹

- 不得了 mu²¹ti²⁴liɔ⁵²
- 的慌 ti²¹χuaŋ²¹
- □ kʰɛ²¹……的人
- 拉巴叽的 la²¹pa²¹tɕi²¹tɛ²¹
- 不楞登的 mu²¹ləŋ²¹təŋ²¹tɛ²¹
- 不叽叽的 mu²¹tɕi²¹tɕi²¹tɛ²¹
- 最……不过 tʃʳuei⁵⁵…mu²¹kuə⁵⁵
- 吃头儿 tʂʰʅ²¹tʰə:u²⁴ 这个菜没~
- 喝头儿 χə²¹tʰə:u²⁴ 那个酒没~
- 看头儿 kʰæ̃⁵⁵tʰə:u²⁴ 这出戏莫个~

干头儿 kæ⁵⁵tʰə:u²⁴
奔头儿 pəŋ⁵⁵tʰə:u²⁴
苦头儿 kʰu⁵⁵tʰə:u²⁴
甜头儿 tʰiæ²⁴tʰə:u²⁴

（二）前加成分

帮－paŋ²¹ 硬帮
脬－pʰaŋ²¹ 脬臭
飘－pʰiɔ²¹
溜－liəu⁵⁵
锃－tsəŋ⁵⁵ 锃亮
死－sʅ⁵² 死懒
崭－tsæ̃⁵² 崭新
生－səŋ²¹ 生硬
齁－χəu²¹ 齁人

精－tɕiŋ²¹ 精光
老－lɔ⁵² 老师

（三）虚字

了 lɔ²¹
着 tʂʰə²¹
的 tɛ²⁴
得 tɛ²⁴
桑 saŋ²¹
□ mu²¹
哩 li²¹
戛 tɕia²¹
吗 ma²⁴
么 mæ̃²¹

二十九　数字等

（一）数字

一号 i²¹χɔ⁵⁵ 指日期，下同
二号 ɚ⁵⁵χɔ⁵⁵
三号 sæ̃²¹χɔ⁵⁵
四号 sʅ⁵⁵χɔ⁵⁵
五号 vu⁵²χɔ⁵⁵
六号 liəu²¹χɔ⁵⁵
七号 tɕʰi²¹χɔ⁵⁵
八号 pa²¹χɔ⁵⁵
九号 tɕiəu⁵²χɔ⁵⁵
十号 ʂʅ²⁴χɔ⁵⁵
初一 tʃʰvu²¹i²¹
初二 tʃʰvu²¹ɚ⁵⁵

初三 tʃʰvu²¹sæ̃²¹
初四 tʃʰvu²¹sʅ⁵⁵
初五 tʃʰvu²¹vu⁵²
初六 tʃʰvu²¹liəu²¹
初七 tʃʰvu²¹tɕʰi²¹
初八 tʃʰvu²¹pa²¹
初九 tʃʰvu²¹tɕiəu⁵²
初十 tʃʰvu²¹ʂʅ²⁴
老大 lɔ⁵²ta⁵⁵
老二 lɔ⁵²ɚ⁵⁵
老三 lɔ⁵²sæ̃²¹
老四 lɔ⁵²sʅ⁵⁵
老五 lɔ⁵²vu⁵²
老六 lɔ⁵²liəu²¹

老七 lɔ⁵²tɕʰi²¹
老八 lɔ⁵²pa²¹
老九 lɔ⁵²tɕiəu⁵²
老十 lɔ⁵²ʂʅ⁵⁵
老碎 lɔ⁵²ʃʷuei⁵⁵
大哥 ta⁵⁵kə²¹
二哥 ɔʅ⁵⁵kə²¹
一个 i²¹kə⁵⁵
两个 liaŋ⁵²kə⁵⁵
三个 sæ̃²¹kə⁵⁵
四个 sʅ⁵⁵kə⁵⁵
五个 vu⁵²kə⁵⁵
六个 liəu²¹kə⁵⁵
七个 tɕʰi²¹kə⁵⁵
八个 pa²¹kə⁵⁵
九个 tɕiəu⁵²kə⁵⁵
十个 ʂʅ²⁴kə⁵⁵
第一 ti⁵⁵i²¹
第二 ti⁵⁵ɔʅ⁵⁵
第三 ti⁵⁵sæ̃²¹
第四 ti⁵⁵sʅ⁵⁵
第五 ti⁵⁵vu⁵²
第六 ti⁵⁵liəu²¹
第七 ti⁵⁵tɕʰi²¹
第八 ti⁵⁵pa²¹
第九 ti⁵⁵tɕiəu⁵²
第十 ti⁵⁵ʂʅ²⁴
第一个 ti⁵⁵i²¹kə⁵⁵
第二个 ti⁵⁵ɔʅ⁵⁵kə⁵⁵
第三个 ti⁵⁵sæ̃²¹kə⁵⁵
第四个 ti⁵⁵sʅ⁵⁵kə⁵⁵
第五个 ti⁵⁵vu⁵²kə⁵⁵
第六个 ti⁵⁵liəu²¹kə⁵⁵
第七个 ti⁵⁵tɕʰi²¹kə⁵⁵

第八个 ti⁵⁵pa²¹kə⁵⁵
第九个 ti⁵⁵tɕiəu⁵²kə⁵⁵
第十个 ti⁵⁵ʂʅ²⁴kə⁵⁵
一 i²¹
二 ɔʅ⁵⁵
三 sæ̃²¹
四 sʅ⁵⁵
五 vu⁵²
六 liəu²¹
七 tɕʰi²¹
八 pa²¹
九 tɕiəu⁵²
十 ʂʅ²⁴
十一 ʂʅ²⁴i²¹
二十 ɔʅ⁵⁵ʂʅ²⁴
二十一 ɔʅ⁵⁵ʂʅ²⁴i²¹
三十 sæ̃²¹ʂʅ²⁴
三十一 sæ̃²¹ʂʅ²⁴i²¹
四十 sʅ⁵⁵ʂʅ²⁴
四十一 sʅ⁵⁵ʂʅ²⁴i²¹
五十 vu⁵²ʂʅ²⁴
五十一 vu⁵²ʂʅ²⁴i²¹
六十 liəu²¹ʂʅ²⁴
六十一 liəu²¹ʂʅ²⁴i²¹
七十 tɕʰi²¹ʂʅ²⁴
七十一 tɕʰi²¹ʂʅ²⁴i²¹
八十 pa²¹ʂʅ²⁴
八十一 pa²¹ʂʅ²⁴i²¹
九十 tɕiəu⁵²ʂʅ²⁴
九十一 tɕiəu⁵²ʂʅ²⁴i²¹
一百 i⁵⁵pei²¹
一千 i⁵⁵tɕʰiæ̃²¹
一百一十 i⁵⁵pei²¹i²¹ʂʅ²⁴
一百一十个 i⁵⁵pei²¹i²ʂʅ²⁴kə⁵⁵

一百一十一 i⁵⁵pei²¹i²¹ʂʅ²⁴i²¹
一百一十二 i⁵⁵pei²¹i²¹ʂʅ²⁴ɔʅ⁵⁵
一百二十 i²¹pei²¹ɔʅ⁵⁵ʂʅ²⁴
　一百二 i⁵⁵pei²¹ɔʅ⁵⁵
一百三十 i⁵⁵pei²¹sæ̃²¹ʂʅ²⁴
　一百三 i²¹pei²¹sæ̃²¹
一百五十 i⁵⁵pei²¹vu⁵²ʂʅ²⁴
　一百五 i⁵⁵pei²¹vu⁵²
一百五十个 i⁵⁵pei²¹vu⁵²ʂʅ²⁴kə⁵⁵
二百五十 ɔʅ⁵⁵pei²¹vu⁵²ʂʅ²⁴
　二百五 ɔʅ⁵⁵pei²¹vu⁵²
二百五傻子 ɔʅ⁵⁵pei²¹vu⁵²
二百五十个 ɔʅ⁵⁵pei²¹vu⁵²ʂʅ²⁴kə⁵⁵
三百一十 sæ̃²¹pei²¹i²¹ʂʅ²⁴
　三百一 sæ̃²¹pei²¹i²¹
三百六十 sæ̃²¹pei²¹liəu²¹ʂʅ²⁴
　三百六 sæ̃²¹pei²¹liəu²¹
一千一 i⁵⁵tɕʰiæ̃²¹i²¹
一千一百个 i⁵⁵tɕʰiæ̃²¹i²¹pei²¹kə⁵⁵
一千九百 i²¹tɕʰiæ̃²¹tɕiəu⁵²pei²¹
　一千九 i²¹tɕʰiæ̃²¹tɕiəu⁵²
一千九百个 i²¹tɕʰiæ̃²¹tɕiəu⁵²pei²¹kə⁵⁵
三千 sæ̃²¹tɕʰiæ̃²¹
五千 vu⁵²tɕʰiæ̃²¹
八千 pa²¹tɕʰiæ̃²¹
一万 i²¹væ̃⁵⁵
一万二千 i²¹væ̃⁵⁵ɔʅ⁵⁵tɕʰiæ̃²¹
　一万二 i²¹væ̃⁵⁵ɔʅ⁵⁵
一万二千个 i²¹væ̃⁵⁵ɔʅ⁵⁵tɕʰiæ̃²¹kə⁵⁵
三万五千 sæ̃²¹væ̃⁵⁵vu⁵²tɕʰiæ̃²¹
　三万五 sæ̃²¹væ̃⁵⁵vu⁵²
三万五千个 sæ̃²¹væ̃⁵⁵vu⁵²tɕʰiæ̃²¹kə⁵⁵
零 liŋ²⁴
二斤 ɔʅ⁵⁵tɕiŋ²¹

两斤 liaŋ⁵²tɕiŋ²¹
二两 ɔʅ⁵⁵liaŋ⁵²
二钱 ɔʅ⁵⁵tɕʰiæ̃²⁴
两钱 liaŋ⁵²tɕʰiæ̃²⁴
二厘 ɔʅ⁵⁵li²¹
两厘 liaŋ⁵²li²¹
两丈 liaŋ⁵²tʂaŋ⁵⁵
二尺 ɔʅ⁵⁵tʂʅ²¹
两尺 liaŋ⁵²tʂʅ²¹
二寸 ɔʅ⁵⁵tʃʰuŋ⁵⁵
两寸 liaŋ⁵²tʃʰuŋ⁵⁵
二分 ɔʅ⁵⁵fəŋ²¹
两分 liaŋ⁵²fəŋ²¹
二里 ɔʅ⁵⁵li⁵²
两担 liaŋ⁵²tæ̃⁵⁵
两斗 liaŋ⁵²təu⁵²
二升 ɔʅ⁵⁵ʂəŋ²¹
两升 liaŋ⁵²ʂəŋ²¹
二合（两合） ɔʅ⁵⁵χə²⁴
百把个 pei²¹pa²¹kə⁵⁵
两项（二项） liaŋ⁵²ɕiaŋ⁵⁵
半个 pæ̃⁵⁵kə⁵⁵
一半 i²¹pæ̃⁵⁵
两半儿 liaŋ⁵²pæ̃ː⁵⁵
多半儿 tuə²¹pæ̃ː⁵⁵
好几个 χɔ⁵²tɕi⁵²kə⁵⁵
半花子 pæ̃⁵⁵χua²¹tsʅ²⁴
一大半儿 i²¹ta⁵⁵pæ̃ː⁵⁵
一些个 i²¹ɕie²⁴kə⁵⁵
一个半 i²¹kə⁵⁵pæ̃⁵⁵
十多个 ʂʅ²⁴tuə²¹kə⁵⁵
一百多个 i²¹pei²¹tuə²¹kə⁵⁵
十来个 ʂʅ²⁴lɛ²⁴kə⁵⁵
……左右 tsuə⁵⁵iəu⁵⁵

……上下 ʂaŋ⁵⁵χa⁵⁵

（二）天干、地支

甲 tɕia²¹
乙 i²¹
丙 piŋ⁵²
丁 tiŋ²¹
戊 vu⁵⁵
己 tɕi⁵²
庚 kəŋ²¹
辛 ɕiŋ²¹
壬 zəŋ²⁴
癸 kuei⁵²

子 tsɿ⁵²
丑 tʂʰəu⁵²
寅 iŋ²⁴
卯 mɔ⁵²
辰 tʂʰəŋ²⁴
巳 sɿ⁵⁵
午 vu⁵²
未 vei⁵⁵
申 ʂəŋ²¹
酉 iəu⁵²
戌 ɕy²¹
亥 χe⁵⁵

三十　四字格、固定短语

半拉子 pæ̃⁵⁵la²⁴tsɿ²¹ 做事做到一半扔下不做了
百灵百巧 pei²¹liŋ²⁴pei²¹tɕʰiɔ⁵² 很会说话，很讨巧
憋死蛋子 piɛ²¹sɿ²¹tæ̃⁵⁵tsɿ²¹ 多指孩子个子小，长得慢
□牙二嘴 piɛ⁵²ȵia²¹ɔ˞⁵²tʃʷuei⁵² 指人或物品模样不周正
丢人现眼 tiəu²¹zəŋ²⁴ɕiæ̃⁵⁵ȵiæ̃⁵² 丢脸
丢底卖害 tiəu²¹ti⁵²mɛ̃⁵⁵χɛ⁵⁵ 不知廉耻、不害臊
嚼舌根 tʃʰʋuə²⁴ʂə²⁴kəŋ²¹ 说谎，搬弄是非
嚼牙茬骨 tʃʰʋuə²⁴ȵia²⁴tsʰa²¹ku²¹ 说谎，搬弄是非
贼眉贼眼 tsʰei²⁴mi²¹tsʰei²⁴ȵiæ̃⁵² 形容鬼鬼祟祟的样子
□气喝天 tʂʰə²⁴tɕʰi⁵⁵χə²⁴tʰiæ̃²¹ 非常生气的样子
长脖细项 tʂʰaŋ²⁴pʰə²¹ɕi⁵⁵χaŋ⁵⁵ 脖子长，长得漂亮
长丝□□ tʂʰaŋ²⁴sɿ²¹ma²¹kæ̃²¹ 非常长
挡手挡脚 taŋ⁵⁵ʂəu²¹taŋ⁵⁵tɕye²¹ 束缚
疗□实眼 tiŋ²⁴mi²¹sɿ²⁴ȵiæ̃²¹ 指说话、办事态度生硬
疗不拉唧 tiŋ²⁴mu²⁴la²¹tɕi²¹ 指说话、办事态度生硬

疗俹哇老 tiŋ²⁴ʃʳu²¹va²¹lɔ²¹ 指说话、办事态度生硬
二里吧唧 ɔɿ⁵⁵li²¹pa²¹tɕi²¹ 说话办事不着调
二里吧兮 ɔɿ⁵⁵li²¹pa²¹ɕi²¹ 说话办事不着调
翻眼仁 fæ²¹ȵiæ̃⁵²zəŋ²¹ 表示不满
翻出导入 fæ²¹tʃʰu²¹tɔ⁵²ʒʳu²¹ 不断翻动东西
疯□□式 fəŋ²¹tʂaŋ²¹mə⁵⁵ʂɿ²¹ 疯疯癫癫的样子
翻箱倒柜 fæ²¹ɕiaŋ²¹tɔ⁵²kʰuei⁵⁵ 翻动东西
干稠闷巴 kæ²¹tʂʰəu²⁴məŋ⁵⁵pa²¹ 又干又稠
干巴闷稠 kæ²¹pa²¹məŋ⁵⁵tʂʰəu²⁴ 又干又稠
瓜不愣□ kua²¹mu²⁴ləŋ⁵⁵tʰəŋ⁵⁵ 傻傻的样子
瓜头□脑 kua²¹tʰəu²⁴ɕiŋ⁵⁵lɔ⁵² 傻愣
沟沟岔岔 kəu²¹kəu²⁴tɕʰia⁵⁵tɕʰia⁵⁵ 形容很狭窄
怪□实眼 kuɛ⁵⁵mi²¹ʂɿ²⁴ȵiæ̃⁵² 形容很怪异
光□□ kuaŋ²¹ȵy²⁴ȵy²¹ 精光，多形容人光身子
光溜溜 kuaŋ²¹liəu²⁴liəu²¹ 精光，多形容人光身子
疙疙瘩瘩 kə²¹kə²¹ta²¹ta²¹ 形容不平整
鬼眉日眼 kuei⁵²mi²⁴zɿ²¹ȵiæ̃⁵² 挤眉弄眼
圪佬岔拉 kə²¹lɔ²¹tɕʰia⁵⁵la²⁴ 很隐蔽、狭窄的地方
磕磕绊绊 kʰə²¹kʰə²⁴pʰæ̃⁵⁵pʰæ̃⁵⁵ 磕绊、不顺当
抠抠掐掐 kʰəu²¹kʰəu²⁴tɕʰia⁵⁵tɕʰia⁵⁵ 小气、吝啬
□□嘛嚓 kʰə²¹tɕʰiŋ²⁴ma²¹tsʰa²¹ 麻利、速度快
可怜唧唧 kʰə²¹liæ²⁴tɕi²¹tɕi²¹ 可怜
可怜兮兮 kʰə²¹liæ²⁴ɕi²¹ɕi²¹ 可怜
可怜吧唧 kʰə²¹liæ²⁴pa²¹tɕi²¹ 可怜
亏人吧唧 kʰuei²¹zəŋ²⁴pa²¹tɕi²¹ 令人讨厌
坎三绊四 kʰæ̃⁵²sæ̃²¹pʰæ̃⁵⁵sɿ⁵⁵ 磕磕碰碰
花不□眼 χua²¹mu²⁴liəu⁵⁵ȵiæ̃⁵² 很花哨
花不□□ χua²¹mu²⁴liəu²¹sɔ⁵⁵ 很花哨
花红绿□ χua²¹χuŋ²⁴liəu²¹sɔ⁵⁵ 很花哨
火烧火燎 χuə⁵²ʂɔ²¹χuə⁵⁵liɔ⁵² 很着急
灰头土脸 χuei²¹tʰəu²⁴tʰu⁵²ȵiæ̃⁵² 萎靡不振，指人精神状态不好
黑不□□ χei²¹mu²⁴tʃʰʳu²¹tʃʰʳu²¹ 颜色灰黑

黑了吧唧 χei²¹lɔ²⁴pa²¹tɕi²¹ 颜色灰黑
黑哇□□ χei²¹va²⁴lɔ²¹tʃʰu²¹ 颜色灰黑
黑打糊涂 χei²¹ta⁵²χu²⁴tʰu²¹ 糊涂、不清楚状况
憨不□□ χæ²¹muʰ²⁴tʰəŋ²¹tʰəŋ²¹ 年龄小，憨厚
憨□□ χæ²¹tʰəŋ²⁴tʰəŋ²¹ 年龄小，憨厚
猴眉猴眼 χəu²⁴mi²⁴χəu²⁴ȵiæ⁵² 眼睛细小，人精明
胡拉八扯 χu²⁴la²¹pa²¹tʂʰə⁵² 胡扯
挤眉弄眼 tɕi⁵²mi²¹nuŋ⁵⁵ȵiæ⁵² 挤弄眼睛
糨子□ tɕiaŋ⁵⁵tsʅ²¹kʰe²¹ 糊涂，做事做人不明白
搅是非 tɕiɔ⁵²sʅ⁵⁵fei²¹ 搬弄是非
加吃带喝 tɕia²¹tʂʅ²¹tɛ⁵⁵χə²¹ 吃相不雅
急□哇眼 tɕi²⁴pʰi²¹va²¹ȵiæ⁵² 很着急，贬义
挤死哇佬 tɕi⁵²sʅ²¹va²¹nɔ²¹ 很拥挤
挤死□□ tɕi⁵²sʅ²¹kɔ²¹nɔ²¹ 很拥挤
揽扒□□ læ⁵²pa²¹ʂə²⁴ʃᵛuə²¹ 招揽、拥有得很多
揽扒不得 læ⁵²pa²¹mu²¹tɛ²¹ 不要招揽太多
连滚带爬 liæ²⁴kuŋ⁵²tɛ⁵⁵pʰa²⁴ 指边滚边爬的样子，多用贬义
连本带利 liæ²⁴pəŋ⁵²tɛ⁵⁵li⁵⁵ 本金和利息加在一起
老早世里 lɔ²¹tsɔ⁵²sʅ⁵⁵li²¹ 很早
烂眼吧呲 læ⁵⁵ȵiæ²¹pa²¹tsʰʅ²¹ 眼目溃烂，多指形象不佳
零里吧碎 liŋ²⁴li²¹pa²¹ʃᵛu²¹ 零碎
老眉□眼 lɔ⁵²mi²⁴tsaʔȵiæ²¹ 老态，显老
老□后山 lɔ⁵²mɔ²⁴χəu⁵⁵sæ²¹ 很边远的山区
冷天洼地 ləŋ⁵²tʰiæ²¹va²¹tʰi⁵⁵ 很寒冷
连吐带□ liæ²⁴tʰu²¹tɛ⁵⁵pa⁵² 又吐又拉
努咝吧□ nu⁵²sʅ²¹pa²¹kəŋ²¹ 指努力的样子
面黄肌瘦 miæ⁵⁵χuaŋ²⁴tɕi²¹səu⁵⁵ 指样貌黄瘦
黄屁吧 χuaŋ²⁴pʰi⁵⁵pa²¹ 指样貌黄瘦
慢慢吞吞 mæ⁵⁵mæ⁵⁵tʰəŋ²¹tʰəŋ²¹ 指很慢
骂骂咧咧 ma⁵⁵ma⁵⁵liɛ²¹liɛ²¹ 不停地骂人
迷迷瞪瞪 mi²⁴mi²⁴təŋ²¹təŋ²¹ 迷糊，不清晰
蔫不唧唧 ȵiæ²¹mu⁵⁵tɕi²¹tɕi²¹ 指人不爱说话，很蔫

蔫头耷拉 ȵiæ²¹tʰəu²⁴ta²¹la²¹ 指人不爱说话，很蔫
蔫头□□ ȵiæ²¹tʰəu²⁴ku²¹tʃʵua²¹ 指人不爱说话，很蔫
念念叨叨 ȵiæ⁵⁵ȵiæ⁵⁵tɔ²¹tɔ²¹ 指嘴里不停地念叨
拿文走腔 na²⁴vəŋ²⁴tsəŋ⁵²tɕʰiaŋ²¹ 装腔作势
扭□□□ ȵiəu⁵²χɔ²⁴liɛ²¹ɕi⁵⁵ 指扭捏，娇气
扭头妖精 ȵiəu⁵²tʰəu²⁴iɔ²¹tɕiŋ²¹ 指扭捏，娇气
□柴烂□ pʰə²¹tsʰɛ²⁴læ̃⁵⁵i²¹ 指到处是烂柴
□汤□水 pʰə²¹tʰaŋ²⁴iɛ²¹ʃuei²¹ 指不干净利落
鼻擤上溜滑滑 pʰi²⁴ɕiŋ⁵²ʂaŋ²⁴liəu⁵⁵χua²⁴χua²¹ 形容要求不会被满足，别妄想了
鼻塌嘴歪 pʰi²⁴tʰa²¹tʃʵuei⁵²vɛ²¹ 指做事不利落，很邋遢
□□哨 pʰi⁵⁵pʰi²⁴ʂɔ⁵⁵ 爱生气
白米细面 pʰei²⁴mi⁵²ɕi⁵⁵miæ⁵⁵ 相对是粗粮而言
绊手绊脚 pʰæ̃⁵⁵ʂəu⁵²pʰæ̃⁵⁵tɕyɛ²¹ 束缚
白缘无故 pʰei²⁴iæ²⁴vu²⁴ku⁵⁵ 没有原因
气包子 tɕʰi⁵⁵pɔ²¹tsɿ²¹ 指经常爱生气的人
□天坎地 tɕʰy²⁴tʰiæ²¹kʰæ̃²⁴tʰi⁵⁵ 磕磕碰碰
清汤寡水 tɕʰiŋ²¹tʰaŋ²⁴kua²¹ʃuei²¹ 太寡淡，没有味道
清汤挂面 tɕʰiŋ²¹tʰaŋ²⁴kua⁵⁵miæ²¹ 太寡淡，没有味道
□凌哐啷 tɕʰi²¹liŋ²⁴kʰuaŋ⁵⁵laŋ⁵⁵ 哐里哐啷
穷偢巴老 tɕʰyŋ²⁴ʃʵuŋ²¹paŋ²¹nɔ²¹ 穷酸
三棱□□ sæ̃²¹ləŋ²⁴pɔ⁵⁵tɕʰiɔ⁵⁵ 指样貌不周正
耍达□□ ʃʵua⁵⁵ta²¹liəu⁵⁵ʂɿ²¹ 不正经、不认真
死嘴烂舌 sɿ²¹tʃʵuei⁵²læ⁵⁵ʂə²¹ 贫嘴
死嘴溜 sɿ²¹tʃʵuei⁵²liəu⁵⁵ 贫嘴
瘦□实□ ʂəu⁵⁵mi⁵²ʂɿ²⁴ȵiæ²¹ 瘦弱
死□瞪眼 sɿ⁵²mi²⁴təŋ⁵⁵ȵiæ⁵² 呆板，不灵活
烧人□火 ʂɔ²¹zə²⁴ŋkaŋ⁵⁵χua⁵² 很烫的感觉
掏心掏肺 tʰɔ²¹ɕiŋ²¹ tʰɔ²¹fei⁵⁵
撕掀撕□ sɿ²¹ɕiæ²⁴sɿ²¹va²¹ 推推搡搡，多指小孩打闹
笋□□ ʃʵuŋ⁵²tʰiɔ²¹tʰiɔ²⁴ 苗条，个子高，专指女孩
乌鸡娃黑 vu²¹tɕi²¹va²¹χei²¹ 非常黑
五花八门 vu²¹χua²¹pa²¹məŋ²⁴ 门类很多

歪里吧唧 vɛ²¹li²⁴pa²¹tɕi²¹ 指爱挑衅不讲道理的人
稀糊烂浆 ɕi²¹χu⁵⁵læ̃⁵⁵tɕiaŋ⁵⁵ 很稀的样子
斜里吧唧 ɕyɛ²⁴li²¹pa²¹tɕi²¹ 指爱挑衅不讲道理的人
细眉细眼 ɕi⁵⁵mi²⁴ɕi⁵⁵ȵiæ̃⁵² 眼目细小
现眼豹 ɕiæ̃⁵⁵ȵiæ̃⁵²pɔ⁵⁵ 经常丢人现眼的人
闲游胡逛 ɕiæ̃⁵⁵iəu²⁴χu²⁴kuaŋ⁵⁵ 游手好闲
洋里三昏 iaŋ²⁴li²¹sæ̃²¹χuŋ²¹ 糊涂
洋□不睬 iaŋ²⁴ta²¹mu⁵⁵tshɛ⁵² 呆板
云山雾罩 yŋ²⁴sæ̃²¹vu⁵⁵tsɔ⁵⁵ 很朦胧的样子
咋求预备 tsa²⁴tɕhiəu²⁴y⁵⁵pi⁵⁵ 详细说明
嘴尖舌快 tʃᵛuei⁵²tɕiæ̃²¹ʂə²¹khuɛ⁵⁵ 说话嘴快，多贬义
□不□眼 tʂʅ⁵⁵mu²⁴tʃʰvua²¹ȵiæ̃²¹ 呆板，不使眼色
蒸馍馍混卷子 tʂəŋ²¹mə²⁴mə²¹χuŋ⁵⁵tɕyæ̃⁵²tsʅ²¹ 浑水摸鱼

第六章 礼县方言词汇的特点

一、礼县方言词汇与普通话词汇的差异

本次调查以《方言词汇调查条目表》为依据，对 30 类 3000 多条基本词语展开考察和分析，发现礼县方言城关话尽管属于官话，但与普通话的词汇相比较，还是存在一定的差异。从礼县方言词汇与普通话词汇的比较（包括儿化、前缀、后缀等）结果看，词汇差异较大的主要集中在农业、称谓、亲属、饮食、日常生活、动作、副词、介词和附加成分等小类上，而数字、植物、量词、器具用品、房舍等几个小类相对差异较小。

礼县方言和普通话词汇的差异主要表现在以下几个方面：

1. 形异实同

所谓形异实同是指礼县方言的词语与普通话的词形不同，但表现出的词汇意义是相同的，这种现象是比较普遍的。例如（横线前为普通话，横线后为礼县话）：

脏水—浊水　　　　　　　讨厌—见不得
冰雹—冷子　　　　　　　背着手儿—背搭手
胡同—巷巷　　　　　　　鼻涕—鼻
赶集—跟集　　　　　　　走—行
太阳—热头　　　　　　　聊天—谝传
早霞—早烧　　　　　　　喊—喝
西红柿—洋柿子　　　　　清晨—早起
被（介词）—叫　　　　　膝盖—磕膝盖儿
乞丐—要馍馍的　　　　　捉迷藏—藏咪咪雀儿
婆婆—阿家　　　　　　　什么—啥
屁股—屁眼　　　　　　　不要—莫
腿肚子—腿猪娃　　　　　白酒—辣酒
晚饭—黑饭　　　　　　　棺材—枋

双胞胎—双生　　　　　　不吭声—不嗯不喘
守灵—坐夜　　　　　　　骗—哄
送葬—送丧　　　　　　　上面—高头
做梦—梦睡梦　　　　　　哪里—阿达
洗澡—洗身上　　　　　　自己—个家
打呼—拉鼾睡　　　　　　刚—将
被褥—铺盖　　　　　　　瞪眼—□χən^{55}
翻绳—翻绞绞　　　　　　在（介词）—从
胳膊肘—胳肘子　　　　　煎药—□ŋæ̃^{24}药
头—□tuə^{21}脑　　　　　住店—站店
膀胱—尿脬　　　　　　　侧身翻—打鹞子
一块儿——搭儿　　　　　高跷—高脚
胸口—腔子　　　　　　　跑—排
腮腺炎—胡胡子　　　　　敷衍—日鬼
大脖子—瘿瓜瓜　　　　　娇惯—惯
驼背—背个　　　　　　　旁边—跟前
粥—米汤　　　　　　　　淡—甜
蝙蝠—元蝙蝠　　　　　　机灵—灵活

2. 形同实异

所谓形同实异是指礼县方言和普通话都有该词，但是所表达的词汇意义不同。这种现象不多，例如：

先生：礼县除了指男士外，还指大夫；普通话只有男士的意思。
鼻：礼县除了指鼻子外，还指鼻涕；普通话只有鼻子的意思。
饭：礼县除了泛指饭菜外，还专指面条；普通话只有饭菜的意思。
吃：礼县吃饭、抽烟都叫吃。
钱：礼县除了泛指金钱外，还专指钞票。
地下：礼县除了指地面以下外，还指地面以上。
扔了：礼县除了指扔掉外，还有丢失的意思。
儿子：礼县有泛指男孩的意思。
妇人：礼县除了指妇女之外，还专指男性的老婆。
爸爸：礼县除了指父亲外，还指姑姑。

3. 词形结构差异

同一词条，礼县方言与普通话的词形不同，有时也表现为构词结构上的不同，实际上这类词表现出的也是形异实同。通过比较和分析这类词结构上的差异可见，有的都是复合式合成词，但结构方式不同，例如：

清晨—早起　　　　　侧身翻—打鹞子
白酒—辣酒　　　　　粉笔—粉锭
旁边—跟前　　　　　暖水壶—电壶
臭大姐—臭包虫　　　太阳—热头

有的体现为复合式和附加式上的差异，例如：

冰雹—冷子　　　　　贼—贼娃子
烟叶—烟烟子　　　　浆糊—浆子
女孩—女子　　　　　婴儿—月娃子
饼子—饼饼　　　　　私生子—私娃
男孩子—儿子娃　　　桌子—桌桌
帘子—帘帘　　　　　水桶—桶桶儿
瓶子—瓶瓶　　　　　婆婆—阿家
公公—阿公

4. 词汇意义的差异

礼县方言与普通话除了词形结构上的不同外，其差异还体现在词汇意义上，方言承载着一个地方的文化，也体现着该地方人的思维方式，普通话中的一些词，礼县方言在词汇意义的表达上往往会显示出不同的角度，有描述、有比喻、有象形、有拟人等，赋予词语感情色彩和形象色彩，使表意更加的丰富和生动。例如："七星瓢虫"在礼县话中称为"新新妇"，用拟人的方式将其鲜艳的外表描绘了出来，赋予词义形象性和生动性；将小孩生病称为"变狗"，除了该词原意外，赋予词义一定的动态，也体现着父母对孩子生病的怜惜；"菢窝鸡"在礼县话中称为"燥窝鸡婆"，用形象的描摹手法将孵蛋母鸡的样子刻画了出来，使人似乎真的看到母鸡那羽毛都竖起来的样子。

斩牌—亡命牌　　　　出嫁—发落
巴结—舔沟子　　　　背着手—背搭手
气喘—齁齁　　　　　行贿—走后门
翻跟头—翻毛蛋蛋儿　母鸡—鸡婆
肚兜—裹肚儿　　　　癫痫—羊羔疯

二、礼县方言词汇构词法

（一）重叠

重叠是汉语方言词汇的一大特点，也是一种重要的构词手段。礼县方言也存在重叠这种构词方式。礼县方言的重叠构词主要体现为名词、动词和形容词的重叠。

1. 重叠式名词

礼县方言重叠式名词很多，并且大部分词重叠后还带有儿缀或子缀的特点。在礼县方言中，重叠式名词几乎都是基本词汇中的词语，口语性强，使用频率高。它们的用法和普通名词基本相同，例如，都可以做主语和宾语等。依据其重叠方式的不同，可分为 AA 儿、AA 子、ABB 儿、ABB 子、AABB 式等不同结构。下面进行逐一分析：

（1）AA 儿/子式。

根据调查，礼县方言几乎不存在 AA 式名词，因为名词性语素 A 在重叠后，一般都得带有儿缀或子缀。下面具体分析其结构和语用的特点。

AA 儿式名词中，名词性语素 A，在重叠前后所表达的意思基本一致，例如："勺勺儿"和"勺儿""勺子"从语义上是一致的，没有区别，但"勺子"在礼县方言中很少使用，偶尔使用也是新派用法，受普通话的影响。此外，AA 儿式名词和相应单音节名词、AA 子式名词比较，有言小、程度轻的意思。例如："线线儿"和"线"，"线"泛指所有的线，而"线线儿"除了所表达的基本意思外，含有小、少的意思。例如：你阿达能寻着一点线线儿？（你在哪儿能找到一些线？）这类 AA 儿式名词在礼县方言中很多。

沟沟儿	凳凳儿
台台儿	缝缝儿
带带儿	绳绳儿
叶叶儿	草草儿
瓢瓢儿	卷卷儿花卷
洞洞儿	水水儿
虫虫儿	帘帘儿
坡坡儿	院院儿
馍馍儿	纸纸儿
蛐蛐儿	渠渠儿

树树儿	川川儿 山川
皮皮儿	眼眼儿
庙庙儿	角角儿
山山儿	夹夹儿 马夹
人人儿	碟碟儿
袋袋儿	铲铲儿
包包儿	房房儿
盆盆儿	兜兜儿
车车儿	巷巷儿
棍棍儿	盅盅儿
盒盒儿	杯杯儿

AA 儿式名词也表达喜爱和亲切的感情色彩，"帽帽儿"和"帽子""帽帽子"相比较，"帽帽儿"含有亲切、喜爱的感情色彩和委婉可亲的说话口吻，多用于大人对小孩的对话中，体现了大人对孩子的喜爱、疼爱之情。例如：你的帽帽儿哪？（你的帽子呢？）

袄袄儿	脚脚儿
裤裤儿	鞋鞋儿
手手儿	袜袜儿

AA 儿式名词，A 语素大都是由名词性的来承担，但有些也由动词、形容词、量词等其他词性的语素来充任，表示一种状态或动作的方式等。

A 语素是动词和形容词性的。例如：

盖盖儿	尖尖儿
弯弯儿	罩罩儿
圈圈儿	花花儿

A 语素是动词和量词性的。例如：

坨坨儿	丝丝儿
片片儿	颗颗儿
块块儿	根根儿
股股儿	头头儿
堆堆儿	把把儿
条条儿	行行儿

礼县方言的 AA 子式和 AA 儿式相比较，语义和用法基本一致，一般，同一个名词性语素 A，既可以带儿缀，也可以带子缀，例如：桌桌儿/桌桌子，盆盆儿/盆盆子。AA 子式中的语素 A 可以是名词性的，也可以是动词、形容

词性和量词性的语素。

语素 A 是名词性的语素的。例如：

瓶瓶子	角角子
渣渣子	杯杯子
纤纤子	疔疔子
桶桶子	罩罩子
环环子	本本子

语素 A 是动词、形容性或量词性的语素的。例如：

颗颗子	片片子
茬茬子	罐罐子
弯弯子	立立子站立的状态
斜斜子	翻翻子翻到过来的样子

此外，AA 子式大都也有小称和爱称的色彩。例如："洋芋丝丝子"和"洋芋丝丝儿"表意基本一致，都含有细小的意味。

由于 AA 儿/子式名词都有亲切的感情色彩，因此，AA 儿/子式名词在礼县方言中，也多用于昵称和人名的称呼。例如，父母多称呼自己的孩子"蛋蛋儿"/"蛋蛋子"；人们也将人的名字中的一个音节重叠加儿或子进行称呼，倍感亲昵。例如：艳艳儿/艳艳子、军军儿/军军子、萍萍儿/萍萍子。

（2）ABB 儿/子式。

在礼县方言中，ABB 儿/子式名词的数量没有 AA 儿/子式多，但也很富有特色。例如：

花苞苞儿/子	墙角角儿/子
针尖尖儿/子	碗底底儿/子
笔盖盖儿/子笔帽	门框框儿/子
菜汤汤儿/子	硬壳壳儿/子
锅把把儿/子	血疤疤儿/子

ABB 儿/子式名词中的语素 A 和 B 一般由名词性、形容词性和量词性的语素充任，从语素和语素的关系来看，大都是语素 A 修饰和限制语素 B，例如："门扇扇儿"中语素"门"修饰限制语素"扇"。从表意来看，ABB 儿/子式名词也有小称和爱称的色彩，但较之 AA 儿/子似乎不太浓郁。

（3）AABB 式。

AABB 式名词，在礼县方言中数量不多，这种类型有点类似普通话中的"山山水水""坛坛罐罐"这种名词的重叠模式。礼县方言的 AABB 式名词，语素 A 和语素 B 都是同一类事物，语义上有"多"和"遍"的意思。例如：

沟沟岔岔　　　　　　　碟碟碗碗
花花草草　　　　　　　水水浆浆
盆盆罐罐　　　　　　　家家户户
锅锅灶灶　　　　　　　桌桌凳凳

礼县话中的 AABB 式名词，有点类似于普通话中的"山山水水""坛坛罐罐"这种名词的重叠模式。普通话的这种重叠模式，很多语法学家认为是两个单音节名词的连用，例如："山山水水"认为是两个单音节名词"山"和"水"各自重叠后连用在一起的，因此，不能单纯地认为是 AABB 式名词。笔者也持同样的观点，认为礼县话中 AABB 式名词确定为名词的重叠连用应该更为妥帖。

2. 重叠式动词

礼县方言的重叠式动词有 ABB 儿/子式、ABAB 式、AABB 式三种模式，下面具体分析：

（1）ABB 儿/子式动词。

ABB 儿/子式动词，在礼县话中数量不多，一般语素 A 为动素，B 为名素，两者为动宾关系。例如：

打转转儿/子　　　　　　喝汤汤儿/子
吃饭饭儿/子　　　　　　摆摊摊儿/子
□na²¹ 蛐蛐儿/子捉蛐蛐儿　转圈圈儿/子

ABB 儿式和 ABB 子式动词在表意上基本一致，没什么差别，也都具有小称的色彩。但在语气上略显不同，相比较于 ABB 子式，ABB 儿式在语气较为委婉。

（2）ABAB 式动词。

ABAB 式动词是普通话双音节动词的主要重叠模式，在礼县话中却很少使用；但近些年，由于受普通话的影响，也开始出现 ABAB 式动词，并呈扩大化趋势，尤其是年轻一代。因此，尽管数量不多，也将其另列一类。例如：

抬掇抬掇　　　　　　　研究研究
宣传宣传　　　　　　　知道知道

（3）AABB 式动词。

进进出出　　　　　　　打打闹闹
来来去去　　　　　　　皮皮拖拖做事拖延，不麻利

3. 重叠式形容词

重叠式形容词在礼县方言中有 AA 儿式、ABB 式、AABB 式三种模式。

（1）AA 儿式形容词。

AA 儿式形容词中的"A"为形容词性的语素，在使用时一般要在末尾加助词"的"，即形成"AA 儿的式"。例如：

红红儿的	花花儿的
薄薄儿的	甜甜儿的
稳稳儿的	亮亮儿的
□□sən^{55}sə:ŋ^{52}儿的冰冰的	□□tɕʰy^{21}tɕʰy:^{21}儿的短短的
臭臭儿的	憨憨儿的
胖胖儿的	富富儿的 很富有

AA 儿式形容词，在语义上都有程度的加深，例如"瘦瘦儿的"就含有很瘦的意思。此外，在语气上也显得比较委婉。例如："今个的饭咸咸儿的。""今个的饭咸得很。"两句话基本意思大致一致，但第一句的表达相对委婉一些。

（2）ABB 式形容词。

ABB 式形容词中的 A 是一个单音节形容词；而语素 BB 是一种后附加成分，没有实在的词汇意义。例如："平塌塌"中的"平"是词根，是语义的主要承担者；"塌塌"是词缀，只具有语法意义。这类词在使用时一般要在末尾加助词"的"，即形成"ABB 的式"，在句中经常作谓语、状语、定语和补语。例如："屋里咋黑黢黢的，莫电吗？"在这句话中，"黑黢黢"充当谓语。这类词在礼县方言中使用很普遍，数量也多。

胀蓬蓬的	酸叽叽的
凉生生的	红殷殷的
水拉拉的	需蓬蓬的
软□□pʰia^{21}pʰia^{21}的	乱麻麻的
干巴巴的	松塌塌的
潮□□tʃʰᵛua^{21}tʃʰᵛua^{21}的 潮湿	吊嘎嘎的
圆啾啾的	瘪掐掐的
蔫黢黢的	空哇哇的
阴根根的 ①环境阴冷；②人性格内向，不阳光	然达达地黏在一起

（3）AABB 式形容词。

□□tʃʰᵛu^{21}tʃʰᵛu^{24}秘秘 形容很神秘的样子　　抠抠掐掐 形容很抠门、小气

轻轻省省轻松　　　　　　亮亮堂堂
阳阳活活形容阳光、有朝气　清清头头形容人头脑清晰，为人讲道理
活活泛泛　　　　　　　　挤挤卡卡形容地方窄，人多很挤

AABB 式形容词一般是由一个双音节形容词重叠而来，例如"清清头头"就是将形容词"清头"的每个音节重叠而来，并且重叠之后从表意上有程度的加深、加重的意味。在具体使用中这类词一般也要在末尾加助词"的"，即形成"AABB 的式"，在句中经常作谓语、状语、定语和补语。

以上所述礼县方言中的名词、动词和形容词的重叠模式，与普通话和其他北方方言有共性，也体现出其个性。除此以外，礼县方言中还存在着一种貌似动词和形容词的重叠方式，例如："吃吃""想想""爱爱""苦苦""老实老实""愿意愿意"等，这种貌似重叠方式的用法，在礼县方言中形成一种很富有特色的反复问句（后文第十一章几种常见句型——反复问句有专门论述）。例如："你喝水喝喝？""喝喝"在这的意思相当于"喝不喝"。并且从发音的角度来看，第二、第四个音节也不读轻声，因此，这种模式不属于动词和形容词的重叠方式。

（二）加缀

附加式是汉语的一种构词模式，汉语方言大都有着丰富的词缀，礼县方言也不例外。依据词缀的位置不同，礼县方言的加缀方式，分为前缀和后缀两种。

1. 前缀

（1）老、阿、初、第、小。

"老、阿、初、第、小"这五个前缀是普通话中常见的前缀，在礼县方言中也普遍使用。其表达的语法意义与普通话基本相同。例如：

老师　　　　　　　　　　老鸹乌鸦
老虎　　　　　　　　　　阿家婆婆
初一　　　　　　　　　　第二
老碎老小　　　　　　　　阿公公公
阿爷泛指陌生人　　　　　小张

（2）怂、烂怂、屄、烂屄、尿。

"怂、屄、尿、烂怂、烂屄"这五个是礼县方言中常用詈词的前缀，用在表人或表物的名词前面，表达说话人情绪的不满、愤怒和责骂。例如：

怂势	怂样子
怂脸式	尿眼娃
尿女子	尿嘴
尿势	尿样子
尿形	烂尿手机
烂怂地方	烂怂大夫
烂尿天气	烂怂电影

这些詈词在礼县话中使用很普遍，既可以指骂人，也可以指骂物；从感情色彩上来看，"怂"表达责骂、不满的程度比其他几个稍轻，有时也可表示一种戏谑或疼爱的感情色彩。例如："看你的怂样子？"这句话可表达说话人的不满情绪，但在有些场合却带有着一种疼爱的色彩。而其余四个无此用法，均表示责骂，而且能激发听话人强烈的愤怒之情。

2. 后缀

（1）子。

"子"是普通话典型的名词后缀，礼县方言的子尾使用也十分广泛，数量很多；但语义和结构模式与普通话略有差异。下面进行分类分析：

① 名词性语素+子。"名词性语素+子"的语法意义和结构模式与普通话基本一致，前文在名词的重叠模式中已经有所论述。例如：

肚子	筷子	鼻子
□pʰia⁵²子一种壶	阿伯子背称，媳妇称呼丈夫的	本本子
脬子尿脬	兄长	面子
脚爪子	肝子多指猪肝	案子案板
柿子	刀子	票子钱
瓶子	罐子	鸡肠子
泥头子泥人	瓦渣子	猪腰子
胳肘子	面片子	小姑子

"名词性语素+子"构成的名词，"名词性语素"有单音节语素、多音节语素，还有叠音语素，无论是哪一类，都是词根，是整个词语语义的主要承担者；"子"则读轻声，是词缀，成为虚语素，是名词标志。这类名词和普通名词用法相同，主要作主语、宾语以及定语。

② 动词性语素+子。例如：

错茬子	镲子	喋喋子说话含糊不清的人
挖耳子挖耳勺	锉子	眯眼子

第六章 礼县方言词汇的特点

盖碗子	擦子	钻子
揪片子	旋子卷笔刀	卡子
梳子	箅子	引子药引子
锁子	翻翻子	网子
卷子花卷	背身子	筛子
刷子	偷肥子	狗蹲子

礼县话"动词性语素+子"构成的子尾词，从构成方式看，词根结构比普通话更多样，有单音节动词性的语素，例如："镊子""锉子""卡子"；有双音节的动词性语素，例如："挖耳子""揪片子""偷肥子"词根均为动宾式动词性语素，"狗蹲子"词根为主谓型动词性语素；也有叠音式动词性语素，例如："翻翻子""喋喋子"。从语义看，这种子尾词表意更形象、更丰富。例如："偷肥子"指看起来瘦，实际上比较胖的人，词根"偷肥"表达的既形象又生动，让人过目不忘。

③ 形容词性语素＋子。例如：

冷子	麻子
斜斜子	□tsəŋ^{21}棱子侧身
楞争子	末子
花子	顺子

（2）人。

"人"尾词，是礼县方言的一大特点，数量多，使用广泛。这类词是由动词或形容词性的语素加后缀"人"而构成，即"V/A+人"式。这种格式中"V/A"，以单音节形式最为常见，且都具有使动用法，因此，整个结构都具有"使人感到……"的意思。例如："息人：因光线强烈使人感到眼睛睁不开""照人：因光线强烈使人感到眩晕""吓人：使人感到害怕""□tɕiæ̃^{55}人：使人感到不平整""烧人：因发烧或烧烤使人感到烫""瓜人：使人感到傻"等。

□tiŋ^{24}人	烧人
咬人	冲人
急人	急挖人使人感到着急难耐
爱人	沁人使人感到痒痒
呛人	胀人
嫌人	劳人
勒人	牵人
挖人使人感到胃里不舒服	哽人
作人使人感到酸涩	曲人因空间狭小使人感到不能伸展自如

齁人	闷人
岑人因饭里有沙子使人感到嘴里不舒服	□tɕʰyŋ²¹人使人感到闷热
辣人	亏人
笨人	渗人
麻人	怂人

从以上例词中可以看出，"V/A＋人"式结构中的"V/A"成分，一般都由表心理活动的或与主观感受有关的动词或形容词来充任，以单音节最为常见，偶尔也会有双音节成分，例如："急挖人"等。整个结构功能上和形容词非常接近，在句中经常作谓语和定语，偶尔也可作重叠后作状语；与副词搭配使用经常作补语中心语。例如

- 吃了点浆水饭，胃上**挖人**着。（吃了点浆水面，胃里不舒服。）挖人：作谓语。
- 娃**烧人**哩。（孩子发烧了。）烧人：作谓语。
- 我的手上**牵人牵人**地疼。（我的手很疼。）牵人牵人：牵人的重叠用法，作"疼"的状语。
- **冲人**的味道有莫了？（难闻的气味还有没有了？）冲人：作"味道"的定语。
- 厨房里自么多的烟，**呛人**死了。（厨房里这么多的烟，呛死人了。）呛人：作补语的中心语。"死了"作补语。

（3）儿、头。

礼县方言中的"儿"尾附着在名词性、动词性和形容词性的词根之后，有些表达细小、喜爱等感情色彩，有些是一种地域习惯。例如：

杏儿	雀儿
猫儿	口儿

以上这四个"儿"尾词都是名词性词根加儿尾构成，这类词都是口头使用频率较高的词语，语义上更多是一种地域习惯，当然在一定语境下也表达喜爱的感情色彩。在礼县方言中，名词性词根加儿尾这种类型的词并不多，因为有很多常用名词更多会用重叠加儿尾的方式来表达细小、喜爱的色彩，尽管很多词既体现为儿尾也体现为重叠，但重叠使用频率较高，数量也多。例如："帽儿—帽帽儿"和"雀儿—雀雀儿"，礼县人讲话，惯用"帽帽儿"和"雀雀儿"。

坐儿 座位	撮撮儿 簸箕
干活儿	锯儿

上面四个是动词性和形容词性词根加儿尾构成，相比较于名词性词根加儿尾，这类型的词语就更少了。

第六章 礼县方言词汇的特点

总之，与普通话相比，礼县方言的这种单纯的儿尾词很少，但重叠后加儿尾词现象却十分普遍。前文在名词的重叠模式中已经有所论述。

词缀"头"在礼县方言中可以附着在名词性词根或谓词性词根之后构成词语。例如：

热头　　　　　　　　看头
砖头　　　　　　　　喝头
猪头　　　　　　　　吃头
由头 理由　　　　　　来头 意义、面子

（4）货、㕭。

词尾"货、㕭"一般附着在形容词性的词根之后构成名词。例如：

瞎 χa²¹ 货　　　　　　笨㕭
贱货　　　　　　　　懒㕭
瞎㕭　　　　　　　　奸㕭
坏㕭　　　　　　　　瓜㕭

这类词首先用于争吵、辱骂的场合，表达说话人强烈的不满情绪和责骂，在这种场合的使用上，"㕭"比"货"所表达的辱骂、责备的感情程度要更为强烈些；其次，也用于戏谑的场合，带有嗔骂的感情色彩。例如：

● 你个**坏㕭**，以后再揽你搅着一搭，我就不是人了。坏㕭：表达了说话人的强烈不满。

● 你个**瞎货**，□kʰə²¹（又）做啥瞎事去戛？瞎货：在这具有嗔骂的感情色彩。

● **瓜㕭**看，你叫捏哄了。

● 你个**懒㕭**，还不起来？

● 你就是个**贱货**。

（5）娃儿/娃子。

词根之后加"娃儿/娃子"构成的名词，在礼县方言中使用广泛，这种名词有表人的，也有表动物、植物和物体的。"娃"尾名词经常表达说话人的喜爱、疼爱之情，有时也含有言小的意味。例如：

狗娃儿——狗娃子　　　驴娃儿——驴娃子
猪娃儿——猪娃子　　　猴娃儿——猴娃子

后缀"娃儿/娃子"表人时，有时用于人名后表示对自己的孩子或年龄小于自己的人的昵称，例如：红娃儿、红娃子；有时用于序数词之后，也表示一种昵称，例如：二娃儿、二娃子等。

第七章 代　词

一、人称代词（表 7.1）

表 7.1　礼县方言人称代词表

人称		第一人称	第二人称	第三人称
单数		我 ŋə^{52}	你 ɲi^{52}	他 tʰa^{21}
复数		熬 ŋɔ^{24} 熬几块 ŋɔ^{24}tɕi^{21}kʰuɛ^{21} 熬几该 ŋɔ^{24}tɕi^{21}kɛ^{21}	牛 niəu^{24} 牛几该 niəu^{24}tɕi^{21}kɛ^{21} 牛几块 niəu^{24}tɕi^{21}kʰuɛ^{21} 你儿 ɲi:^{24}	他家 tʰa^{21}tɕia^{24} 他家几该 tʰa^{21}tɕia^{24} tɕi^{21}kɛ^{21}
领属		我的 ŋə^{24}tɛ^{21} 熬的 ŋɔ^{24}tɛ^{21}	你儿的 ɲi:^{24}tɛ^{21} 牛的 niəu^{24}tɛ^{21}	他的 tʰa^{21}tɛ^{21} 他家的 tʰa^{21}tɕia^{24}tɛ^{21}
其他	自称	各家 kə^{21}tɕia^{24} 本人 pən^{52}ʐən^{24} 人家 ʐən^{24}tɕia^{21} 老子 lɔ^{52}tsʅ^{21}		
	别称	捏人家 ɲiɛ^{21}ʐən^{24}tɕia^{21} 捏几该 ɲiɛ^{21}tɕi^{21}kɛ^{21} 捏几块 ɲiɛ^{21}tɕi^{21}kʰuɛ^{21} 别人 piɛ^{24}ʐən^{24} 旁人 pʰaŋ^{24}ʐən^{24}		

礼县方言的人称代词分为第一人称、第二人称、第三人称和其他代词。从表 7.1 中可以看出，其中人称代词单数"我、你、他"和表示领属都加"的"，这两点与普通话相同（我、你、他读音有差异）。但复数和其他代词与普通话相去甚远。其中比较显著的特点，首先是礼县方言复数表达不用"们"，多用"家"。例如：第三人称代词复数是"他家"，而不是"他们"。其次是第二人称代词较特别。例如："你们"表达为"牛"（同音字替代）等。下面列举例

句（指示代词用黑体）：
- **我**吃饭去戛。（我要去吃饭。）
- **牛几该**做啥起戛？（你们要去干什么？）
- **熬**的事情不要你管。（我们的事情不要你管。）
- 歪几本书是**他家**的。（那几本书是他们的。）
- 我**各家**的作业我**各家**会写，不要你帮忙。（我自己的作业我自己会写，不要你帮忙。）
- **捏几块**一搭逛街道去了，莫引我木。（人家几个一起去逛街了，不领我去。）

二、指示代词（表 7.2）

表 7.2　礼县方言指示代词表

	近　指	远　指
人物	载 tsɛ⁵² 载个 tsɛ⁵²kə²⁴ 载些 tsɛ⁵²ɕiɛ²¹ 自个 tsʅ⁵²kə²⁴	歪 vɛ⁵² 歪个 vɛ⁵²kə²⁴ 歪些 vɛ⁵²ɕiɛ²¹
时间	载阵儿 tsɛ⁵²tʂə:ŋ²¹ 载一阵儿 tsɛ⁵²i²¹tʂə:ŋ⁵⁵ 自忽儿 tsʅ⁵⁵χu:²¹ 自咕忽儿 tsʅ⁵²ku²¹χu:²¹ 载一向 tsɛ⁵²i²¹ɕiaŋ⁵⁵ 这一段时间 载几年 tsɛ⁵²tɕi²¹niæ̃²⁴	歪阵儿 vɛ⁵²tʂə:ŋ²¹ 歪一阵儿 vɛ⁵²i²¹tʂə:ŋ⁵⁵ 兀忽儿 vu⁵⁵χu:²¹ 兀咕忽儿 vu⁵⁵ku²¹χu:²¹ 歪一向 vɛ⁵²i²¹ɕiaŋ⁵⁵ 那一段时间 兀/歪几年 vu⁵⁵/tɕi²¹niæ̃²⁴ 过去、古时候
数量	载些 tsɛ⁵² ɕiɛ²¹ 载几该 tsɛ⁵²tɕi²¹kɛ²¹ 自么多 tsʅ⁵⁵mu²¹tuə²¹	歪些 vɛ⁵²ɕiɛ²¹ 歪几该 vɛ⁵²tɕi²¹kɛ²¹ 兀么多 vu⁵⁵mu²¹tuə²¹
处所	咋儿 tsa:⁵² 自达 tsʅ⁵⁵ta²⁴	哇儿 va:⁵² 兀达 vu⁵⁵ta²⁴
形状方式	载该的 tsɛ⁵²kɛ²¹tɛ²¹ 自该的 tsʅ²¹kɛ²¹tɛ²¹ 自么 tsʅ⁵⁵mu²¹	歪该的 vɛ⁵²kɛ²¹tɛ²¹ 兀该的 vu⁵²kɛ²¹tɛ²¹ 兀么 vu⁵⁵mu²¹

以上是礼县方言的全部指示代词，从表 7.2 中可以看出：第一，近指代词主要包括"载、自（同音字替代）"以及由"载、自"构成的一些词，远指代词主要包括"歪、兀（同音字替代）"以及由"歪、兀"构成的一些词；第二，表人物、时间、处所和数量的指示代词替代名词，功能用法与普通名词相似，表形状方式的指示代词一般是代谓词或代副词，功能与谓词和副词大致相同。下面举例说明（指示代词用黑体）：

- **载个**人走戞把东西莫哈。（这个人走的时候把东西忘拿了。）载个：近指代词，表人物；句中修饰"人"，构成定中短语，"载个人"作句子主语。
- **歪**是个啥物件？（那是个什么东西？）歪：远指代词，表物体；在句中作主语。
- **自忽儿**干啥起戞？（这会儿要干什么去？）自忽儿：近指代词，表时间；在句中作主语。
- 他**兀忽儿**还年轻，还是个娃娃。（他那时候还年轻，还是个孩子。）兀忽儿：远指代词，表时间；在句中作状语。
- **自么多**的活节，我干不完。（这么多的活儿，我干不完）自么多：近指代词，表数量；在句中作"活节"的定语。
- **歪几个**花盆你放着阿达了？（那几个花盆你放哪了？）歪几该：远指代词，表数量；在句中作"花盆"的定语。
- 熬屋里就在**咋儿**哩。（我们家就在这儿。）咋儿：近指代词，表处所；在句中作宾语。
- **兀达**人多的很，有啥事哩吧。（那儿人很多，可能有啥事吧。）兀达：远指代词，表处所；在句中作主语。
- 你咋是个**载该的**人桑？（你怎么是个这样的人？）载该的：近指代词，表性状方式；在句中作定语。
- 你**兀么**日眼的，谁揽你耍戞？（你那么讨厌，谁跟你玩啊？）兀么：远指代词，表性状方式；在句中作状语。

三、疑问代词（表7.3）

表7.3　礼县方言疑问代词

人	谁 sei^{24} 谁该 sei^{24}kɛ^{24} 啥人 sa^{55}zəŋ^{21} 阿一该 a^{21}i^{24}kɛ^{21} 阿一些 a^{21}i^{24}ɕie^{21}
物	啥 sa^{55} 阿一该 a^{21}i^{24}kɛ^{21} 阿一些 a^{21}i^{24}ɕie^{21}
时间	啥时间 sa^{55}sʅ^{24}tɕiæ̃^{21} 啥时候 sa^{55}sʅ^{24}χəu^{21} 阿一天/月/年 a^{21}i^{24}tʰiæ̃^{21}/yɛ^{21}/niæ̃^{24} 多咋 tuə^{21}tsa^{24} 多会 tuə^{21}χuei^{21} 多阿一阵 tuə^{21}a^{21}i^{24}tʂəŋ^{55}
数量	几 tɕi^{52} 多少 tuə^{21}ʂɔ^{21}
处所	阿达 a^{21}ta^{24} 阿里 a^{21}li^{24} 啥地方 sa^{55}ti^{55}faŋ^{21}
形状方式	咋来 tsa^{24}lɛ^{24} 咋个的/咋的 tsa^{24}kə^{21}tɛ^{24}/tsa^{24}tɛ^{24} 咋弄 tsa^{24}nuŋ^{55} 咋办 tsa^{24}pæ̃^{55}
原因	为啥 vei^{55}sa^{55} 咋来 tsa^{24}lɛ^{24}

礼县方言询问人多用"谁""谁该"，询问物一般用"啥"；"阿一该"和"阿一些"既可问人，也可问物。例如（疑问代词用黑体，下同）：

- 载个人是**谁**？我咋儿莫见过。（这个人是谁？我怎么没见过。）
- 你把**啥**东西扔了？（你把什么东西丢了？）
- **阿一该**人是你爸爸？（哪一个人是你爸爸？）

- 阿一**些**东西往新房里哈的？（哪一些东西是要拿到新房里的？）
- 他是你的**啥人**，你自么护短的？（他是你的什么人，你这么护着他？）
- 你要的是**阿一该**杯子？（你要的是哪一个杯子？）

询问时间，用"啥时间""啥时候""阿一天/月/年""多咋"，询问多长时间用"多会""多阿一阵"例如：

- **啥时候**的事情？（什么时候发生的事情？）
- 今个**多咋**了？（今天是什么日子了？/今天几号了？）
- 你婆婆是**阿一年**去世的？（你的奶奶是哪一年去世的？）
- **阿一天**是你的生日？（哪一天是你的生日？）
- 你儿**啥时间**走兰州去夏？（你们什么时候去兰州？）
- 你**多会**来夏？（你多长时间才来？）
- 你**多阿一阵**就回来了？（你多长时间就回家了？）

询问处所，多用"阿达""阿里""啥地方"；询问数量用"几""多少"；询问形状方式用"咋来""咋个的/咋的""咋弄""咋办"；询问原因用"为啥""咋来"等。例如：

- 妈，我的铅笔盒在**阿达**哩？（妈妈，我的铅笔盒在哪儿？）
- 你载阵儿在**啊里**哩？（你这会儿在哪儿？）
- 他是**啥地方**的人？（他是什么地方人？）
- 他今个**咋来**？受啥刺激了吗？（他今天怎么了？受什么刺激了吗？）
- 我买了一件新衣裳，你看**咋个的/咋的**？（我买了一件新衣服，你看怎么样？）
- 出了自么大的事情，藏**咋弄**夏？（出了这么大的事情,现在怎么办啊？）
- 你看，载事**咋办**去好？（你看，这件事怎么办好？）
- 你有**多少**钱？（你有多少钱？）
- 你**为啥**着欺负熬的娃哩？（你为什么要欺负我们的孩子呢？）
- 吃了自么多的亏，你**咋来**着就记不住呢？（你吃了那么多亏，为什么就记不住呢？）

第八章 副词、介词

一、副词

副词经常限制、修饰谓词或谓词性的短语，根据语法意义可分为表程度的、表范围的、表时间的、表处所的、表情态的等各种类型。

（一）程度副词

礼县方言表程度的副词较多：很、最、过火、□□$ɕi^{24}mu^{21}$非常、死了、□li^{55}外外特别、越、有点、将兀家、稍微、奈何、尤其等。下面具体分析：

"很""过火""□□$ɕi^{24}mu^{21}$非常"，这三个程度副词使用频率很高，它们意思比较接近，用法却略有不同；"很"和"过火"在句中一般只作补语，不作状语；而"□□$ɕi^{24}mu^{21}$非常"只能作状语，不作补语。例如："好得很""好过火"和"□□$ɕi^{24}mu^{21}$好"，其中"好得很"和"好过火"，语义上，二者意思基本一致，但"过火"比"很"程度要深一些；功能上二者相同，"很""过火"都作形容词"好"的补语，并且也只作补语，礼县话一般不太说"很好"（"很好"这种说法是受普通话的影响），而"过火好"根本就不成立。而"□□$ɕi^{24}mu^{21}$好"中，"□□$ɕi^{24}mu^{21}$"用来作"好"的状语，不能作补语。再如：

● 载家的娃乖得**很**，把父母□□$ɕi^{24}mu^{21}$着孝顺。很：表程度较深的副词。作补语时必须用助词"得"。□□$ɕi^{24}mu^{21}$：表程度较深的副词。在句中作"孝顺"的状语。

● 妈做下的馓饭好吃**过火**。过火：表程度较深的副词。作补语，不用助词"得"。

"死了"，也是礼县方言中使用广泛的程度副词，它附着在谓词之后作程度补语，与"过火"用法接近，也不用助词"得"来连接。例如：

● 期中考试熬的娃才考了50分，把我给气**死了**。死了：表程度较深的副词，作"气"的补语。

程度副词"□li⁵⁵外外"意思相当于普通话的"特别",经常在句中修饰谓词作状语,也可作补语,例如:

- 歪个娃的个子□li⁵⁵**外外**地碎。(那个孩子个子特别小。)□li⁵⁵外外:作"碎"的状语,也可作补语,这句话也可以表达成:"歪个娃的个子碎得□li⁵⁵外外的。"

"有点、将兀家、稍微、奈何"这几个程度副词都表示程度较轻,一般修饰谓词作状语,例如:

- 夜个把我弄得**有点**伤脸。(昨天把我弄得有点不好意思。)有点:表程度较轻的副词,在句中作状语。
- 我**将兀家**把他打了一下,他各家就叫唤开了。(我就轻轻地打了他一下,他就开始哭了。)将兀家:表示程度很轻,普通话中没有与之相应的程度副词。在句中作"打"的状语。
- 麻烦你**稍微**把脚抬给下。(麻烦你稍微抬一下脚。)稍微:表程度较轻的副词,作"抬"的状语。
- 你的病**奈何**好点了莫?(你的病好点没?)奈何:意思接近"稍微",一般用在形容词前作状语。

(二)时间副词

礼县方言常用时间副词有"将/将将、才将、就、藏、各家、可、一直、一圪节、迟早、终究、趁早、原先、先头里、赶紧、一向"等。其中,"将/将将、才将"这两个副词都表示时间短暂;"藏"有"现在"的意思;"各家"相当于普通话的"已经";"可"是"又"的意思;"一直、一圪节"是表示频率较高的副词,有"经常"的意思;"迟早、终究"表示最终的意思;"原先、先头里"有起初、原来的意思。这些时间副词一般在句中都能作状语,有些还能前置于句首使用。例如:

- **才将**你做啥去了?(刚才你做什么去了?)才将:作"做"的状语,状语前置。
- 我**将将**给你说了,你**各家**忘了?(我刚刚告诉你,你已经忘了?)将将:作"说"的状语;各家:作"忘"的状语。
- 大学没考上,**藏**看你做啥去夏!(没考上大学,现在看你能去干什么!)
- **藏可**生病了!(现在又要生病了!)藏、可:两个时间副词连用,表示现在又要干什么,都作状语。
- 载一向天爷**一圪节**下雨哩!(这些天一直在下雨!)一圪节:表示频率,

作"下雨"的状语。

● 不好好干活，**迟早**叫捏不要了叟。（不好好工作迟早就叫人家不要了。）迟早：作"要"的状语。

● **先头里**你没给说清楚木，自古忽儿藏咋说叟？（起初你就没说清楚，这会儿怎么说呀？）先头里：原先、原本。作"说"的状语，状语前置句首。

（三）范围副词

"都、总共、统共、一搭、一劳劳、一挂儿、净、光、单另、就、只有"这些副词是礼县方言的常用范围副词。

"总共、统共"常用于表示数字的总和，在句中作状语。例如：

● 载些钱**总共**有多少？（这些钱总共有多少？）
● 我**统共**就自么多了。（我总共就这么多了。）

"一劳劳"有时用于数字的总和，有时与"一挂儿、都、净"的意思接近，表示范围大、全部的意思；在句中都作状语。例如：

● **一劳劳**加起来，还没20块钱。（一共加起来，还不够20元。）
● **一劳劳**给你算了。（全部给你得了。）
● 走得急了，莫哈伞，身上**一挂儿**泡湿了。（走得太急没拿伞，衣服全部淋湿了。）
● **净**是他干下的坏事。（都是他干的坏事。）
● 其他人**都**做啥去了？（其他人都去干什么了？）

"光、单另、就、只有"这四个副词，都表示范围小，在句中经常作状语。例如：

● **光**是一张死嘴儿，说得好听得很，也没见你干个啥！（只会嘴上说的好听，也没见你干点儿事啊！）
● 把歪一箱茶叶**单另**放下，不要揽剩下的放着一搭。（把那一箱子茶叶单独放出来，不要和剩下的混在一起。）

"一起、一搭"常用在动词前，说明做事人的范围。例如：

● 把弟弟引上**一搭**去。（把弟弟领上一起去吧。）

（四）情态、语气副词

常用情态、语气副词在礼县方言中比较丰富，例如：一下 χa^{55} 子、将将儿、连赶、吓 χa^{55} 怕、怪道、亏幸、就、差险乎儿、希险乎儿、打猛子、故意、实在等。

"一下子"相当于普通话的"忽然"。例如：

- 把我还**一下子**蒙住了。（把我忽然蒙住了。）
- 还是灵活得很，讲一下，**一下子**就会了。（还是很聪明，讲一下就会了。）

"将将儿"是"刚好"的意思，使用频率较高。例如：

- 载点**将将儿**够你吃。（这些饭刚好够你吃。）

"吓怕"表示一种预测，有可能。例如：

- 你载样的态度**吓怕**弄不成！（你这样的态度恐怕弄不成啊！）
- 快点行χəŋ^{24}，**吓怕**迟了！（快点走，可能迟到了！）

"连赶"抓紧时间，相当于普通话的"赶紧"。例如：

- 藏你**连赶**去，还能跟得上。（你赶紧走，还能跟上的。）

"怪道"是"难怪"的意思。例如：

- **怪道**了载几天他骂我哩。（难怪这几天他骂我来着。）

"亏幸"与普通话的"幸亏"意思相似。例如：

- **亏幸**你来得早。（幸亏你来得早。）

"差险乎儿、希险乎儿"表示差一点，有庆幸的意味。例如：

- **差险乎儿**叫学校开除了。（差一点儿就叫学校开除了。）

"打猛子"突然、猛地，有动作瞬间仓促地完成的意思。例如：

- **打猛子**还莫看清楚。（猛地一下还没看清楚。）

"就"在礼县方言中，可以作范围副词、时间副词；也可以作表语气的副词，有商量、恳求的口气。例如：

- 我**就**干了一点点，你莫了骂我的！（我只干了一点儿，你可别骂我啊！）

（五）肯定、否定副词

礼县方言表否定的常用副词有：莫、少、不。这三个否定副词中"莫"的使用频率较高，它在语义上有时相当于普通话的"没有"，有时相当于"不、不要"。例如：

- 你**莫**了听他的话的，歪就把你教坏了。（你不要听他的话，他就把你教坏了。）
- 来得太早了，还**莫**人。（来得太早了，还没有人。）

"少"相当于普通话的"不要"，但有禁止的意思。例如：

- 你**少**说我！（你不要说我！）

"不"读音比较特殊，读作 mu^{21}；用法接近普通话的"不"，例如：

- 他**不去**，你也**不去**吗？（他不去，你也不去？）

礼县方言表肯定的常用副词有：肯定、一定、真个、必定、老实等。例如：
- 你**肯定**看电影去戛。（你肯定会去看电影的。）
- 大家**一定**要保密哩。（大家一定要保密。）
- 我**真个**莫哄你儿。（我的确没骗你们。）
- **老实**是自各子的。（确实是这样子的。）
- 到时候，我**必定**会把钱还给大家的。（到时我会把钱还给大家的。）

二、介词

介词是汉语虚词的一种，它起标记作用，不具有实在的词汇意义，只具有语法意义。它在句中附着在谓词之前组成介词短语作状语。根据语法意义和用途的不同，介词有表示时间、处所、方向、原因、目的、施事、受事、对象等不同类别。礼县方言的常用介词有：从、自从、打、着 tʂo²¹、投、在、当着、沿着、顺着、按、用、赶、比、给、靠、哈、倒、揽、把、着 tʂo²⁴ 了、为了、叫、替、除过等。与普通话相比，大同小异，下面就礼县方言中比较有特点的介词举例作具体的分析。

（一）表时间、处所

礼县话中表时间、处所的介词比较多：从、自从、打、到、投等，例如：
- 我**从**车站寻你吗？（我在车站找你吗？）

从：表处所，相当于普通话的介词"在"，在句中介词短语"从车站"作"寻"的状语；"从"这个介词在语义和用法上比普通话中的介词"从"要宽泛些，普通话中的"从"一般只表时间，不表处所；而礼县方言中的"从"多用于表处所，当然也可以表时间，例如："我是从十点开始写作业的。"

- 娃**打**前两天就念个你着哩。（娃从两天前就开始念叨你了。）

打：表时间的介词。相当于普通话的"从"。

- 你欠我的钱，**到**明早儿就到期了，啥时还戛？（你欠我的钱，明天早上就到期了，什么时候还呢？）

到：表时间的介词，普通话没有与之相对应的介词。"到"也可表处所，例如："他**到**课堂上打电话哩，一点都莫礼貌。""到课堂上"表处所的介词短语作"打"的状语。

- **投**你大学毕业，各家二十八九了。（等你大学毕业已经二十八九岁了。）

投：表时间的介词。礼县话使用广泛，再如："投你八□iɛ²¹齐了，歪就迟了。"（等你什么都准备停当了，那就迟了。）

（二）表方向、施事、受事和对象

表方向、施事、受事和对象的介词有：当着、沿着、顺着、按、叫、替、除过、着 tʂɔ²¹ 等。例如：

- 你莫了嗯喘了，藏**着**捏说。（你不要再说了，让人家说。）

着：表施受的介词，相当于普通话的"让、叫"；一般会用在人名或人称代词之前，构成介词短语作状语。

- **当着**大家的面儿，藏把你想法说给下。（当着大家的面把你的想法讲出来。）

当着：表方向的介词。

- 载个房子**赶**熬的碎些。（这个房子比我们的小一些。）

赶：表比较的介词，相当于普通话的"比"；"赶"除此而外，还可以表时间。例如："你赶后早儿要来上班哩。"（你在后天早上要来上班。）

- 载件事**哈**你说，你都不愿意。（这件事就你来说，你也会不愿意的？）

哈：表对象的介词。

- 等给下，**揽**妈妈一搭走。（等一下，和妈妈一起走。）

揽：表对象的介词，相当于普通话的"和"。

- **除过**他家两该去爬山，还有谁要去？（除了他俩去爬山，谁还要去？）

除过：表对象的介词，相当于普通话的"除了"。

- 你**叫**捏哄了。（你被人家骗了。）

叫："被"的意思，礼县方言表被动，一般不用介词"被"，多用"叫"或者"让"来表示。介词"叫"除了表被动外，还有其他不表被动的用法。例如："叫人家骂，你莫了嗯喘了。"（让人家骂吧，你再别说了。）

（三）表原因、目的

表原因、目的的介词有：着 tʂɔ²⁴ 了、为了等，例如：

- **着了**你不吃饭，害病了吧？（就是因为你不吃饭，得病了吧？）

着了：表原因的介词，相当于普通话的"因为"。

- 爸爸是**为了**你以后好木！（爸爸是为了你将来好啊！）

为了：表目的的介词，相当于普通话的"为了"。

第九章 助词、语气词

一、助词

与普通话比较，关于礼县话的助词，有些和普通话表现一致，例如：结构助词"的"、动态助词"了"等。下面就礼县方言比较独特的助词作一列举。

1. 戛

"戛"，在礼县话中是一个动态助词，用在形容词或动词之后，表示将要发生。例如："走戛，就快一点。""屋里的馍馍坏戛。"以上两句"戛"都表示动作"走""坏"即将要发生。

2. 开

在礼县话中，"开"表使动，有兴起、开来的意思。例如："下开雪了。""唱开了。""载个月麦割开了。""吃开烟了。"以上四句助词"开"和语气词"了"搭配使用，表示动作"下""唱""割""吃"已经完成，并且有蔓延和延续的态势。"开"在礼县方言中较多使用，是一个独特的动态助词。

3. 下

"下"礼县话读作 χa^{55}。作为助词的"下"，有以下用法。

（1）用在动词之后表示动作已经完成。例如："菜我切下了。""过年的衣裳我缝下了。"以上两句，"下"附着在动词"切"和"缝"的后面，表示动作的完成态。

（2）用在动词之后表示动作在进行或状态在持续，这种用法相当于普通话中的动态助词"着"。例如："在床上躺下看书。（在床上躺着看书。）""坐下谝传。（坐着闲聊。）""窗子开下，莫了关的。（窗子开着，不要关。）"这三句第一句中"下"用在动词"躺"之后，表示动作"躺"正在进行；后两句中的"下"主要强调动作"坐"和"开"状态的持续进行。

（3）用在形容词之后，表示动作的兴起、持续。例如："天气凉下了。""病劲大下了。（病严重了。）"

二、语气词

语气词的主要作用是附着在句子末尾表示语气，普通话的常用语气词有六个"的、了、吗、吧、呢、啊"。礼县方言的语气词和普通话相比较，有很大的差异，常用语气词有：的、了、母、哩、吗、来、戛、萨/桑、昂、着，下面分别进行具体分析。

1. "的"和"了"

语气词"的"和"了"都可以表示陈述语气。"的 $tɛ^{24}$"在礼县方言中，是使用频率较高的表陈述的语气词，一般多强调事情真相，表示原来如此，例如："碗是我拌烂的。（碗是我砸碎的。）"这句话只强调事情"碗是我拌烂"这个真相。"了 $lɔ^{24}$"多表示事情发生了变化或出现了新情况，例如："你骂下他的他知道了。"从这句话表示的意思可以看出，是原先不知道，现在知道了，事情起了变化。"的"和"了"作为陈述语气词的用法和普通话大致相同。除此而外，"了"还可用于祈使句中，例如："莫了说话了。"

2. "母"和"哩"

语气词"母"是礼县话中比较独特的语气词，普通话中没有。"母"一般只表述陈述语气，它除了加强陈述语气外，还可带有一定的感情色彩。

（1）表达亲近、赞扬等感情色彩以及轻松的说话口吻。例如：

● 你来得迟了，捏走了母。语气词"了"和"母"连用，表达说话人亲近的态度和轻松的口气。

● 熬的娃乖得很母。表达说话人赞许的感情色彩。

（2）表示说话人强烈的不满情绪。例如：

● 捏藏能的很母。（人家能的很。）强调说话人的不满。

● 我妈不着我来母。（我妈不让我来。）这句话暗含说话人的埋怨和怨恨之情。

"母"在礼县话中只用于陈述语气，但它可以和别的语气词连用，来表达一定的语气和情感,例如:"我有病哩母。"这句话中语气词"哩"和"母"连用,除了加强肯定语气外,暗含说话人不得已和无奈的感情色彩;"母"还可以和"了"连用,例如:"你给的钱少了母。"这句话的意思除了肯定外,暗含说话人责备的口气。

语气词"哩"可用于陈述句也可用于疑问句中,例如:
- 我来给你帮忙哩。
- 明年考大学哩。

这两句是用于陈述句尾,加强肯定的语气。"哩"还可用于疑问句,一般多用在特指问句中,表示询问,口气比较委婉。例如:
- 你啥时候走哩?
- 你在阿达哩?

除此而外,"哩"和疑问词"咋"连用,构成"咋哩"句式,表示询问或反问。例如:"你打我着咋哩?"(询问)"我就欺负你戛,咋哩?"(反问)

"哩"和"着"也可连用,表肯定语气。例如:"好着哩。""下雪着哩。"

3. "吗"和"戛"

语气词"吗"和"戛"都用于疑问句中。"吗"多可用于是非问,表询问;"吗"在礼县方言中使用频率较低,主要是近些年受普通话的影响而逐渐使用的。例如:"载件事你知道吗?"

语气词"戛"在礼县方言中使用频率较高,可用于是非问、特指问、选择问和正反问中。例如:
- 你真的把我引上走戛?(你真的要领我走吗?)(是非问)
- 吃饭戛,还是耍戛?(吃饭呢,还是玩呢?)(选择问)
- 他明天来戛不来?(他明天来不来?)(正反问)
- 你啥时候走兰州去戛?(你什么时候去兰州?)(特指问)

4. "萨/桑"和"昂"

"萨/桑"一般用于疑问语气,可用在是非问句中,例如:"你给好好劝给下桑?""你把他忘了桑?"也可用在特指问句中,例如:"啥事情自么急桑?"

"萨/桑"也可用于祈使语气,相当于普通话中的"吧",但语气比"吧"强硬。例如:"帮个忙桑!""把窗子关了桑!"

"萨/桑"和"哩"可以连用,例如:"你两该做啥哩桑?"这句话表询问。

语气词"昂"是表祈使的语气词,和表祈使得"萨/桑"相比较,"昂"口气比较委婉,有商量的口吻。例如:"好好吃饭昂?""好好吃饭桑?"两句话都是祈使句,但第一句有商量的口气,很委婉;而第二句语气强硬,就是一种命令,并且带有说话人的不满情绪。

5. 着

表感叹的语气词在礼县方言中较少,"着"就是其中之一,"着"读作 $tʂɔ^{21}$,作为表感叹的语气词,句子末尾加"着",使整个句子带有浓厚的感情色彩,并且有强调的意味。例如:"好看着!(好看啊!)""肚子疼着!(肚子好疼啊!)""夜个把人饿着!(昨天把人饿死了!)"

第十章　几种常见句式

一、礼县方言的反复问句

在礼县方言中，反复问句特别常用且具有一定的特殊性。根据结构的不同，可以分成四种类型。

（一）"vpvp"式

"vpvp"式这种反复问句是礼县方言反复问句中最具特色、使用最为普遍的一类。形式上，"vpvp"式貌似动词、形容词的重叠，但它并不是词的重叠，而是用两个肯定的并列形式代替肯定和否定的并列形式，要求对方在一正一反中作出回答。肯定回答可以不用语气词；也可用语气词，一般用"哩"或"戛 tɕia"加强肯定语气。否定回答一般用否定词"不"。"vpvp"式中的 vp 在礼县方言中可以是一般动词，也可以是特殊动词，如判断动词"是"、能愿动词以及趋向动词，也可以是形容词等。

1."vp"是动词

（1）"vp"为单音节动词。例如：
- 你吃吃？（回答：吃哩/戛 tɕia 或者不吃）
- 衣裳洗洗？（回答：洗哩/戛或者不洗）

在礼县方言中，单音节动词的"vpvp"式是使用最为普遍的，几乎常用单音节动词都可以充任，再如：想想？看看？喝喝？打打？骂骂？试试？走走？听听？

（2）"vp"为双音节动词。例如：
- 你载（这）几天复习复习？（回答：复习哩/戛或者不复习）
- 载（这）件事你知道知道？（回答：知道或者不知道）

双音节动词的"vpvp"式，以基本词汇中的常用双音节动词为主，再如：学习学习？比赛比赛？认得认得？这些双音节动词主要是口语色彩浓郁的常用词，一般新词、书面性强的词语比较少。

（3）"vp"为判断动词"是"。例如：
- 载（这）支铅笔是你的，是是的？（回答：就是的或者不是的）
- 他把你的头打烂（破）了，是是的？（回答：就是的或者不是的）

一般，回答用"是"或"不是"，也可用点头或者摇头来回答。

（4）"vp"为能愿动词。例如：
- 从自达（这儿）跳下去，敢敢？（回答：敢或者不敢）
- 铅笔你要要？（回答：要/要哩或者不要）
- 你和她一搭（一起）走，愿意愿意？（回答：愿意或者不愿意）

（5）"vp"为趋向动词。例如：
- 你学校里去去？（回答：去哩/戛或者不去）
- 都九点了，你起来起来？（回答：起来哩/戛或者不起来）

（6）"vp"为心理活动动词。例如：
- 捏（人家）考上大学了，你羡慕羡慕？（回答：羡慕哩或者不羡慕）
- 给你买哈的玩具爱爱？（回答：爱哩或者不爱）
- 你一个人害怕害怕？（回答：害怕哩或者不害怕）

（7）"vp"为动宾式动词，或者一般动词带上宾语后，其结构就变成"vo+vv"式，例如：
- 你晚上睡觉枕枕头枕枕？（回答：枕哩或者不枕）
- 当兵的人站岗站站？（回答：站哩或者不站）
- 今个（今天）考试考考？（回答：考哩/戛或者不考）
- 老王，你吃饭吃吃？（回答：吃哩/戛或者不吃）
- 他看电影看看？（回答：看哩或者不看）
- 老师批评你批评批评？（回答：批评哩或者不批评）

2. "vp"是形容词，即"AA"式

- 载（这）个问题简单简单？（回答：简单或者不简单）
- 衣裳穿得冷冷？（回答：冷哩或者不冷）
- 学校离你屋里（家里）远远？（回答：远或者不远）
- 给你的钱少少？（回答：少了或者不少）
- 中药喝去（起来）苦苦？（回答：苦哩或者不苦）
- 歪（那）个女子心疼心疼（漂亮）？（回答：心疼或者不心疼）
- 你看一下那条线画的直直？（回答：直或者不直）

在礼县方言中，形容词"AA"式和动词的"vpvp"式一样，使用频率极

高,再如:多多?热热?饿饿?好好?甜甜?老实老实?聪明聪明?简单简单?勇敢勇敢?小气小气?一般,"vpvp"式中的形容词,主要是性质形容词和不定量形容词,几乎所有的性质形容词和不定量形容词都可以用"AA"式提问。这类形容词可以是单音节的,也可以是双音节的;但是状态形容词和唯谓形容词没有此用法,是不能充任的。

(二)"vp 啊 vp"式

在礼县方言中语气词"啊"用于两个 vp 中间,表示正反并列式的提问。"vp 啊 vp"式和"vpvp"式在语义和语气进行比较,语义上和回答几乎一致;但语气上来看"vp 啊 vp"式比"vpvp"式要委婉些,带有一定的商量口气;而"vpvp"式经常除了询问外还带有一定的命令口吻。例如:"你吃饭吃吃?"和"你吃饭吃啊吃?"基本语义相同,但语气上,第一句除了带有询问,还有催促、不耐烦和命令的意思;而第二句口气委婉仅仅是一种询问。"vp 啊 vp"式肯定回答可以不用语气词;也可用语气词,一般用"哩"加强肯定语气。"vp 啊 vp"式中的"vp",可以是动词,可以是单音节动词也可以是双音节动词。例如:

- 过年戛,猪杀啊杀?(回答:杀哩或者不杀)
- 载(这)件事你知道啊知道?(回答:知道或者不知道)

"vp"也可以是动宾短语。例如:

- 你试衣裳啊试?/你试衣裳试啊试?(回答:试哩或者不试)
- 打麻将啊打?/打麻将打啊打?(回答:打哩或者不打)

"vp"可以是形容词。例如:

- 雨下得大啊大?(回答:大或者不大)
- 娃长得心疼啊心疼?(回答:心疼或者不心疼)

(三)"vp 了/来没"式

这种格式的反复问句否定词一般用"没 mə"(在本书中用同音字"莫"替代),不用"不";"了"或者"来"是两个表示完成态的助词。"vp 了/来没"式反复问句应该属于反复问句的省略形式,要求对方在正反两项中作出回答,句末的否定词"没"之后一般都能够补出 vp 或 vp 的一部分。例如:

- 你走了/来没?(走:单音节动词)
- 大家讨论了/来没?(讨论:双音节动词)

- 袜子洗净了/来没？（洗净：动补结构）
- 吃饭了/来没？（吃饭：动宾结构）
- 话说完了/来没？（说完：动补结构）
- 你把作业写了/来没？（把字结构）
- 你给娃盖被了/来没？（给字结构）

以上例句在句末都可补出省略的部分，例如："你走了/来没走？""袜子洗净了/来没洗净？""吃饭了/来没吃？"表达的语义和语气不会有所差别。

（四）"vp 戛/哩 neg-vp"式

这种格式的反复问句"neg"用"不[mu]"。例如：
- 窗帘挂戛/哩不挂？（挂：单纯动词）
- 你老实戛不老实？（老实：单纯形容词。形容词的这种句型"prt"只用"戛"，一般不用"哩"）
- 你听话戛/哩不听？（听话：动宾结构）
- 你坐端（指坐姿，坐直、坐正）戛/哩不坐端？（坐端：动补结构）
- 你把屋里拾掇戛/哩不拾掇？（把字结构）
- 屋里（家里）给你给钱戛/哩不给？（给字结构）

"vp 戛/哩 neg-vp"式，"戛/哩"之后还可以再加"么"连用。因此，以上的句子都可以变成："窗帘挂戛/哩么不挂？""你老实戛/哩么不老实？""你听话戛/哩么不听？""你坐端戛/哩么不坐端？""你把屋里拾掇戛/哩么不拾掇？""屋里（家里）给你给钱戛/哩么不给？"两种格式在语义上没什么差别，语气上加"么"后更有强调的意味。

以上四类反复句类型，从语义和语气上比较，还是有一定的差异。例如："你吃吃？""你吃啊吃？""你吃了没？""你吃戛/哩不吃？"这四个句子，从语义上分析，四句话基本意思相近，都是在问对方是否要打算吃饭，但第一句侧重询问，说话人说这句话时期待听话人作出正反回答；第二和第四句除了询问外有催促赶快吃饭之意并且第四句催促的意思更强些；第三句则主要侧重于动作吃是否完成。因此，第一、第二、第四句回答吃或不吃即可，而第三句必须回答吃了或还没有。此外，四句反复问句在语气上也有所不同。"你吃吃？""你吃了没？""你吃啊吃？"说话人语气比较委婉，而"你吃戛/哩不吃？"就含有强调意味，是一种追问、逼问形式；语气中含有说话人对听话人的不满意、不高兴的情绪。因此，"你吃戛/哩不吃？"问句之后还经常加上副词"到底"（"你到底吃戛/哩不吃？"）或者"你吃戞/哩不吃,到底?")来进行强调。

礼县方言反复问句的四种类型,有显著的特点,具有特殊性,与普通话正反问以及其他汉语方言反复问句都有所不同。

普通话的疑问句根据提问的手段和语义情况,可以分为四类:是非问、选择问、特指问和正反问。礼县方言中的反复问类似于普通话中的正反问句。普通话正反问由谓语的肯定形式和否定形式并列的格式构成。分为三种疑问格式:v不v;v不,省去后一谓词;先把一句话说出,再后加"是不是、行不行、好不好"一类的问话格式,常带语气词"呢、吗"等。普通话的正反问句和礼县方言的反复问句相比,疑问格式存在一定的区别,例如:"这个人老实不老实?""明天他来不?""他当过老师,是不是?"

此外,汉语方言里的反复问句主要有"vp 不 vp"和"vp 没有"两种基本类型,例如:"喝水不喝?""买票没有?"

礼县方言反复问句的四种格式:"vpvp"式、"vp 啊 vp"式、"vp 了/来没"式和"vp 戞/哩 neg-vp"式中,"vpvp"疑问格式是主要的也是最常用的一种类型,形式上貌似谓词的重叠式,和普通话以及汉语其他方言的"vp 不 vp"相去甚远。这四种类型,尽管没有"vp 不 vp"式句型出现,但"vp 戞/哩 neg-vp"式的存在,"不"字在这里可以出现,说明礼县方言反复问句和普通话以及其他方言一样,早期也是动词性的"V 不 V"和形容词性的"A 不 A"两种。在发展演变中才逐渐演化出"vpvp"式、"vp 啊 vp"式、"vp 了/来没"式等其他形式。从语音的角度来看,它应该是"vp 不 vp"式的紧缩式。这是因为中间的否定副词"不"在礼县方言中读为[mu],读音轻而短,极易脱落。因此属于语流中的脱落现象。同样,笔者认为礼县方言中的"vp 啊 vp"式也是"vp 不 vp"式的语音变异格式,"啊"是一个语气词,读轻声,应该也是否定副词"不"在语流中弱化的缘故。在礼县方言中这两种格式并存,并组成其反复问句的主要格式。从使用频率来看两种格式几乎相等,并且表义毫无差别。例如:"你喝水喝喝?""你喝水喝啊喝?"这两句在语义和语气表达上几乎相同,可互换使用。

"vpvp"式和"vp 啊 vp"式在礼县方言中是使用最普遍、最具特色的反复问句格式,但近些年受强势语言普通话的影响,开始向普通话的"vp 不 vp"的正反问句格式转化,调查显示,大多数礼县年轻人和儿童"vpvp"式、"vp 啊 vp"式和"vp 不 vp"式并用,几乎有着相等的使用频率。而老年人尤其是 60 岁以上的一般不太使用"vp 不 vp"式。

二、否定句

礼县方言的否定句有两种类型：一是利用否定副词构成的否定句，这种类型和普通话的用法相差不大；二是利用一些含有否定意义的词语，使整个句子带有否定的意味。下面具体分析：

（一）使用否定副词"莫、不、少"构成的否定句

例如：
- 我不看，你连赶哈走。（我不看，你赶紧拿走。）
- 教室里都走光了，莫人了。（教室里都走光了，没人了。）
- 莫了吓人了，我胆子小得很。（不要吓人了，我胆子很小的。）
- 你少哈载种话吓我，我不害怕。（你不要拿这种话吓唬我，我不害怕。）

（二）用"不强、□p^{h}iɛ^{55}、不行、不咋的"等构成的否定句

"不强、□p^{h}iɛ^{55}、不行、不咋的"这类词的意思相当于普通话中的"不好"。经常在句中作谓语。例如：
- 今个买了点苹果□p^{h}iɛ^{55}得很，莫一个好的。（今天买了点苹果不好，没一个好的。）
- 你学习不强，长大了做啥戛？（你学习不好，长大了要干什么？）
- 他的活藏干的不咋的。（你的活干得不太好。）

三、比较句

（一）由介词"揽"或"跟"构成的比较句

礼县方言的比较句，使用最广泛的是"揽"或"跟"字句，"揽"或"跟"构成的比较句，一般都是等比句，由介词"揽"或"跟"引出比较的对象。礼县话中"揽"的使用频率比"跟"要高一些，"跟"的用法更多是受到普通话的影响。例如：
- 你揽我一样老实的。（你和我一样老实。）
- 看书揽写字一样重要的。（看书和写字一样重要。）
- 擀饭跟包饺子一样麻烦的。（擀面条和包饺子一样麻烦。）

- 他跟你一样的日眼。(他和你一样讨厌。)

(二)由介词"莫"或"(还)不如……"构成的比较句

由"莫"或"(还)不如……"构成的比较句都是差比句。例如:
- 我莫你学习好。(我没你学习好。)
- 今个莫夜个冷。(今天没有昨天冷。)
- 吃西餐还不如吃馓饭。(吃西餐还不如吃馓饭。)

"(还)不如……"有时还会和连词"由了"连用,来加强语气。例如:
- 由了在咋儿操心的了,还不如你寻他去,给他说清楚。
 (与其在这操心,还不如你去找他跟他说清楚。)

(三)由介词"比"构成的比较句

- 捏的生活一天比一天好。(人家的生活一天比一天过得好。)
- 我的身体比以前好多了。(我的身体比以前好多了。)

礼县方言的"比"字句的用法,和普通话差别不大。

四、把字句、被字句

礼县话的"把"字句和普通话差异不大。"把"礼县话中读作 ma^{21},经常用在谓语动词之前引出受事,对受事加以处置。例如:
- 他把饭倒着地下了。
- 你把屋里拾掇给下,来人戛。
- 你把人不当人!

礼县方言的"被"字句一般用介词"叫"或"让",介宾短语之后有时加助词"给",例如:
- 他叫捏给□$tuæ^{55}$了。(他被人家赶出来了。)
- 他叫困难吓倒了。
- 载件事让人传出去,难听得很!

参考文献

专著：

[1] 中国社会科学院语言研究所. 方言调查字表[M]. 北京：商务印书馆，1981.
[2] 中国社会科学院，澳大利亚人文科学院. 中国语言地图集[M]. 香港：朗文出版（远东）有限公司，1987.
[3] 李如龙. 汉语方言学[M]. 北京：高等教育出版社，2001.
[4] 袁家骅. 汉语方言概要[M]. 北京：语文出版社，2003.
[5] 胡安顺. 音韵学通论[M]. 北京：中华书局，2002.
[6] 黄伯荣，廖序东. 现代汉语[M]. 北京：高等教育出版社，2007.
[7] 孙立新. 户县方言研究[M]. 北京：东方出版社，2001.
[8] 柯锡钢. 白河方言调查研究[M]. 北京：中华书局，2013.
[9] 雒江生，马建东，王廷贤. 天水方言[M]. 兰州：甘肃文化出版社，2004.
[10] 马建东. 天水方言音系[M]. 兰州：甘肃人民出版社，2003.
[11] 孙立新. 西安方言研究[M]. 西安：西安出版社，2007.
[12] 兰宾汉. 西安方言语法调查研究[M]. 北京：中华书局，2011.
[13] 曹志耘. 汉语方言地图集[M]. 北京：商务印书馆，2008.
[14] 孙立新. 关中方言代词研究[M]. 西安：三秦出版社，2010.
[15] 王力. 汉语语音史[M]. 北京：中国社会科学出版社，1985.
[16] 王力. 汉语史稿[M]. 北京：中华书局，2004.
[17] 邢向东. 神木方言研究[M]. 北京：中华书局，2002.
[18] 邢向东. 陕北晋语语法比较研究[M]. 北京：商务印书馆，2006.
[19] 游汝杰. 汉语方言学教程[M]. 上海：上海教育出版社，2004.
[20] 詹伯慧. 汉语方言及方言调查[M]. 武汉：湖北教育出版社，2001.
[21] 张成材. 商州方言词汇研究[M]. 西宁：青海人民出版社，2009.
[22] 赵元任，等. 湖北方言调查报告[M]. 台北：台联国风出版社，1972.
[23] 朱德熙. 语法讲义[M]. 北京：商务印书馆，1982.
[24] 候精一. 现代汉语方言概论[M]. 上海：上海教育出版社，2002.
[25] 周振鹤，游汝杰. 方言与中国文化[M]. 上海：上海人民出版社，1986.
[26] 钱曾怡. 汉语方言研究的方法和实践[M]. 北京：商务印书馆，2002.

参考文献

论文：

[1] 李荣. 官话方言分区[J]. 方言，1985（1）.

[2] 张盛裕，张成材. 陕甘宁青四省区汉语方言分区[J]. 方言，1986（2）.

[3] 贺巍. 中原官话的分区[J]. 方言，2005（2）.

[4] 雒鹏. 甘肃汉语方言研究现状和分区[J]. 甘肃高师学报，2007（4）.

[5] 雒鹏. 甘肃省的中原官话[J]. 方言，2008（1）.

[6] 钱曾怡. 从汉语方言看汉语声调的发展[J]. 语言教学与研究，2000（2）.

[7] 熊正辉. 官话区方言分 ts、tʂ 的类型[J]. 方言，1990（1）.

[8] 李如龙，辛世彪. 晋南、关中的"全浊送气"与唐宋西北方音[J]. 中国语文，1999（3）.

[9] 邢向东. 神木方言两字组连读变调和轻声[J]. 语言研究，1999（2）.

[10] 吴媛. 西安话的自感结构"V/A+人"及其与动宾、偏正结构"V/A+人"的对立[J]. 宁夏大学学报，2011（2）.

[11] 赵日新. 中原地区官话方言弱化变韵现象探析[J]. 语言学论丛，2007（36）.

[12] 莫超. 白龙江流域汉语方言的形成[J]. 甘肃高师学报，2006（4）.

[13] 莫超. 白龙江流域汉语方言的介词[J]. 甘肃高师学报，2004（3）.

[14] 白莉. 陇南是礼县方言声韵调及其特点[J]. 甘肃高师学报，2007（3）.

[15] 蒲向明. 西汉水流域方言古词例考[J]. 山西大同大学学报，2009（8）.

[16] 雒鹏年. 甘肃方言几类实词中存在的一些语法现象[J]. 西北师大学报，1997（1）.

[17] 雒鹏. 甘肃汉语方言声韵调及特点[J]. 西北师大学报，2001（2）.

[18] 张成材. 甘肃方言特点举要（二）[J]. 甘肃高师学报，2007（1）.

[19] 王世全. 陇南方言"儿"尾词和"子"尾词特征初探[J]. 甘肃高师学报，2009（3）.

[20] 魏琳. 陇南市成县方言声韵调及其特点[J]. 甘肃高师学报，2006（6）.

[21] 贾晞儒. 语言接触与方言及其文化迁移——读莫超教授的《白龙江流域汉语方言语法研究》有感[J]. 甘肃高师学报，2010（1）.

[22] 马建东. 甘谷话"-i-""-iu-""-y-"并存现象研究——古音见母来母或同纽系列文章之六[J]. 天水师范学院学报，2015（1）.

[23] 马建东. 甘谷话"租粗苏""竹出书如"系列音读与上古汉语——古音见母、来母或同纽系列文章之五[J]. 天水师范学院学报，2014（1）.

[24] 马建东. 等韵学研究成果对甘谷礼县话中几个声母拟音的影响（再与

王建弢同志商榷）——古音见母、来母或同纽系列文章之四[J]. 天水师范学院学报，2011（1）.

[25] 马建东. 甘谷话中的[tɕ]与[l]——古音见母、来母或同纽系列文章之一[J]. 天水师范学院学报，2009（6）.

[26] 马建东. 甘谷话中[tɕ]以及其他几个声母的拟音（兼与王建弢同志商榷）——古音见母、来母或同纽系列文章之三[J]. 天水师范学院学报，2010（3）.

[27] 岳国文. 文县方言的语音系统[J]. 甘肃高师学报，2007（4）.

[28] 李映忠. 甘肃省礼县燕河流域 AA 式名词概述[J]. 陇东学院学报，2009（1）.

[29] 王天霞，李映忠. 甘肃省礼县燕河流域方言"的"字词语及"V+人"式词语汇释[J]. 陇东学院学报，2012（6）.

[30] 李映忠. 试释 Huo 等的后缀性质[J]. 青海师专学报，2009（2）.

[31] 石意会. 礼县方言与普通话对比辨正[J]. 甘肃教育学院学报，1998（2）.

[32] 王建弢. 礼县方言同音字汇[J]. 天水师范学院学报，2011（4）.

[33] 王建弢. 礼县方言的反复问句[J]. 天水师范学院，2015（1）.

地方志：

[1] 礼县志编纂委员会. 礼县志[M]. 西安：陕西人民出版社，1999.

[2] 甘肃省天水市地方志编纂委员会. 天水市志[M]. 北京：方志出版社，2004.

后 记

　　我的家乡礼县，地处甘肃陇南山区，虽然偏远贫穷，但历史悠久，为先秦文化的发源地之一，境内"大堡子山遗址"为秦早期都邑。当地民风淳朴，文化积淀较为深厚，至今仍保留着许多古音词汇和与方言有关的地方民俗，比如"春倌"和"山歌"等。这些虽不敢用博大精深来形容，但是世代滋养着我们这些礼县儿女。我离开家乡已近 20 年，家乡的方言也不常说，遇到老乡寒暄几句，也不再那么有味了，再加上学习了现代汉语并教习了十几年的普通话，总觉得有点亏欠老家，很不好意思。

　　后来攻读硕士学的也是方言学专业，从专业的角度审视老家的方言，更觉得其中妙趣横生，而后就开始了"礼县方言研究"的孕育。从 2007 年开始，材料的积累，千百次的调查，再到拜师方言学泰斗邢向东先生门下深造，而后几经修改，最终完成了初稿，也总算完成了一桩心愿，为家乡方言的收集整理做出了自己应有的一点贡献，就像孩子为父母做出了一点小事一般，深感欣慰。

　　看着即将完成的书稿，感慨颇多……前后花费了我近十年的时间，当然，这一路走来，离不开众多人的关心、支持和帮助。首先是我的恩师邢向东先生，对于我的请教，他有求必应，从选题、构思、数据处理到文稿的修改等都离不开他的指点。深深感谢先生对我的诸多教诲和宽容，感谢他在百忙之中给予我的指导和帮助……太多感激无以言表，藏记于心。

　　其次，我有幸得到马建东先生的诸多帮助和热心的指导；还要感谢天水师范学院文学与文化传播学院的各位领导和老师，从数据的处理到书稿的修改，他们一直给予了我最耐心的指点和最无私的帮助。

　　最后，还有那些协助我调查的礼县老乡和我永远深爱的家人，没有他们的参与、合作和关心、支持、鼓励，我的书稿难以很好地完成。能够坚持到今天，我要真诚地感谢他们。

　　谨以拙文，献给所有爱我的人和我爱的人！

王建弢
2016 年 1 月 6 日